दीवाने-ग़ालिब

'बेदिल' के बाद किसी शाइर की मिर्ज़ा ग़ालिब ने तारीफ़ की है तो वह मीर तक़ी मीर हैं। बेदिल, फ़ारसी के महत्त्वपूर्ण शाइर थे तो मीर की महानता उर्दू में उजागर हुई है। हालाँकि 'मीर' ने फ़ारसी में भी शाइरी की है। 'मीर' की महानता का गुणगान करने के कई कारण हो सकते हैं। उनमें से एक यह भी हो सकता है कि 'मीर' भी बचपन में अनाथ हो गये थे उन्हें भी पारिवारिक कारणों से अपना वतन आगरा छोड़ कर दिल्ली में आना पड़ा था। यह भी कि 'मीर' अपने समय के ऐसे महानतम शाइर थे जिनका लोहा सभी ने माना था। लोग उपहार स्वरूप उनकी ग़ज़लें ले जाते थे। यह 'मीर' ही तो थे जिन्होंने अपने अन्तिम दिनों में 'ग़ालिब' के प्रारम्भिक शे'रों को सुनकर भविष्यवाणी की थी कि "अगर कामिल (परिपूर्ण) उस्ताद मिल गया और उसने इसको सीधे रास्ते पर डाल दिया तो लाजवाब शाइर बन जाएगा, वरना मोहमल (निरर्थक) बकने लगेगा।" यहाँ यह बात भी उल्लेखनीय है कि आगरा मुग़लों की राजधानी थी और 'मीर' का सम्बन्ध आगरे से था। इन्हीं कारणों के फलस्वरूप शायद 'मीर' के दीवान का पहला चयन 'ग़ालिब' ने किया हो।

'ग़ालिब' के जीवन काल में उनके दीवान के पाँच संस्करण छपे थे। पहले संस्करण में बहुत ही कम शे'र थे। इसका कारण, उनके मित्रों का आग्रह या उनको यह डर कि उनकी दुरूह शैली को समझेगा कौन, रहा हो या कुछ और। परन्तु यह बात तय है कि उन्होंने अपने पहले संस्करण पर ख़ूब गौर किया होगा और सम्पादित करते समय बहुत से शे'रों को निर्ममता से काट दिया होगा। बाद के ज़माने में जो ग़ज़लें उन्होंने कहीं वे नये संस्करण में जुड़ती चली गयीं। उनकी मृत्यु के बाद बहुत से लोगों ने 'ग़ालिब' के तमाम 'शे'रों' को जमा किया। इस श्रृंखला में अब तक का सबसे प्रामाणिक संस्करण जो तारीख़ी तर्तीब के साथ सामने आया है वह स्व. अलामा कालीदास गुप्ता 'रिज़ा' का 'नुस्ख़-ए-गुप्ता-रिज़ा' है। प्रस्तुत संस्करण/चयन में विशेष रूप से पाठ (Text) को तैयार करने में उन फ़ोटोकॉपियों का जिनका उल्लेख पहले किया जा चुका है के अलावा नुस्ख़े और 'ग़ालिब' इंस्टीट्यूट, दिल्ली के नुस्ख़े से भी मदद ली गयी है।

दीवाने-ग़ालिब

मिर्ज़ा ग़ालिब

सम्पादन, विवेचन व रूपान्तर
शीन काफ़ निज़ाम

वाणी प्रकाशन

प्रकाशन के उत्कृष्टतम 62 वर्ष

पेपरबैक पहला संस्करण : 2015
पेपरबैक दूसरा संस्करण : 2021
पेपरबैक तीसरा संस्करण : 2025

vaniprakashan.com

वाणी प्रकाशन

4695, 21-ए, दरियागंज, नयी दिल्ली-110 002

फ़ोन : + 91 11 23273167, 23275710

शाखाएँ

अशोक राजपथ, पटना-800 004, बिहार

कॉफ़ी हाउस कैम्पस, महात्मा गांधी मार्ग, प्रयागराज-211 001, उत्तर प्रदेश

महात्मा गांधी अन्तरराष्ट्रीय हिन्दी विश्वविद्यालय, वर्धा-442 001, महाराष्ट्र

sales@vaniprakashan.in
vaniprakashan@gmail.com

DEEWANE-GHALIB
by Mirza Ghalib
Edited & Translated by Sheen Kaaf Nizam

ISBN : 978-93-5072-625-9
Ghazals

मूल्य : ₹ 399

जी.एस. ऑफ़सेट, दिल्ली-110 095 में मुद्रित

वाणी प्रकाशन का लोगो मक़बूल फ़िदा हुसैन की कूची से

भूमिका

मिर्ज़ा ग़ालिब (पूरा नाम मुहम्मद असदउल्लाह बेग ख़ां) 27 दिसम्बर, 1797 को अकबराबाद (आगरा) में पैदा हुए। पिता का नाम अब्दुल्ला बेग ख़ां तथा माँ का नाम इज़्ज़तुनिस्सा बेगम था। स्व. मालिकराम के अनुसार 'ग़ालिब' का जन्म जोधपुर के राजा सूरजसिंह के पुत्र गजसिंह (प्रथम) की हवेली में हुआ। उनके पिता अलवर के राजा बख़्तावर सिंह के यहाँ नौकर थे। 1802 में उनका देहान्त हो गया। उन्हें राजगढ़ में दफ़्न कर दिया गया। पाँच वर्ष के 'ग़ालिब' और उनके छोटे भाई मिर्ज़ा युसुफ़ को चाचा नसरूल्लाह ने अपने साये में ले लिया। नसरूल्लाह मराठों की तरफ़ से आगरे के क़िलेदार थे। 1803 में उन्होंने शहर आगरा लॉर्ड लेक के हवाले कर दिया। इसके एवज़ में उन्हें सत्रह सौ रुपये की तनख़्वाह और अंग्रेज़ी फ़ौज में चार सौ सवारों की रिसालदारी मिली। 1806 ईसवी में, हाथी से गिरने पर चाचा की भी मृत्यु हो गयी। नवाब अहमदबख़्श जो फिरोज़पुर झरखा और लोहारू के शासक थे, की सिफ़ारिश पर ब्रिटिश सरकार से, नसरूल्लाह बेग के वारिस होने के कारण ग़ालिब और उनके परिवारजन को दस हज़ार सालाना का वज़ीफ़ा मुक़र्रर हुआ। जो एक ही माह में घटकर पाँच हज़ार रुपये हो गया। इसमें मिर्ज़ा का हिस्सा सात सौ रुपये सालाना था।

तेरह बरस की उम्र में (18 अगस्त, 1810) नवाब इलाहीबख़्श ख़ां 'मारूफ़' देहलवी, जो नवाब अहमदबख़्श ख़ां के छोटे भाई थे, की ग्यारह साला बेटी उमराव बेगम से शादी हो गयी। ग़ालिब के ससुर 'मारूफ़' स्वयं अच्छे शाइर थे और 'ज़ौक़' से इस्लाह (काव्य में संशोधन) लेते थे। उनके दीवान छप चुके हैं। उर्दू का यह मशहूर शे'र इन्हीं 'मारूफ़' का है—

दर्दे-सर ही हो किसे संदल लगाने का दिमाग़
उसका इक घिसना लगाना दर्दे-सर ये भी तो है

अब तक की शोध के अनुसार मिर्ज़ा ग़ालिब ने 1807-08 में शे'र कहना शुरू किया। उनकी अब तक की प्राप्य शाइरी के अनुसार, उन्होंने सबसे पहले पतंग पर

मस्नवी (एक तरह की लम्बी कविता जिसमें कोई कहानी या वृत्तान्त हो) कही। स्व. अल्लामा कालीदास गुप्ता 'रिज़ा' द्वारा संपादित 'दीवाने-ग़ालिब' में इसे 1812 की रचना बताया गया है। चन्द शे'र देखें–

ये जो महफ़िल में बढ़ाते हैं तुझे
भूल मत इस पर उड़ाते हैं तुझे

एक दिन तुझको लड़ा देंगे कहीं
मुफ़्त में नाहक़ कटा देंगे कहीं

1812-13 में दिल्ली उनका स्थायी निवास हो गया। यहाँ के साहित्यिक वातावरण और अपने-अपने फ़न के माहिर लोगों की सहज सोहबतों से उनको बड़ा फ़ायदा हुआ। दिल्ली ही में 15 फ़रवरी, 1869 को उनका देहान्त हुआ।

अपने आरम्भिक काल में ग़ालिब मिर्ज़ा अब्दुल क़ादिर 'बेदिल' की फ़ारसी शाइरी और उनकी शैली से बहुत प्रभावित रहे और इसे स्वीकार भी किया है।

तर्ज़े-बेदिल में रेख़्ता कहना
असदुल्लाह ख़ाँ कयामत है

(रचना काल, 1812 ई.)

मुझे राहे-सुख़न में ख़ौफ़े-गुमराही नहीं 'ग़ालिब'
असा-ए-ख़िज़्रे-सेहरा-सुख़न है ख़ामा बेदिल का

(रचना काल, 1816 ई.)

ऐसे और भी कई शे'र हैं जिनमें 'ग़ालिब' ने 'बेदिल' की महानता और अपने काव्य पर उनके प्रभाव को स्वीकार किया है। अब इसी उपरोक्त शे'र को देखिए– कहते हैं कि मुझे काव्य-मार्ग में भटकने का कोई भय नहीं है क्योंकि 'बेदिल' की क़लम कविता रूपी मरुस्थल में मेरे लिए ख़िज़्र (एक पैग़म्बर का नाम है जो जंगल में रास्ता भूलने वाले को सही मार्ग बताते हैं) की लाठी है।

'बेदिल' के बाद किसी शाइर की मिर्ज़ा ग़ालिब ने तारीफ़ की है तो वह मीर तक़ी मीर हैं। बेदिल, फ़ारसी के महत्त्वपूर्ण शाइर थे तो मीर की महानता उर्दू में उजागर हुई है। हालाँकि 'मीर' ने फ़ारसी में भी शाइरी की है। 'मीर' की महानता का गुणगान करने के कई कारण हो सकते हैं। उनमें से एक भी हो सकता है कि 'मीर' भी बचपन में अनाथ हो गये थे उन्हें भी पारिवारिक कारणों से अपना वतन आगरा छोड़ कर दिल्ली में आना पड़ा था। यह भी कि 'मीर' अपने समय के ऐसे महानतम शाइर थे जिनका लोहा सभी ने माना था। लोग उपहार स्वरूप उनकी ग़ज़लें ले जाते थे। यह 'मीर' ही तो थे जिन्होंने अपने अन्तिम दिनों में 'ग़ालिब'

के प्रारम्भिक शे'रों को सुन कर भविष्यवाणी की थी कि "अगर कामिल (परिपूर्ण) उस्ताद मिल गया और उसने इसको सीधे रास्ते पर डाल दिया तो लाजवाब शाइर बन जाएगा, वरना मोहमल (निरर्थक) बकने लगेगा"। यहाँ यह बात भी उल्लेखनीय है कि आगरा मुग़लों की राजधानी थी और 'मीर' का सम्बन्ध आगरे से था। इन्हीं कारणों के फलस्वरूप शायद 'मीर' के दीवान का पहला चयन 'ग़ालिब' ने किया हो। प्रत्यक्ष है कि चयन करते समय उन्होंने मीर को गहराई से जाँचा-परखा होगा और इस प्रक्रिया ही में उन पर मीर का प्रभाव पड़ा होगा। उदाहरण स्वरूप ये चन्द शे'र देखे जा सकते हैं–

कौन कहता है कि ग़ैरों पे तुम इम्दाद करो
हम फ़रामोश हुओं को भी कभू याद करो

–मीर

तुम जानो तुम को ग़ैर से जो रस्मो-राह हो
मुझको भी पूछते रहो तो क्या गुनाह हो

–ग़ालिब

इश्क़ उनको है जो यार को अपने दमे-रफ़्तन
करते नहीं ग़ैरत से ख़ुदा के भी हवाले

–मीर

क़यामत है कि होवे मुद्दई का हमसफ़र 'ग़ालिब'
वो काफ़िर जो ख़ुदा को भी न सौंपा जाय है मुझसे

–ग़ालिब

बेख़ुदी ले गयी कहाँ हम को
देर से इन्तज़ार है अपना

–मीर

हम वहाँ हैं जहाँ से हमको भी
कुछ हमारी ख़बर नहीं आती

–ग़ालिब

'मीर' को 'ग़ालिब' ने सब से अलग कर के देखा है। मशहूर है कि मीर 'आह' के शाइर हैं। वे निराशा और वियोग के कवि हैं लेकिन 'ग़ालिब' कहते हैं–

'मीर' के शे'र का अहवाल कहूँ क्या 'ग़ालिब'
जिस का दीवान कम अज़ गुलशने-कश्मीर नहीं

(रचना काल, 1821-1827)

प्रत्यक्ष है कि गुलशने-कश्मीर, रंगारंगी का प्रतीक है मात्र रंज या रोने-धोने का नहीं।

'मीर' के बारे में यह भ्रान्ति है कि वे सादा शाइर हैं या सीधी-सरल भाषा लिखते हैं। मेरी राय में तो वे 'मीर' ही के शब्दों में, "कोई सादा ही उस को सादा कहे"। 'मीर' का कमाल यह है कि अरबी-फ़ारसी के मुश्किल लफ़्ज़ भी इस रवानी से इस्तेमाल करते हैं कि उनकी अजनबीयत पर नज़र ही नहीं जाती और सामने का, बोलचाल का लफ़्ज ऐसे लिख जाते हैं कि उसका बदल नहीं मिलता।

सिरहाने 'मीर' के कोई न बोलो
अभी टुक रोते-रोते सो गया है

इस 'टुक' का बदल मुम्किन नहीं। अब देखिए अजनबी लफ़्ज़ की मिसाल—

यह क़तरा ख़ून हो के पलक से टपक पड़ा
क़िस्सा ये कुछ हुआ दिले-गुफ़रांपनाह का

'गुफ़रांपनाह' अरबी का शब्द है जिसका अर्थ है ईश्वर द्वारा क्षम्य, भला मनुष्य। तो 'मीर' सादा या सरल नहीं सहज हैं। तात्पर्य यह है कि 'ग़ालिब' ने 'मीर' की शाइरी से बहुत कुछ सीखा और इस सीखने की स्वीकारोक्ति भी की।

'मीर' और 'ग़ालिब' में समानता भी है और भिन्नता भी। समानता तो यह है कि दोनों को अपनी महानता का ज्ञान-भान है। दोनों ने बुरे दिन देखे हैं। ग़ालिब ने अमीरी के बाद ग़रीबी बल्कि अमीरी की अनुपस्थिति देखी लेकिन मिज़ाज वही रईसों वाला रहा। अधिकतर समस्याएँ इसी स्वभाव की देन थीं। भिन्नता यह कि मीर का मिज़ाज फक़ीराना है। 'ग़ालिब' फ़क़ीर का भेष बनाते हैं। 'मीर' ख़ानकाह में बैठे हैं 'ग़ालिब' दरबार में। भाषा के साथ भी उनका मामला इसी तरह का है। इन दोनों की समानता की भिन्नता पर चर्चा फिर कभी होगी अभी तो यह देखें कि 'ग़ालिब' ग़ालिब क्यों हैं—

उर्दू काव्य परम्परा से परिचित लोग यह जानते हैं कि वहाँ 'क्या कहा' की तुलना में 'कैसे कहा' का महत्त्व अधिक है। 'ग़ालिब' इस परम्परा का निर्वाह कैसे करते हैं इसके लिए दो उदाहरण देखें। फ़ारसी शाइरी के प्रभाव से उर्दू काव्य-परम्परा में यह माना गया है कि पृथ्वी के नीचे जो चीज़ें दफ़्न की गईं या दबाई गईं वे प्रकृति में, विशेष रूप से फूल की शक्ल में, वापस प्रकट होती हैं। ख़्वाजा हैदर अली 'आतिश' लखनवी का शे'र है—

ज़ेरे-ज़मीं से आता है जो गुल सो ज़र-ब-कफ़
क़ारूं ने रास्ते में लुटाया ख़ज़ाना क्या

'क़ारून' नाम का एक मालदार परन्तु कंजूस व्यक्ति हज़रत मूसा के काल में हुआ है। उसका बहुत बड़ा ख़ज़ाना था। वह अपने ख़ज़ाने सहित धरती में समा गया। 'आतिश' कहते हैं कि ज़मीन के नीचे से जो भी फूल आता है वह हथेली में सोना लिये हुए आता है। क्या 'क़ारून' ने रास्ते में अपना ख़ज़ाना लुटा दिया है? फूल के मध्य में स्थित पीले पराग कणों को सोने की उपमा दी गयी। फिर यह भी द्रष्टव्य है कि फ़ारसी में गुल का एक अर्थ गुलाब भी है।

इस परम्परा से यह धारणा भी बनी कि सुन्दर-सुहावने फूल वास्तव में उन सुन्दर स्त्रियों के सुकुमार शरीर हैं जो मरणोपरान्त दफ़्न कर दिए गए। इसी काव्य परम्परा का निर्वाह करते हुए मीर ने कहा है–

हर क़तअे-चमन पर टुक गाड़ कर नज़र कर
बिगड़ी हज़ार शक्लें तब फूल ये बनाये

इसी तरह 'मीर' ही के समकालीन ख़्वाजा मीर दर्द ने कहा है–

सूरतें क्या क्या मिली हैं ख़ाक में
है दफ़ीना हुस्न का ज़ेरे-ज़मीं

'ग़ालिब' के अग्रज समकालीन शेख़ नासिख़ ने भी इसी मौज़ूअ पर कहा है–

हो गये दफ़्न हज़ारों ही गुलअंदाम इस में
इसलिए ख़ाक से होते हैं गुलिस्तां पैदा

उपरोक्त शे'रों को नज़र में रखते हुए अब 'ग़ालिब' का यह मल्ला देखें–

सब कहाँ कुछ लालः-ओ-गुल में नुमायां हो गईं
ख़ाक में क्या सूरतें होगीं जो पिन्हां हो गईं

'मीर' ने कहा कि अनगिनत शक्लों के बिगड़ने या बिगाड़ने पर ये फूल बने हैं। तो 'दर्द' ने कहा कि ज़मीन के नीचे सुन्दरता का कोष है। पता नहीं कैसी-कैसी सूरतें ख़ाक में मिली हैं। दर्द ने फूल का कहीं उल्लेख नहीं किया और यह भी तत्कालीन काव्य की सुन्दरता का एक नमूना है। 'नासिख़' के शे'र में निरीक्षण या अनुभव का निर्णयात्मक बयान है यह उस छुपे हुए प्रश्न का उत्तर है कि ख़ाक से गुलिस्तां कैसे या किस लिए पैदा होते हैं? धरती में अनगिनत पुष्पांगियाँ दफ़्न हैं न इसीलिए उपवन पैदा होते हैं। 'ग़ालिब' के यहाँ पूर्ववर्ती कथन की स्वीकारोक्ति तो है लेकिन अपने अनुभव की बुनियाद पर। अर्थात् यह तो सही है कि लालः और गुल के रूप में प्रकट होने वाली वे ही सुन्दर सुहावनी सूरतें हैं जो दफ़्न हुई थीं, लेकिन ये तो

बहुत ही कम हैं सब की सब नहीं। अब हैरत इस बात पर है कि वे अप्रकट या छिपी हुई सूरतें कैसी होंगी? एक सम्भावित अर्थ यह भी हो सकता है कि जो प्रकट है अप्रकट उनसे अधिक सुन्दर हो और जब ये इतनी सुन्दर हैं तो वे अप्रकट सूरतें कैसी होंगी! फिर उनकी सुन्दरता का अन्दाजा तो इनकी ही सुन्दरता से लगाया जा सकता है न। यहाँ लफ़्ज 'कहाँ' भी मानीख़ेज़ है। 'कहाँ' यहाँ नहीं के अर्थों में आया है यदि 'ग़ालिब' चाहते तो 'कहाँ' की बजाय नहीं भी लिख सकते थे लेकिन जो कैफ़ियत 'कहाँ' से पैदा हुई है वह 'नहीं' से हरगिज़ नहीं होती। 'नहीं' लिखते ही एक क़तईयत पैदा हो जाती जो 'नासिख़' के शे'र में है यह 'कहाँ' दूसरे मिसरे (पंक्ति) के 'क्या' से मिलकर हैरत में और इज़ाफ़ा करता है और 'क्या' कितनी का भी अर्थ दे रहा है।

बक़ौल अल्लामा गुप्ता रिज़ा 'ग़ालिब' ने यह ग़ज़ल 1852 ई. में कही थी लेकिन लगता है कि 'ग़ालिब' को यह मज़मून प्रिय था। क्योंकि उन्होंने 1847-48 में भी इसी मौज़ू पर यह शे'र कहा था–

मक़दूर हो तो ख़ाक से पूछूँ कि ऐ लईम!
तू ने वो गंज-हाय-गिरांमाया क्या किये

अर्थात् मक़दूर (सामर्थ्य) हो तो ख़ाक या ज़मीन से यह पूछूँ कि ऐ लईम (ऐसा कंजूस जो न स्वयं खाये न दूसरों को खिलाये) तू ने वे बहुमूल्य कोष क्या किए? निश्चित ही मानवी एतबार से यह शे'र कई आयाम रखता है। बाद की ग़ज़ल यानि 'हो गईं' वाली ग़ज़ल में अगर 'सूरतें' अनेकार्थी हैं तो इसमें 'गंज' (कोष)।

अब दूसरा उदाहरण देखें। उर्दू फ़ारसी काव्य-परम्परा में नायिका या प्रेमिका की कमर का अस्तित्व नहीं के बराबर है। इस मज़मून पर अनेक शे'र मौजूद हैं। मैं एक बदनाम और अक्सर ठिठोल में सुनाया जाने वाला शे'र पेश करता हूं–

सनम सुनते हैं तेरे भी कमर है
कहाँ है किस तरफ़ को है किधर है

–शाह मुबारक 'आबरू'

'आबरू' 'ग़ालिब' के पूर्ववर्ती शाइर 'मीर' के समकालीन थे। यहाँ यह याद दिलाना भी शायद बेमौक़ा न हो कि उर्दू कविता में, सूफ़ियों के प्रभाव से दुनिया को नश्वर और जीवन को क्षणभंगुर माना जाता रहा है। 'ग़ालिब' ने सूफ़ी और साहित्यिक परम्पराओं को मिला कर जो शे'र बनाया है वह द्रष्टव्य है–

उस शाहिदे-मुतलक़ की कमर है आलम
लोग कहते हैं कि है, पर हमें मंज़ूर नहीं

शाहिद (नायिका/प्रेमिका) सूफ़ियों की पारिभाषिक शब्दावली में ईश्वर• मुतलक़ (स्वेच्छाचारी) अर्थात् यह दुनिया उस स्वेच्छाचारी नायिका की कमर है। लोग कहते हैं कि 'हैं' अर्थात् उसका अस्तित्व है, परन्तु हमें स्वीकार नहीं है। संसार के अस्तित्व को नकारने की यह अभिव्यक्ति अन्यत्र शायद ही मिले।

'ग़ालिब' उन अर्थों में दार्शनिक नहीं हैं जिन अर्थों में सामान्यतया समझा जाता है। वे बुनियादी तौर पर ऐसे शाइर हैं जिन्हें सूफ़ी चिन्तन में भी दिलचस्पी है। मिसाल में यह शे'र भी देखें–

है ग़ैबे-ग़ैब, जिसको समझते हैं हम शहूद
हैं ख़्वाब में हनोज़ जो जागे हैं ख़्वाब में

शहूद (दर्शन) सूफ़ियों के निकट ऐसी अवस्था है जिसमें सूफ़ी साधक को हर वस्तु में ईश्वर का आभास होता है। 'ग़ैबे-ग़ैब'... रहस्य का रहस्य या परोक्ष का परोक्ष... अर्थात् जो हमें दिखाई दे रहा है या हम जिसे दिखाई देना समझे हुए हैं वह तो रहस्य का भी रहस्य है। ठीक उसी तरह जिस तरह कोई व्यक्ति यदि स्वप्न में जाग जाये तो भी वह स्वप्न में ही है। स्वप्न में जागने का मतलब स्वप्न में ही तो होना है। यहाँ दूसरी पंक्ति में दोनों जगह 'ख़्वाब में' आया है। अगर यहाँ 'जो जागे है 'ख़्वाब से' होता तो भी दुनिया की नश्वरता तो प्रमाणित हो जाती परन्तु वह कैफ़ियत बाक़ी न रहती जो है। बड़ी शाइरी क़ौल से ज्यादा कैफ़ियत होती है। 'ग़ालिब' का यह शे'र इसका सुन्दर उदाहरण है।

यहाँ विटगेन्श्टाइन के पत्र का उल्लेख भी दिलचस्प होगा जिसका अनुवाद निर्मल वर्मा ने किया है। ''हमारा जीवन एक स्वप्न की तरह है। किन्तु बेहतर क्षणों में हम इतना भर जाग जाते हैं कि जान सकें कि यह स्वप्न है।''

'ग़ालिब' मुश्किल नहीं मुख़्तलिफ (भिन्न) हैं। वे जिस तरह मज़मून से मज़मून पैदा करते हैं और मानी की एक फ़ज़ा बनाते हैं वैसे ही वे ज़बान से ज़बान नहीं बनाते। बल्कि उस प्रतीक संसार का सृजन करते हैं जो मानी नहीं मानी की तरफ़ इशारा करता है। जैसे–

क़ुमरी कफ़े-ख़ाकिस्तरो-बुलबुल क़फ़से-रंग
ऐ नाला निशाने-जिगरे-सोख़्ता क्या है

'ग़ालिब' के शागिर्द 'हाली' ने अपनी पुस्तक 'यादगारे-ग़ालिब' में लिखा है–

'मैं ने खुद इसके मानी मिर्ज़ा से पूछे तो फ़रमाया कि 'ऐ' की जगह जुज़ (सिवाय/अलावा) पढ़ो, मानी ख़ुद समझ में आ जायेंगे'।

शे'र का अर्थ है कि निशाने-जिगरे-सोख़्ता (प्रेमी की निशानी... ज़िगर-सोख़्ता)

(दिल जला...प्रेमी) नाला (आर्त्तनाद) के अलावा क्या है? अगर आर्त्तनाद न हो तो क़ुमरी मुट्ठी भर ख़ाक और बुलबुल रंग का पिंजरा होने के अलावा क्या है? नाला (आर्त्तनाद) ही तो उनके प्रेमी होने का प्रमाण है। परन्तु ये मानी तो तब बरामद होते हैं जब 'ऐ' के स्थान पर 'जुज़' (सिवाय) पढ़ा जाय लेकिन अगर हम 'ऐ' ही पढ़े तो? नाले (आर्त्तनाद) को सम्बोधन हो जाएगा। अर्थात् ऐ आर्त्तनाद तेरे कारण से ही क़ुमरी, क़ुमरी और बुलबुल, बुलबुल है। तू ही उनकी पहचान है वरना एक मुट्ठी भर ख़ाक (क़ुमरी का रंग राख जैसा होता है) और दूसरा रंगों का पिंजर है। लेकिन 'ऐ' को सिवाय या अलावा के अर्थों में कौन इस्तेमाल करेगा और कौन समझेगा?

'ग़ालिब' ने यूँही नहीं कह दिया था—

गंजीना-ए-मानी का तिलिस्म उसको समझिए
जो लफ़्ज़ कि 'ग़ालिब' मिरे अशआर में आवे

हर वह शब्द जो शे'र में आता है गंजीनः-ए-मानी (अर्थ का कोष) नहीं, उसका तिलिस्म (मायाजाल—दास्तानों के अनुसार वह कुंजी या जादू के चिह्न जिनकी सहायता से ख़ज़ाने तक पहुँचा जा सके, वह विद्या जो अस्पष्ट विचार शृंखला की सांकेतिक भाषा हो) है। मुशायरा मिज़ाज समाज को इतना समय और उसमें इतनी प्रतिभा कहाँ कि हर शे'र पर इतना ग़ौर करे? वहाँ तो देखे हुए ही को देखना दिखाना अभीष्ट होता है कि जब कि शाइर अनदेखे या देखने से रह गये को दिखाना चाहता है। 'ग़ालिब' के समकालीनों ने इसीलिए उन पर फब्तियाँ कसीं और व्यंग्य किए। मौलवी अब्दुल क़ादिर रामपुरी ने एक बार 'ग़ालिब' से कहा कि आपके इस शे'र—

पहले तो रोग़ने-गुल, भैंस के अण्डे से निकाल
फिर दवा जितनी है कुल, भैंस के अण्डे से निकाल

का मतलब मैं नहीं समझा, ज़रा समझा दें। इन्होंने कहा यह शे'र मेरा नहीं है। मौलवी साहब बोले दीवान मौजूद नहीं है वरना दिखा देता। ये चुप, समझ गये कि पर्दे में व्यंग्य किया जा रहा है।

इसी तरह हकीम आग़ा जान 'ऐश' ने कहा—

अगर अपना कहा तुम आप ही समझे तो क्या समझे
मज़ा कहने का जब है एक कहे और दूसरा समझे
कलामे-मीर समझे और ज़बाने-मीरज़ा समझे
मगर इनका कहा ये आप समझे या ख़ुदा समझे

तथाकथित समकालीन काव्य रसिक उन्हें ख़ातिर में नहीं लाते थे तो काव्य के मर्मज्ञ

और सहृदय उनके प्रशंसक थे। यह बात स्वयं उनसे भी छिपी हुई नहीं थी। अपने शागिर्द नबी बख़्श 'हक़ीर' को एक पत्र में लिखते हैं–

'मेरा क़द्रदां (गुणग्राहक) कौन कि मैं उस पर नाज़ करूँ। बक़ौल डूम के जो समझे वो हमारा ग़ुलाम, जो न समझे हम उसके ग़ुलाम।'

तत्कालीन दिल्ली ही नहीं पूरे हिन्दुस्तान में उनके 'ग़ुलामों' की कमी नहीं थी। हाँ, उनकी अपेक्षा के बराबर संख्या नहीं थी और यह सम्भव भी नहीं था। कविता को मनोरंजन की चीज़ समझने वाले हर दौर में बहुसंख्यक होते हैं। 'ग़ालिब' के दौर में भी थे। फिर जो उर्दू काव्य-परम्परा थी 'ग़ालिब' उसका पूरा का पूरा अनुकरण भी तो नहीं कर रहे थे। वे उसमें नये रास्ते तलाश कर रहे थे। अपने अत्यन्त प्रिय शागिर्द मुंशी हरगोपाल 'तफ़्ता' को लिखा–

'यह न समझा करो कि अगले जो लिख गये हैं वह हक़ है।
क्या आगे आदमी अहमक़ पैदा नहीं होते थे?'

जब आप पूरी परम्परा को छोड़ रहे हों या उसमें नये रास्तों की तलाश कर रहे हों तो उस परम्परा का अनुसरण करने वालों से अपने हित की अपेक्षा कैसे कर सकते हैं?

'ग़ालिब' पहले शाइर हैं जो अपनी ज़ात को केन्द्र में रखते हैं। इसलिए जानने की प्रक्रिया में भी ज़ात को तर्जीह देते हैं। कहते हैं–

अपनी हस्ती ही से हो जो कुछ हो
आगही गर नहीं ग़फ़लत ही सही

अर्थात् जो कुछ हो अपनी हस्ती (अस्तित्व) ही से हो। अगर आगही (ज्ञान) नहीं तो ग़फ़लत (संज्ञाहीनता) ही सही। यानि ज्ञान हो या संज्ञाहीनता कुछ भी हो अपने अस्तित्व ही से हो। अन्यत्र कहते हैं–

हरचंद सबुकदस्त हुए बुतशिकनी में
हम है तो अभी राह में है संगे-गिरां और

सबुकदस्त (निवृत्त) एक सम्भावित अर्थ यह भी है कि यद्यपि मूर्तिभंजन से हम निवृत्त हो चुके हैं परन्तु यदि हम या हमारा अस्तित्व शेष है, तो मार्ग में अभी संगे-गिरां (भारी पत्थर, बाधाएँ) बाक़ी हैं। अपनी प्रतिभा या अपना बुत भी तो जानने में सबसे बड़ी बाधा है।

न था कुछ तो ख़ुदा था, कुछ न होता तो ख़ुदा होता
डुबोया मुझको होने से, न होता मैं तो क्या होता

अपने 'होने' (बीइंग—के मानों में भी और बीकमिंग के मानों में भी) का मरहला भी 'ग़ालिब' अपने अस्तित्व से बयान करते हैं। आश्चर्य, कौतूहल और जिज्ञासा उनके यहाँ इतनी है कि वे आज भी उतने ही प्रासंगिक हैं जितने अपने जमाने में थे। उनका यह शे'र बिल्कुल सही है—

हुई मुद्दत कि 'ग़ालिब' मर गया पर याद आता है
वो हर इक बात पर कहना कि यूँ होता तो क्या होता

यह 'यूँ होता' किसी सुधारवादी या आइडियालॉजी का 'यूँ होता' नहीं है बल्कि उस दानिशवर की मासूमियत है जिसके आगे दुनिया बच्चों का खेल है। जिसकी माशूक़-फ़रेबी (सुन्दरियों को लुभाना) का यह आलम है कि लैला उसके आगे मजनूं को बुरा कहती है। जो यह जानता है कि—

ग़ाफ़िल इन महतलअतों के वास्ते
चाहने वाला भी अच्छा चाहिए

इसके बावजूद उसका संसार इतना विस्तृत है कि आकाश उसे च्यूंटी के अण्डे के समान मालूम होता है। उसकी कल्पना को कितना बड़ा संसार दरकार होगा इसकी तो कल्पना भी मुश्किल है। फिर इस बात को जिस शिकायत के लहजे में कहा है वह भी 'ग़ालिब' ही से मुम्किन है—

क्या तंग हम सितमज़दगां का जहान है
जिस में कि एक बेज़ा-ए-मोर आस्मान है

मौजूदा दुनिया कितनी तंग (संकीर्ण) है कि यह आस्मान च्यूंटी का एक अण्डा मात्र है। तो दूसरी जगह कहते हैं—

लाला सरमाया-ए-यक आलम, ओ आलम कफ़े-ख़ाक
आस्मां बेज़ा-ए-क़ुमरी नज़र आता है मुझे

आस्मान क़ुमरी का अण्डा नज़र आता है। फ़ारसी में क़ुमरी को मुहावरे में कफ़े-ख़ाकिस्तर भी बोलते हैं। पहले शे'र में आस्मान च्यूंटी के अण्डे के समान था। दोनों शे'रों में आस्मान, च्यूंटी के अण्डे और क़ुमरी के अण्डे में रूप और रंग की समानता दिखाई है। आर्त्तनाद (नाला) दुनिया की पहचान और पूँजी है। यहाँ दुख के अलावा क्या है? और दुनिया, मुट्ठी भर ख़ाक, नश्वर है। अब रहा आकाश तो वह क़ुमरी का अण्डा—नाला नहीं है, नाला (आर्त्तनाद) हो तो क़ुमरी हो। इस शे'र को ऐ नाला निशाने-जिगरे-सोख़्ता क्या है वाले शे'र से मिलाकर देखें।

सताइशगर है ज़ाहिद इस क़दर जिस बाग़े-रिज़्वां का
वो इक गुलदस्ता है हम बेख़ुदों के ताक़े निसियां का

ज़ाहिद तू जिस स्वर्ग के उद्यान की इतनी प्रशंसा कर रहा है वह तो हम मस्तों के विस्मृति के ताक़ पर रख कर भूला हुआ गुलदस्ता है। अर्थात् तू जिस वस्तु को इतनी प्रशंसा कर हमें प्रलोभन दे रहा है वह तेरे लिए अमूल्य होगी हमारे लिए तो कुछ नहीं है। इसका संकेत इस तरफ़ भी है कि आदम को गेहूँ (इस्लाम की मान्यता के अनुसार) या सेब (ईसाई मान्यता के अनुसार) खाने की सज़ा में स्वर्ग से निकाला गया था।

मौलाना हाली ने तो हमें यह भी बताया है कि मिर्ज़ा साहिब इतने संवेदनशील और भावुक थे कि एक आदमी का विरोध भी सहन नहीं कर सकते थे। फिर जो चीज़ (शाइरी) उनके सम्मान का सामान और आत्म गौरव का कारण थी उसी का साहित्य-समाज में खुलेबंदों अपमान हो रहा था। इस पर उनकी विनोदप्रियता, हाज़िरजवाबी और घुट्टी में पड़ी रईसी, दोस्त कम और दुश्मन ज्यादा बनाती थी। कोढ़ में खाज की तरह जुआ खिलवाने में दो बार की गिरफ़्तारी एक बार तो जुर्माना भर के छूटे। लेकिन दूसरी बार क़ैदे-बामशक़्क़त की सज़ा हो गयी। जुर्माना अदा करने पर मशक़्क़त तो मुआफ़ हो गयी लेकिन क़ैद की सज़ा बरक़रार रही। इस वाक़िअे ने सामाजिक प्रतिष्ठा को भी धक्का पहुँचाया। आर्थिक तंगी थी ही। इसका कारण माक़ूल आमदनी के अभाव के बावजूद शाह खर्च होना भी था। इस तरह की तमाम मुश्किलों का हल तो कुछ था नहीं, एक घुटन थी जिसकी निकासी शाइरी और पत्रों में होती थी। ऐसे अनेक शे'र मौजूद हैं जिनसे उस समय की मनःस्थिति का आभास होता है। अभी हम सिर्फ़ उनकी शाइरी ही की बात करेंगे। इस सन्दर्भ में उनके ये शे'र अहम हैं—

पाता हूँ उससे दाद कुछ अपने कलाम की
रूहउलक़ुदुस अगर्चे मिरा हमज़बां नहीं

रूहउलक़ुदुस—जिब्रील फ़रिश्ते का नाम, जो ईश्वरीय आदेश-संकेत लाता है। अर्थात् मेरी शाइरी को दाद अगर मिलती है तो जिब्रील से, जो मेरा हमज़बान नहीं है। इसमें 'कुछ' लफ़्ज़ तवज्जो के क़ाबिल है। फ़रिश्ता मेरी ज़बान नहीं जानता इसलिए भरपूर दाद नहीं दे पाता। फ़रिश्ते संवेदना-शून्य होते हैं। एक मुम्किन मानी यह भी है कि जब फ़रिश्ता भी पूरी तरह दाद नहीं दे पाता तो आदमी से क्या आशा करूँ। आदमियों की भीड़ में अजनबी होना इसी का तो नाम है कि कोई उसकी जबान ही न समझे। ज़बान समझे तो जज़्बात समझे। शाइरी तो अहसास को अल्फ़ाज़ और जज़्बे को ज़बान देने का नाम है। चुनांचे 'ग़ालिब' अपने एक फ़ारसी शे'र में कहते हैं—

बया दरीद गर ई जां बुवद जबांदाने
ग़रीबे-शहरे-सुख़न हाय गुफ़्तनी दारद

अर्थात् इस जगह कोई ज़बान जानने वाला हो तो आये कि शाइरी के शहर में, एक अजनबी कुछ कहना चाहता है। जब लोगों ने जाने हुए मज़ामीन और अजनबी मज़ामीन की अजनबी अभिव्यक्ति पर आपत्ति की तो 'ग़ालिब' ने सूफ़ियों की-सी भाषा में कहा–

आते हैं ग़ैब से ये मज़ामीं ख़याल में
'ग़ालिब' सरीरे-ख़ामा नवा-ए-सरोश है

अर्थात् मेरे ख़याल में मज़ामीन परोक्ष या रहस्यमयी संसार से आते हैं और काग़ज़ पर लिखते समय कलम की आवाज़ (सरीरे-ख़ामा) जो है वह नवा-ए-सरोश (जिब्रील नामक फ़रिश्ते की आवाज़) है। पहले वाले शे'र में आदमी की ज़बान फ़रिश्ते के समझ में न आने की तरफ़ इशारा था तो इस शे'र फ़रिश्ते की आवाज़ (ज़बान) आदमी की समझ में न आने का संकेत है। यही अन्दाज एक अन्य स्थल पर अपनाते हुए फ़ारसी में कहा है–

मा न बूदेम बदीं मर्तबा राज़ी 'ग़ालिब'
शे'र खुद ख़्वाहिशे-आं कर्द कि गर्दद फ़ने-मा

हम तो शाइर कहलाये जाने या होने जैसे ऊँचे मर्तबे के इच्छुक न थे। स्वयं शे'र या कविता ने यह इच्छा की कि वह हमारी कला बन जाय।

उन्हें अपनी फ़ारसी शाइरी पर भी नाज़ था लेकिन उनका यह कथन ग़लत नहीं कि–

जो ये कहे कि रेख़्ता क्यूं कि हो रश्के-फ़ारसी
गुफ़्ताः-ए-ग़ालिब एक बार पढ़ के उसे सुना कि यूँ

अगर कोई यह कहे कि रेख़्ता (उर्दू) फ़ारसी के लिए ईर्ष्या का कारण कैसे हो? क्यूँ हो? तो 'ग़ालिब' का कहा (शाइरी) एक बार उसे पढ़ कर सुना कि यूँ, इस तरह उर्दू शाइरी फ़ारसी के लिए ईर्ष्या का कारण हो सकती है।

मिथ बनाना आदमी का स्वभाव है वह कल्पना का सत्य भी जो है। मिर्ज़ा के बारे में भी अनेक उल्टी-सीधी बातें मशहूर हैं। उनका व्यक्तित्व और कृतित्व दोनों ही अतिवाद का शिकार रहे हैं। आज तो मिर्ज़ा की प्रसिद्धि का यह हाल है कि सामान्य आदमी उन्हें उर्दू काव्य का पर्याय समझता है। जो शे'र मशहूर हो जाय वह 'ग़ालिब' का। सामान्य जन की बात तो एक तरफ़ विद्वानों ने भी 'ग़ालिब' के शे'रों

को उनके जीवन की घटनाओं से जोड़ दिया है या यूँ कहें कि शे'र को सामने रख कर कहानी घड़ ली है। उन सब की चर्चा तो यहाँ सम्भव नहीं। इसलिए यहाँ इन शे'रों की चर्चा कर लेते हैं जो ग़लत ढंग से मशहूर हो गये हैं। जैसे–

ख़ुदा के वास्ते पर्दा न काबे से उठा ज़ालिम
कहीं ऐसा न हो यां भी वही काफ़िर सनम निकले

यह शे'र 'ग़ालिब' का नहीं अन्तिम मुग़ल सम्राट बहादुरशाह 'जफ़र' का है और पहला मिस्रा (पंक्ति) यूँ है "ख़ुदा के वास्ते ज़ाहिद उठा पर्दा न काबे का" 'ज़फ़र' के दीवान में यह शे'र मौजूद है और 'ग़ालिब' के जीवन-काल में उनके दीवान के जो पाँच संस्करण छपे उनमें से किसी में यह शे'र नहीं है और होगा भी क्यों जब शे'र उनका है ही नहीं।

यह तो हुई ऐसे शे'र की बात जो 'ग़ालिब' का न होते हुए भी उनके नाम से मशहूर हो गया। अब कुछ ऐसे शे'रों की चर्चा की जाती है जिनका पाठ (Text) बाद की नस्ल ने बदल दिया और वे बदले हुए पाठ ही मशहूर हो गये। मेरे व्यक्तिगत पुस्तकालय में 'ग़ालिब' के जीवन में छपे दीवान की फोटो कॉपियाँ मौजूद हैं। उनके दीवान का पहला संस्करण अक्तूबर 1841 में छपा और चौथा संस्करण परिवर्द्धन के साथ जून 1862 में। दोनों के प्रूफ़ 'ग़ालिब' ने देखे थे इसलिए इसमें सन्देह की गुंजाइश नहीं है।

पहले सही पाठ लिखा गया है फिर बदला हुआ रूप–

जान दी, दी हुई उसी की थी
हक़ तो यूँ है कि हक़ अदा न हुआ

प्रसिद्ध हो गया है "हक़ तो ये है कि हक़ अदा न हुआ।"

क़र्ज़ की पीते थे मय लेकिन समझते थे कि हाँ
रंग लायेगी हमारी फ़ाक़ामस्ती एक दिन

पहला मिस्रा यूँ मशहूर है "मुफ़्त की पीते थे मय..."

न लुटता दिन को तो कब रात को यूँ बेख़बर सोता
रहा खटका न चोरी का दुआ देता हूँ रहज़न को

पहला मिस्रा बदल दिया "न लुटता दिन को तो कब रात को यूँ चैन से सोता"

जी ढूँढ़ता है फिर वही फ़ुर्सत कि रात दिन
बैठे रहे तसव्वुरे-जानां किये हुए

'फ़ुर्सत कि' को 'फुर्सत के' हो गया है

रगों में दौड़ते-फिरने के हम नहीं क़ाइल
जब आँख से ही न टपका तो फिर लहू क्या है

दूसरा मिस्रा यूँ मशहूर हो गया है 'जो आँख ही से न टपके तो वो लहू क्या है'

रखियो 'ग़ालिब' मुझे इस तल्ख़नवाई से मुआफ़
आज कुछ दर्द मिरे दिल में सिवा होता है

दोनों मिस्रे बदल गये हैं

'ग़ालिब' इस तल्ख़नवाई में मुझे रखियो मुआफ़
आज फिर दर्द मिरे दिल में सिवा होता है

यहाँ प्रश्न सही या ग़लत का नहीं बल्कि 'ग़ालिब' के लिखे और बाद के परिवर्तन का है। "मैं भी हूँ एक इनायत की नजर होते तक" इसे 'होने तक' कर लिया गया। क्या 'होने' और 'होते' में कोई फ़र्क़ नहीं?

मिर्ज़ा 'ग़ालिब' ने अपने कहे में संशोधन भी किया है एक दो मिसालें देखें—

जो ये कहे कि रेख़्ता क्यूँ कि हो रश्के-फ़ारसी
शे'रे-'असद' के एक दो पढ़ के उसे सुना कि यूँ

अर्थात् 'असद' के एक दो 'शे'र' पढ़ कर सुना। 'ग़ालिब' ने दूसरी पंक्ति में संशोधन किया और कहा—

गुफ़्तः-ए-ग़ालिब एक बार पढ़ के उसे सुना कि यूँ

अब अर्थ यह हुआ कि 'ग़ालिब' का कहा पढ़ के सुना। शे'र में रश्के-फ़ारसी—जिससे फ़ारसी को ईर्ष्या हो—के लिए एक दो शे'र पर्याप्त नहीं होंगे इसलिए 'ग़ालिब' का कहा एक बार किया है।

'नासिख़' का शे'र है—

शुब्हा 'नासिख़' नहीं कुछ 'मीर' की उस्तादी में
आप बेबहरा हैं जो मोतक़िदे-मीर नहीं

उर्दू के समालोचक डॉ. कमाल अहमद सिद्दीक़ी के मतानुसार 'नासिख़' के दूसरे मिस्रे में 'मीर' नहीं 'पीर' है यानि मिस्रा यूँ है "आप बेबहरा हैं जो मोतक़िदे-पीर नहीं" स्व. मालिकराम साहिब का कहना है कि दूसरे मिस्रे में 'हैं' नहीं 'है' है—आप बेबहरा है...बेबहरा (अभागा) होना दोनों ही सूरतों में मुनासिब है। अगर पीर, गुरु या बड़ों के प्रति मन में श्रद्धा नहीं है तो भी अभागा है और महाकवि 'मीर' का मोतक़िद (श्रद्धालु) नहीं तो भी अभागा है। 'हैं' और 'है' के सम्बन्ध में भी यही कहा जा सकता है। इस पर विस्तार से मैं उर्दू में चर्चा कर चुका हूँ इसलिए यहाँ

उसे दोहराने की आवश्यकता भी नहीं और हिन्दी पाठक की उसमें रुचि हो यह भी ज़रूरी नहीं। 'ग़ालिब' ने 'नासिख़' के मिस्रे पर मिस्रा लगाया–

रेख़्ते का वो 'ज़हूरी' है बक़ौले-'नासिख़'
आप बेबहरा है जो मोतक़िदे-मीर नहीं

बाद में 'ग़ालिब' ने पहला मिस्रा यूँ किया " 'ग़ालिब' अपना ये अक़ीदा है बक़ौले-नासिख़" इसकी एक वजह तो यही है कि 'नासिख़' ने 'मीर' को 'ज़हूरी' (फ़ारसी का महान कवि) नहीं कहा है। 'मीर' की उस्तादी की प्रशंसा की है। अगर 'नासिख़' ने दूसरी पंक्ति में बजाय 'मीर' 'पीर' कहा है। तो हमें यह मानना होगा कि 'ग़ालिब' ने 'नासिख़ के मिस्रे में भी संशोधन किया और अब यह मिस्रा मानवी तौर पर भी नासिख़ का नहीं 'ग़ालिब' का हो गया। खैर यह तो एक अलग बहस है।

'ग़ालिब' के जीवन काल में उनके दीवान के पाँच संस्करण छपे थे। पहले संस्करण में बहुत ही कम शे'र थे। इसका कारण, उनके मित्रों का आग्रह या उनको यह डर कि उनकी दुरूह शैली को समझेगा कौन, रहा हो या कुछ और। परन्तु यह बात तय है कि उन्होंने अपने पहले संस्करण पर ख़ूब गौर किया होगा और सम्पादित करते समय बहुत से शे'रों को निर्ममता से काट दिया होगा। बाद के ज़माने में जो ग़ज़लें उन्होंने कहीं वे नये संस्करण में जुड़ती चली गयीं। उनकी मृत्यु के बाद बहुत से लोगों ने 'ग़ालिब' के तमाम शे'रों को जमा किया। इस शृंखला में अब तक का सबसे प्रामाणिक संस्करण जो तारीख़ी तर्तीब के साथ सामने आया है वह स्व. अल्लामा कालीदास गुप्ता 'रिज़ा' का 'नुस्ख-ए-गुप्ता-रिज़ा' है। प्रस्तुत संस्करण/चयन में विशेष रूप से पाठ (Text) को तैयार करने में उन फोटो कॉपियों का जिनका उल्लेख पहले किया जा चुका है के अलावा नुस्खे और 'ग़ालिब' इंस्टीट्यूट, दिल्ली के नुस्ख़े से भी मदद ली गयी है। उर्दू में एक कहावत है कि आदमी ने कच्चा दूध पिया है भरसक सावधानी के बावजूद पाठ में सम्भव है कुछ ग़लतियाँ रही हों। जिनके लिए 'ग़ालिब' की रूह और पाठकों से पेशगी में मुआफ़ी का तलबगार हूँ।

इस संस्करण को तैयार करने में अज़ीज़ी इश्राकुल इस्लाम 'माहिर' और अज़ीज़ी ब्रजेश 'अम्बर' ने जो मदद की है उसके लिए शुक्रिया अदा करने के साथ उनकी तरक़्क़ी के लिए दुआगो हूँ।

–शीन काफ़ निज़ाम

कल्लों की गली,
जोधपुर-342001

(1)

नक़्श[1] फ़रियादी है[2] किस की शोख़ी-ए-तहरीर[3] का
काग़ज़ी[4] है पैरहन[5] हर पैकरे-तस्वीर[6] का

कावे-कावे[7] सख़्तजानी-हाए-तन्हाई[8] न पूछ
सुब्ह करना शाम का, लाना है जू-ए-शीर[9] का

जज़्ब-ए-बेइख़्तियारे-शौक़[10] देखा चाहिए
सीनः-ए-शमशीर[11] से बाहर है दम[12] शमशीर का

आगही,[13] दामे-शनीदन[14] जिस क़दर चाहे बिछाए
मुद्दआ[15] अन्क़ा[16] है अपने आलमे-तक़रीर[17] का

बस कि हूं 'ग़ालिब' असीरी में भी आतिश-जेरे-पा[19]
मू-ए-आतिशदीदा[20] है, हल्क़ा[21] मिरी ज़ंजीर का

---

1. निशान, चित्र; 2. परिवाद करने वाला; 3. चंचल लिखावट या चंचल चित्र; 4. काग़ज़ का; 5. परिधान; 6. चित्र-प्रतीक लोकमतानुसार प्राचीन काल में, ईरान में, परिवादी काग़ज़ के कपड़े पहनकर घूमता था ताकि लोगों को यह मालूम हो सके कि यह एक परिवादी है और न्याय चाहता है। 7. खोदना, अथक परिश्रम; 8. एकान्त क्षणों में वियोग की कठिनाई; 9. दूध की नहर–'फ़रहाद', शीरीं को प्राप्त करने के लिए दूध की नहर, पहाड़ को खोद कर लाया था–सुब्ह के दूधिया रंग और दूध की नहर में समानता द्रष्टव्य है। 10. प्रेम का अतिशय भाव; 11. तलवार के सीने; 12. धार, प्राण; 13. ज्ञान, चेतना; 14. श्रवण-जाल; 15. अभिप्राय, अभीष्ट; 16. एक काल्पनिक पक्षी का नाम; 17. भाषण, बोलने की स्थिति/दुनिया; 18. बंदी; 19. पांव तले आग–बेचैन; 20. आग को प्राप्त हुआ बाल जो जल्द जल कर मुड़ जाता है; 21. कड़ी, घेरा।

(2)

जराहत[1] तोहफ़ा, अल्मास[2] अर्मुग़ां[3], दाग़े‘जिगर[4] हदिया[5]
मुबारकबाद ‘असद’! ग़मख़्वारे-जाने-दर्दमन्द[6] आया

---

1. घाव; 2. दिल को काटने वाला; 3. भेंट, उपहार; 4. जिगर का दुख; 5. उपहार; 6. दुखियों को धीरज बंधाने वाला।

(3)

जुज़[1] क़ैसे[2] और कोई न आया ब-रू-ए-कार[5]
सहरा, मगर[4] ब तंगी-ए-चश्मे-हसद[5] था

आशुफ़्तगी[6] ने नक़्शे-सुवैदा[7] किया दुरुस्त[8]
ज़ाहिर[9] हुआ कि दाग़ का सरमाया[10] दूद[11] था

था ख़्वाब[12] में ख़याल[13] को तुझ से मुआमला[14]
जब आंख खुल गई, न ज़ियां[15] था, न सूद[16] था

लेता हूं मक्तबे-ग़मे-दिल[17] में सबक़[18] हनोज़[19]
लेकिन यही कि 'रफ़्त'[20] गया और 'बूद'[21] था

ढांपा कफ़न ने दाग़े-अयूबे-बिरहनगी[22]
मैं, वर्ना हर लिबास[23] में नंगे-वजूद[24] था

तेशे[25] बग़ैर मर न सका कोहकन[26] -असद
सरगश्ता-ए-ख़ुमारे रसूमो-क़यूद[27] था

---

1. सिवा; 2. मजनूं का वास्तविक नाम; 3. सामने आना, प्रसिद्धि पाना; 4. शायद, लेकिन 5. द्वेषी की दृष्टि की तरह संकीर्ण; 6. विकलता; 7. दुख का चिह्न; 8. बनाना; 9. प्रकट हुआ, मालूम हुआ; 10. पूंजी; 11. धुआं; 12. स्वप्न; 13. कल्पना; 14. संबंध; 15. हानि; 16. लाभ; 17. दिल के दुख की पाठशाला; 18. पाठ; 19. अभी तक; 20. गया; 21. था; 22. नग्नता के दोषों के चिह्न; 23. परिधान; 24. 'अस्तित्व' के लिए लज्जा जनक; 25. कुदाल; 26. पहाड़ खोदने वाला—अर्थात् फ़रहाद; 27. रीति-रिवाज के बंधनों में जकड़ा हुआ।

(4)

कहते हो 'न देंगे हम, दिल अगर पड़ा पाया'
दिल कहां कि गुम कीजे, हम ने मुद्दआ[1] पाया

इश्क़ से तबीअत ने ज़ीस्त[2] का मज़ा पाया
दद की दवा पाई, दर्दे-बेदवा[3] पाया

दोस्तदारे-दुश्मन[4] है, एतिमादे-दिल[5] मालूम
आह[6] बेअसर[7] देखी, नाला[8] नारसा[9] पाया

सादगी-ओ-पुरकारी[10] बेखुदी-ओ-हुशियारी[11]
हुस्न को तग़ाफ़ुल[12] में जुरअतआज़मा[13] पाया

गुंचा फिर लगा खिलने, आज हमने अपना दिल
ख़ूं किया हुआ देखा, गुम किया हुआ पाया

हाले-दिल[14] नहीं मालूम, लेकिन इस क़द्र, यानी
हम ने बारहा[15] ढूंढ़ा, तुम ने बारहा पाया

शोरे-पिन्दे-नासेह[16] ने ज़ख़्म पर नमक छिड़का
आप से कोई पूछे 'तुम ने क्या मज़ा पाया'

---

1. आशय; 2. जीवन; 3. बिना दवा का दर्द; 4. दुश्मन का मित्र; 5. दिल का भरोसा; 6 आर्त्तनाद; 7. प्रभावहीन; 8. हूक, आर्तनाद; 9. जिसकी पहुंच न हो, प्रभावहीन; 10. सरलता व चालाकी; 11. आत्मविस्मृति और सजगता; 12. उपेक्षा; 13. साहस आज़माने वाला; 14. मनःस्थिति; 15. बार-बार फ़ारसी में 'हां' बहुवचन या अधिसंख्य के लिए प्रयोग होता है; 17. उपदेशक के उपदेश का शोर।

(5)

दिल मिरा[1] सोज़े-निहाँ[2] से बेमुहाबा[3] जल गया
आतिशे-ख़ामोश[4] की मानिन्द[5] गोया[6] जल गया

दिल में ज़ौक़े-वस्लो-यादे-यार[7] तक बाक़ी नहीं
आग इस घर में लगी ऐसी कि जो था जल गया

मैं अदम[8] से भी परे हूं, वरना ग़ाफ़िल[9]! बारहा[10]
मेरी आहे-आतिशी[11] से बाले-अन्क़ा[12] जल गया

अर्ज़[13] कीजे जौहरे-अंदेशा[14] की गर्मी कहां!
कुछ ख़याल[15] आया था वहशत[16] का कि सहरा जल गया

दिल नहीं, तुझ को दिखाता वर्ना, दाग़ों की बहार
इस चिराग़ां[17] का करूं क्या, कारफ़र्मा[18] जल गया

मैं हूं और अफ़्सुर्दगी[19] की आरज़ू[20], 'ग़ालिब' कि दिल
देख कर तर्ज़े-तपाके-अहले-दुनिया[21] जल गया

---

1. उर्दू में 'मेरा' व 'मिरा' दोनों प्रयुक्त हैं; 2. छिपी हुई आग; 3. बिल्कुल; 4. सुलगती हुई आग; 5. तरह; 6. यद्यपि जैसे; 7. मिलन की रुचि तथा प्रेमिका की स्मृति; 8. अस्तित्वहीन; 9. निश्चेत; 10. कई बार; 11. अग्नि से भरी आर्त्तनाद; 12. एक काल्पनिक पक्षी के रोम, बाल; 13. निवेदन; 14. चिन्तन की आत्मा; 15. विचार; 16. घबराहट; 17. दीपोत्सव; 18. प्रबन्धक; 19. कुम्हलाहट; 20. कामना; 21. दुनियावालों की आव-भगत की शैली।

(6)

शौक़[1] हर रंग[2] रक़ीबे-सरो-सामां[3] निकला
क़ैस[4], तस्वीर के पर्दे में भी उरियां[5] निकला

ज़ख़्म ने दाद न दी[6] तंगी-ए-दिल[7] की यारब
तीर भी सीनः-ए-बिस्मिल से परअफ़्शां[9] निकला

"बू-ए-गुल, नालः-ए-दिल, दूदे-चिराग़े-महफ़िल"[10]
जो तिरी बज़्म[11] से निकला, सो परीशां[12] निकला

दिले-हसरतज़दा[13] था मायदा-ए-लज़्जते-दर्द[14]
काम यारों का ब-क़द्रे-लबो-दन्दां[15] निकला

है नौआमोज़े-फ़ना हिम्मते-दुश्वारपसन्द[17]
सख़्त मुश्किल[18] है कि ये काम भी आसां निकला

दिल में फिर गिरिये[19] ने इक शोर उठाया 'ग़ालिब'
आह जो क़तरा[20] न निकला था, सो तूफ़ां निकला

---

1. प्रेम, उत्कण्ठा; 2. प्रत्येक प्रकार; 3. आवश्यक सामग्री का प्रतिद्वंद्वी; 4. मजनूं का वास्तविक नाम; 5. नग्न; 6. न्याय/प्रशंसा नहीं की; 7. मन की संकीर्णता; 8. घायल के दिल/सीना; 9. पर फैलाए हुए, बाण के पीछे लगे पंख; 10. फ़ारसी की पंक्ति है; फूल की सुगन्ध, दिल का आर्त्तनाद, सभा के दीपक का धुआं; 11. सभा, गोष्ठी; 12. अस्त-व्यस्त; 13. कामनाओं का मारा हुआ; 14. दर्द के आनन्द का दस्तरख़्वान; 15. होठों और दांतों की औक़ात के अनुसार; 16. मृत्यु के सम्बन्ध में नौसीखिया; 17. कठिनाइयों में प्रसन्न रहने वाला साहस; 18. अत्यन्त कठिन; 17. रुदन; 20. बूँद।

(7)

धमकी में मर गया, जो न बाबे-नबर्द[1] था
इश्क़े-नबर्द-पेशा[2] तलबगारे-मर्द[3] था

था ज़िन्दगी में मर्ग[4] का खटका लगा हुआ
उड़ने से पेशतर[5] भी मिरा रंग ज़र्द[6] था

तालीफ़[7] नुस्ख़ः-हाए-वफ़ा[8] कर रहा था मैं
मज्मूअः-ए-ख़्याल[9] अभी फ़र्द-फ़र्द[10] था

दिल ता जिगर[11] कि साहिले-दरिया-ए-खूं[12] है अब
इस रहगुज़र[13] में जल्वः-ए-गुल[14] आगे गर्द[15] था

जाती है कोई कश्मकश[16] अन्दोहे-इश्क़[17] की
दिल भी अगर गया, तो वही दिल का दर्द था

अहबाब[18] चारासाज़ी-ए-वहशत[19] न कर सके
ज़िन्दां[20] में भी ख़्याल बयावां-नवर्द[21] था

ये लाश बेकफ़न[22] 'असदे'-ख़स्तः जां[23] की है
हक़ मग़फ़रित[24] करे अजब[25] आज़ाद मर्द था

---

1. युद्ध के योग्य; 2. कठिनाइयों या युद्ध से आनन्दित होने वाला प्रेम; 3. बहादुर का इच्छुक; 4. मृत्यु; 5. पूर्व, पहले; 6. पीला; 7. सम्पादन; 8. प्रेम-प्रतिज्ञा की पाण्डुलिपि; 9. विचारों की पुस्तक (संग्रह); 10. बिखरा हुआ, टुकड़े-टुकड़े; 11. दिल से जिगर तक; 12. रक्त-सागर का तट; 13. पथ; 14. फूलों की छवि, बसन्त; 15. तुच्छ, निरर्थक; 16. ऊहापोह; 17. प्रेम के दुख; 18. हबीब = मित्र, का बहुवचन; 19. उन्माद का निदान; 20. कारागृह; 21. जंगल में घूमने वाला; 22. बेकफ़न लाश; 23. असद ('ग़ालिब' से पहले का उपनाम) निढ़ाल; 24. ईश्वर मोक्ष दे; 25. अद्‌भुत।

(8)

शुमारे-सुब्हा[1] मर्ग़ूबे-बुते-मुश्किल पसन्द[2] आया
तमाशा-ए-ब-यक कफ़ बुर्दने-सद-दिल[3] पसन्द आया

बफ़ैज़े-बेदिली,[4] नौमीदी-ए-जावेद[5] आसां[6] है
कशाइश[7] को हमारा उक़्दः-ए-मुश्किल[8] पसन्द आया

हवा-ए-सैर गुल[9] आईना-ए-बेमेहरी-ए-क़ातिल[10]
कि अंदाज़े-बख़ूं[11] ग़लतीदने-बिस्मिल पसंद आया

1. सुब्हा = सौ दानों की माला शुमार = गिनना—माला फिराना; 2. कठिनाइयों से आनंदित होने वाली प्रेमिका; 3. एक हथेली (मुट्ठी) में सौ दिलों को बन्द करने का खेल; 4. उदासीनता की अनुकंपा; 5. अनंत काल की निराशा; 6. आसान का लघु रूप, सरल; 7. खोलने की प्रक्रिया; 8. मुश्किल से खुलने वाली गांठ; 9. फूलों के भ्रमण करने वाली हवा की इच्छा; 10. प्रेगिका की निर्दयता का प्रमाण; 11. घायलों का रक्त में लोटने का ढंग।

(9)

दहर[1] में नक़्शे-वफ़ा[2] वज्हे-तसल्ली[3] न हुआ
है ये वो लफ़्ज़[4] कि शर्मिन्दः-ए-मानी[5] न हुआ

सब्ज़-ए-ख़त[6] से तिरा[7] काकुले-सरकश[8] न दबा
ये ज़मर्रुद[9] भी हरीफ़े-दमे-अफ़ई[10] न हुआ

मैं ने चाहा था कि अन्दोहे-वफ़ा[11] से छूटूं
वो सितमगर[12] मिरे मरने पे भी राज़ी न हुआ

दिल गुज़रगाहे-ख़ायाले-मयो-साग़र[13] ही सही
गर[14] नफ़स[15] जाद-ए-सर-मंज़िले तक़वा[16] न हुआ

हूं तिरे वादा न करने में भी राज़ी कि कभी
गोश[17] मिन्नतकशे-गुलबांगे-तसल्ली[18] न हुआ

किस से महरूमी-ए-क़िस्मत[19] की शिकायत कीजे
हम ने चाहा था कि मर जायें सो वो भी न हुआ

मर गया सदमा-ए-यक जुम्बिशे-लब[20] से 'ग़ालिब'
नातवानी[21] से हरीफ़े-दमे-ईसा[22] न हुआ

---

1. संसार; 2. प्रेम-प्रतिज्ञा का चित्र; 3. संतोष का कारण; 4. शब्द; 5. अर्थ से लज्जित, निरर्थक; 6. दाढ़ी-मूंछ निकलने का स्थान जो पहले हल्का हरा हो जाता है। 7. तेरा को छंद के कारण तिरा भी लिखा जाता है; 8. विद्रोही-केश, बल खाए हुए बाल; 9. एक हरा पत्थर जो सांप का विष उतारता है। सब्ज़-ए-ख़त और ज़मर्रुद की उपमा दृष्टव्य है; 10. सांप की फुफकार का प्रतिद्वंद्वी-सांप और केश में समानता दृष्टव्य; 11. प्रेम-प्रतिज्ञा के कष्ट; 12. अत्याचारी-फ़ारसी में 'गार' कर्त्ता के लिए प्रयुक्त होता है। सितमगार, सितम करने वाला, चारा (इलाज) गर, = चिकित्सक; 13. मद्य और प्याले की कल्पना का मार्ग; 14. अगर का संक्षिप्त रूप; 15. सांस; 16. संयम, त्याग का मार्ग; 17. कान; 18. शुभ-समाचारों के संतोष की कृतज्ञता; 19. भाग्य-वंचना; 20. होठों के हिलने के आघात; 21. दुर्बलता; 22. लोक-मत और ईसाई मतानुसार ईसा मसीह की फूंक से मृतक जीवित हो जाते थे। उर्दू काव्य में प्रेमिका को ईसा-नफ़स, मसीहा नफ़स कहा जाता है।

(10)

सताइशगर[1] है ज़ाहिद[2] इस क़दर जिस बाग़े-रिज़्वां[3] का
वो इक गुलदस्ता है हम बेख़ुदों[4] के ताक़े-निसियां[5] का

बयां[6] क्या कीजिए बेदादे-काविश-हाए-मिज़्गां[7] का
कि हर यक क़त्रा-ए-ख़ूं[8] दाना है तस्बीहे-मरजां[9] का

न आई सत्वते-क़ातिल[10] भी माने'अ[11] मेरे नालों[12] को
लिया दांतों में जो तिनका हुवा रेशा नयस्तां[13] का

दिखाऊंगा तमाशा, दी अगर फ़ुर्सत ज़माने ने
मिरा हर दाग़े-दिल[14], इक तुख़्म[15] है सर्वे-चराग़ां[16] का

किया आईनाखाने[17] का वो नक़्शा तेरे जल्वे[18] ने
करे, जो परतवे-ख़ुर्शीद,[19] आलम शबनमिस्तां[20] का

मिरी ता'मीर[21] में मुज़्मिर[22] है इक सूरत ख़राबी[23] की
हयूला[24] बर्क़े-ख़िरमन[25] का, है ख़ूने-गर्म[26] दहक़ां[27] का

उगा है घर में हरसू[28] सब्ज़ा, वीरानी तमाशा कर[29]
मदार[30], अब खोदने पर घास के, है मेरे दरबां[31] का

ख़मोशी में निहाँ[32] ख़ूँ-गश्ता[33] लाखों आरज़ूयें हैं
चराग़े-मुर्दा[34] हूं मैं बेज़बाँ, गोरे-गरीबाँ[35] का

---

1. गुणगान करने वाला; 2. संयमी; 3. स्वर्ग का उद्यान; 4. आत्मलीनों; 5. भूल का ताक; 6. वर्णन; 7. पलकों के अन्याय प्रयास; 8. रक्त की एक बूंद; 9. मूंगे की माला; 10. प्रेमिका का रौब; 11. रोक; 12. आर्त्तनादों; 13. बांसुरी का प्रतीक; 14. दिल का दाग़; 15. बीज; 16. दीपकों का पेड़; 17. दर्पणों की दीवारों का घर; 18. छवि; 19. सूरज की किरण; 20. ओस गृह; 21. रचना-सृजन; 22. छिपी हुई; 23. बर्बादी; 24. तत्त्व; 25. खलिहान पर गिरने वाली तड़ित; 26. गर्म लहू; 27. किसान; 28. हर तरफ़; 29. देख; 30. आश्रय; 31. द्वारपाल; 32. छुपी हुई; 33. जिस का खून हो चुका हो; 34. बुझा हुआ दीपक; 35. निर्धनों की समाधि।

हनोज़[36] इक परतवे-नक़्शे-ख़्याले-यार[37] बाक़ी है
दिले-अफ़सुर्दा[38], गोया हुज्रा[39] है यूसूफ़ के ज़िन्दां[40] का

बग़ल में ग़ैर की आज आप सोते हैं कहीं, वर्ना–
सबब क्या, ख़्वाब में आकर तबस्सुम-हाए-पिन्हां[41] का

नहीं मालूम किस किस का लहू पानी हुआ होगा
क़यामत है सरश्क-आलूदा[42] होना तेरी मिज़्गां[43] का

नज़र में है हमारी जादा-ए-राहे-फ़ना[44] 'ग़ालिब'
कि ये शीराज़ा[45] है आलम के अज्ज़ा-ए-परीशां[46] का

---

36. अभी तक; 37. मित्र के विचार के चित्र का प्रतिबिंब; 38. उदास मन; 39. कोठरी; 40. कामदेव के से रूप वाले पैगम्बर का नाम कारागृह; 41. छिपी हुई मुस्कान; 42. आंसुओं से भीगा हुआ; 43. पलकें; 44. नश्वरता की राह; 45. बिखरी हुई वस्तुओं का समूह; 46. बिखरे हुए हिस्से।

(11)

न होगा, यक बयावां, मांदगी[1] से ज़ौक़[2] कम मेरा
हबाबे-मौज-ए-रफ़्तार[3] है नक़्शे-क़दम[4] मेरा

मुहब्बत थी चमन से, लेकिन अब ये बददिमाग़ी[5] है
कि मौजे-बू-ए-गुल[6] से नाक में आता है दम मेरा

1. इतनी थकन कि जिस में जंगल समा जाए या ऐसी थकन जिसे नापने के लिए एक जंगल की ज़रूरत हो, असीमित जंगल; 2. अभिरुचि; 3. गति-लहर पर दौड़ता बुलबुला, 4. पद-चिह्न; 5. बुरी आदत, स्वभाव; 6. फूल की सुगन्ध के झोंके।

(12)

सरापा[1] रहने-इश्क़ो-नागुज़ीरे-उल्फ़ते-हस्ती[2]
इबादत3 बर्क़4 की करता हूं और अफ़सोस हासिल का

बक़द्रे–'ज़र्फ़[5] है साक़ी, ख़ुमारे-तिश्नाकामी[6] भी
जो तू दरिया-ए-मय[7] है, तो मैं ख़मीयाज़ा[8] हूं साहिल[9] का

---

1. सर से पैर तक; 2. जीवन रूपी चाह को प्रेम के पास गिरवी रखना; 3. पूजा, आराधना; 4. तड़ित (बिजली); 5. सहनशक्ति के अनुसार; 6. प्यास का खुमार; 7. शराब का समुद्र; 8. परिणाम; 9. तट, किनारा।

(13)

महरम[1] नहीं है तू ही नवा-हाए-राज़[2] का
याँ वर्ना जो हिजाब[3] है, पर्दा है साज़[4] का

रंगे-शिकस्ता[5] सुब्ह, बहारे-नज़ारा[6] है
ये वक़्त है शिगुफ़्तने-गुलहाए-नाज़[7] का

तू और सू-ए-ग़ैर[8] नज़र-हाए-तेज़तेज़[9]
मैं और दुख तिरी मिज़ा-हाए-दराज़[10] का

सर्फ़ा[11] है ज़ब्ते-आह[12] में मेरा, वगर्ना मैं
तुअ्मा[13] हूं एक ही नफ़से-जांगुदाज़[14] का

हैं बस कि जोशे-बादा[15] से शीशे उछल रहे
हर गोशः-ए-बिसात[16] है सर शीशाबाज़[17] का

काविश[18] का दिल करे है तक़ाज़ा कि है हनोज़[19]
नाख़ुन पे क़र्ज़ इस गिरहे-नीमबाज़[20] का

ताराजे-काविशे-ग़मे-हिज्रां[21] हुआ, 'असद'
सीना कि था दफ़ीना[22] गुहर-हाए-राज़[23] का

---

1. रहस्यवेत्ता; 2. रहस्य की आवाज; 3. पर्दा; 4. सारंगी, सरोद, आदि वाद्यों पर लगा कपड़ा जिस से गूंज पैदा होती है; 5. उड़ा हुआ रंग; 6. बसंत का दृक्ष्य; 7. भाव-भंगिमाओं का खिलना; 8. अजनबी की ओर; 9. तीक्ष्ण-दृष्टि; 10. लंबी पलकें; 11. लाभ; 12. निःश्वास का संयम; 13. ग्रास, कौर; 14. जान लेने वाली सांस; 15. मद्य का उबाल; 16. जाजम का कोना; 17. बोतलों से खेल दिखाने वाला; 18. प्रयास; 19. अब तक; 20. अधखुली गांठ; 21. वियोग के दुख से लुटा हुआ; 22. गड़ा हुआ धन; 23. रहस्य रूपी मोती।

(14)

बज़्मे-शाहन्शाह[1] में अश्आर[2] का दफ़्तर[3] खुला
रखियो यारब[4]! ये दरे-गंजीना-ए-गौहर[5] खुला

शब हुई, फिर अन्जुमे-रख़्शिन्दा[6] का मंज़र[7] खुला
इस तकल्लुफ़[8] से कि गोया[9] बुतकदे[10] का दर खुला

गरचे[11] हूं दीवाना, पर क्यूं दोस्त का खाऊं फ़रेब[12]
आस्तीं में दश्ना[13] पिन्हां[14], हाथ में नश्तर[15] खुला

गो[16] न समझूं उसकी बातें, गो न पाऊं उसका भेद
पर ये क्या कम है कि मुझ से वो परी-पैकर[17] खुला

है ख़याले-हुस्न[18] में हुस्ने-अमल[19] का-सा ख़याल
ख़ुल्द[20] का इक दर[21] है मेरी गोर[22] के अन्दर खुला

मुंह न खुलने पर, है वो आलम[23] कि देखा ही नहीं
ज़ुल्फ़ से बढ़ कर, नक़ाब उस शोख़[24] के मुंह पर खुला

दर[25] पे रहने को कहा और कह के कैसा फिर गया
जितने अर्से[26] में मिरा लिपटा हुआ बिस्तर खुला

---

1. राजा की सभा; 2. शे'र (काव्यांश) का बहुवचन; 3. रजिस्टर, बड़ी कॉपी; 4. हे ईश्वर; 5. मोतियों के ख़ज़ाने का दरवाज़ा; 6. प्रकाशमान तारा; 7. दृश्य; 8. सुसभ्य कृत्रिमता; 9. जैसे; 10. मंदिर; 11. हालांकि; 12. धोखा; 13. कटारी; 14. छुपा हुआ; 15. बारीक छुरी; 16. यद्यपि; 17. परी जैसे शरीर वाला अर्थात् अत्यधिक सुन्दर; 18. सौन्दर्य की परिकल्पना; 19. कर्म का सौन्दर्य; 20. स्वर्ग; 21. दरवाजा; 22. क़ब्र; 23. दशा; 24. चंचल; 25. दरवाज़ा; 26. समय;

क्यूं अंधेरी है शबे-ग़म[27] है बलाओं[28] का नुजूल[29]
आज उधर ही को रहेगा दीदः-ए-अख़्तर[30] खुला

क्या रहूं ग़ुरबत[31] में खुश, जब हो हवादिस[32] का ये हाल
नामा[33] लाता है वतन[34] से नामाबर[35] अक्सर खुला

उसकी उम्मत[36] में हूं मैं, मेरे रहें क्यूं काम बंद
वास्ते जिस शह[37] के, 'ग़ालिब'! गुम्बदे-बेदर[38] खुला

---

27. ग़म की रात; 28. आपत्तियों; 29. नीचे उतरना, आकाश से; 30. तारों की आंख; 31. परदेस; 32. दुर्घटनाओं; 33. पत्र; 34. स्वदेश; 35. पत्र-वाहक; 36. अनुयायियों; 37. बादशाह; 38. बिना दरवाज़े का गुम्बद अर्थात् आस्मान।

(15)

शब[1] कि बर्क़े-सोज़े-दिल से[2] ज़हरा-ए-अब्र[3] आब[4] था
शोला-ए-जव्वाला[5], हर इक हल्क़ः-ए-गिर्दाब[6] था

वां करम[7] को, उज़्रे-बारिश[8] था इनांगीरे-ख़िराम[9]
गिरिया[10] से यां पम्बः-ए-बालिश[11] कफ़े-सैलाब[12] था

वां ख़ुद-आराई[13] को था मोती पिरोने का ख़याल
यां हुजूमे-अश्क[14] में तारे-निगह[15] नायाब था

जल्वः-ए-गुल[16] ने किया था वां चरागां[17] आबजू[18]
यां रवां[19] मिज़्गाने-चश्मे-तर[20] से ख़ूने-नाब[21] था

यां सरे-पुरशोर[22] बेख़्वाबी[23] से था दीवारजू[24]
वां वो फ़र्क़े-नाज़[25] महवे-बालिशे-कमख़्वाब[26] था

यां नफ़स[27] करता था रोशन शम्ए-बज़्मे-बेख़ुदी[28]
जल्वा-ए-गुल[29] वां बिसाते-सोहबते-अहबाब[30] था

---

1. रात; 2. तड़ित-सी तड़पती दिल कीं जलन; 3. बादल का पित्ताशय; 4. पानी; 5. नाचती हुई आग की लपट; 6. भंवर का चक्र; 7. कृपा; 8. बरसात का बहाना; 9. प्रेमिका का रास्ता रोकने वाला; 10. रुदन; 11. तकिए की रुई; 12. पानी का झाग; 13. आत्म-शृंगार; 14. आंसुओं का बाहुल्य; 15. दृष्टि का धागा; 16. फूल की छवि; 17. दीप जलाना; 18. नदी; 19. प्रवाहमान; 20. भीगी हुई आंखों की पलकों; 21. शुद्ध रक्त; 22. उन्मादी सर; 23. अनिद्रा; 24. दीवार ढूंढ़ने वाला; 25. प्रेमिका का सर; 26. कमख़्वाब से बने तकिए में तल्लीन (खोया हुआ); 27. सांस; 28. आत्म-विस्मृति की सभा का दीपक; 29. फूल की छवि; 30. मित्रों की गोष्ठी की जाजम;

फ़र्श से तो अर्श[31] वां तूफ़ां था मौजे-रंग[32] का
यां ज़मीं से आस्मां तक सोख़्तन का बाब[33] था

नागहां[34] इस रंग से ख़ूंनाबा[35] टपकाने लगा
दिल कि जौक़े-काविशे-नाखुन[36] से लज़्ज़तयाब[37] था

---

31. धरती से आकाश तक; 32. रंग की लहर; 33. जलने की स्थिति; 34. अचानक; 35. रक्त (शुद्ध); 36. नाखुनों की प्रयास रुचि; 37. आनंद लेने वाला।

(16)

नालःए-दिल[1] में, शब, अंदाज़े-असर[2] नायाब[3] था
था सिपन्दे-बज़्मे-वस्ले-वस्ले-ग़ैर[4], गो बेताब था

मक़दमे-सैलाब[5] से दिल क्या निशात आहंग[6] है!
ख़ाना-ए-आशिक[7], मगर साजे-सदा-ए-आब[8] था

नाज़िशे-अय्यामे-ख़ाकस्तरनशीनी[9], क्या कहूं!
पहलू-ए-अन्देशा[10], वक़्फ़े-बिस्तेर-सन्जाब[11] था

कुछ न की अपने जुनूने-नारसा[12] ने वर्ना यां
ज़र्रा-ज़र्रा[13] रूकशे-ख़ुर्शीद आलम ताब[14] था

आज क्यूं परवा नहीं अपने असीरो[15] की तुझे?
कल तलक तेरा भी दिल महरो-वफ़ा[16] का बाब[17] था

याद कर वो दिन कि हर इक हल्क़ा[18] तेरे दाम[19] का
इन्तिज़ारे-सैद[20] में इक दीदः-ए-बेख़्वाब[21] था

मैंने रोका रात 'गालिब' को, वगरना[22] देखते
उसके सैले-गिरिया[23] में, गरदूं[24] कफ़े-सैलाब[25] था

---

1. आर्त्तनाद; 2. प्रभाव का ढंग; 3. अप्राप्य; 4. नज़र उतारने के लिए सर पर वारी जानेवाली राई की तरह, जो आग पर डालने से उछलती है, बेचैन होती है, वैसे ही अजनबियों की मिलन-सभा में बेताब था; 5. जलप्लावन का आगमन; 6. उल्लासित लय; 7. प्रेमी का घर; 8. जलतरंग; 9. नम्रता के दिनों का गौरव; 10. आशंका की करवट; 11. संजाब (एक जानवर का चर्म जो अत्यंत कोमल होता है) सेज के लिए समर्पित; 12. अपरिपक्व उन्माद; 13. कण-कण; 14. दुनिया को चमका देनेवाले सूरज की तरह चमकदार; 15. कैदियों, प्रेमियों; 16. प्रेम और निर्वाह; 17. अध्याय, घर, दरवाज़ा; 18. घेरा, कड़ी; 19. जाल; 20. शिकार की प्रतीक्षा; 21. नींद विहीन आंखें; 22. वर्ना; 23. आंसुओं की बाढ़; 24. आकाश; 25. बाढ़ का झाग।

(17)

एक-एक क़तरे का मुझे देना पड़ा हिसाब
ख़ूने-जिगर[1] वदीअते-मिज़गाने-यार[2] था

अब मैं हूं और मातमे-यक शह्रे-आरज़ू[3]
तोड़ा जो तूने आईना, तिम्सालदार[4] था

गलियों में मेरी नाश को खींचे फिरो कि मैं
जांदादः-ए-हवा-ए-सरे-रहगुज़ार[5] था

मौजे-सराबे-दश्ते-वफ़ा[6] का न पूछ हाल
हर ज़र्रा[7], मिस्ले जौहरे-तेग़,[8] आबदार[9] था

कम जानते थे हम भी ग़मे-इश्क़[10] को, पर अब
देखा, तो कम हुए पे ग़मे-रोज़गार[11] था

1. जिगर का ख़ून; 2. मित्र, प्रेमिका के पलकों की धरोहर; 3. इच्छाओं के नगर का शोक; 4. फ़ारसी में दार रखने वाले को कहते हैं–तिम्साल = चित्र, उपमा अर्थात् चित्रोंवाला दर्पण; 5. सड़कों पर भटकने वाली आसक्त वायु; 6. वफ़ा रूपी जंगल में मृगतृष्णा के झोंके; 7. कण; 8. तलवार की धार-सा 9. चमकनेवाला; 10. प्रेम का दुख; 11. सांसारिक चिन्ताएं।

(18)

बस कि दुश्वार[1] है हर काम का आसां होना
आदमी को भी मयस्सर[2] नहीं इन्सां होना

गिरिया[3] चाहे है ख़राबी[4] मिरे काशाने[5] की
दरो-दीवार[6] से टपके हैं बियाबां[7] होना

वाए[8] दीवानगी-ए-शौक़[9] कि हरदम[10] मुझ को
आप जाना उधर और आप की हैरां[11] होना

जल्वा[12] अज़बस[13] कि तक़ाज़ा-ए-निगाह[14] करता है
जौहरे-आईना[15] भी चाहे है मिज़गां[16] होना

इश्रते-क़त्लगहे-अहले-तमन्ना[17] मत पूछ
ईदे-नज़्ज़ारा[18] है शमशीर[19] का उरियां[20] होना

ले गए ख़ाक में[21] हम दाग़े-तमन्ना-ए-निशात[22]
तू हो और आप ब-सद रंगे-गुलिस्तां[23] होना

---

1. कठिन; 2. प्राप्य, सम्भव; 3. आंसू; 4. विध्वंस होना; 5. घर; 6. दीवार और दरवाज़ा; 7. जंगल; 8. हाय; 9. इच्छा का उन्माद; 10. प्रत्येक पल; 11. अचम्भित; 12. छवि; 13. अतिशय; 14. देखे जाने की अभिलाषा; 15. दर्पण की चमक से उत्पन्न लकीरें; 16. मिज़ा का बहुवचन, पलकें; 17. अभिलाषियों से वध-स्थल का आनंद; 18. देखना (दीद) ईद, त्यौहार—जो रोज़ों (कष्टों) के बाद प्राप्त हो; 19. चन्द्राकार तलवार; 20. नग्न; 21. क़ब्र में; 22. आनंद की अभिलाषा का दुख; 23. अनगिनत रंगों का उपवन;

इश्रते-पारा-ए-दिल[24], ज़ख़्मे-तमन्ना[25] खाना
लज़्ज़ते-रीशे-जिगर[26], गर्क़े-नमकदां[27] होना

की मिरे क़त्ल के बाद उस ने जफ़ा[28] से तौबा
हाय उस ज़ूद-पशेमां[29] का पशेमां[30] होना

हैफ़[31] उस चार गिरह[32] कपड़े की क़िस्मत 'ग़ालिब'!
जिस की क़िस्मत में हो आशिक़ का गिरेबां[33] होना

---

24. भग्न दिल के टुकड़ों का आनंद; 25. कामना का घाव; 26. जिगर के ज़ख़्मों का आस्वाद; 27. नमक-पात्र में डूबना; 28. निर्दयता; 29. शीघ्र लज्जित होनेवाला; 30. लज्जित; 31. अफ़सोस; 32. कपड़े का एक नाप; 33. गले का ऊपर का सिला हुआ कपड़ा, गिरेबान का संक्षिप्त रूप।

(19)

शब[1], खुमारे-शौक़े-साक़ी[2], रस्तख़ेज़ अन्दाज़ा[3] था
ता मुहीते-बादा[4] सूरतखानः-ए-ख़मियाज़ा[5] था

यक क़दम वहशत[6] से, दर्से-दफ़्तरे-इम्कां[7] खुला
जादः[8], अज्ज़ा-ए-दो आलम दश्त[9] का, शीराज़ा[10] था

मानू-ए-वहशत ख़िरामी-हाए-लैला[11], कौन है
ख़ानः-ए-मजूने-सहरागर्द[12], बे दरवाज़ा[13] था

पूछ मत रुस्वाई-ए-अन्दाजे-इस्तिग़ना-ए-हुस्न[14]
दस्त[15] ब मरहूने-हिना[16], रुख़्सार[17] रहने-ग़ाज़ा[18] था

नाला-ए-दिल ने दिए औराक़े-लख़्ते-दिल[19], ब बाद[20]
यादगारे-नाला[21], इक दीवाने-बे शीराज़ा[22] था

---

1. रात; 2. मदिरा पिलाने वाले से मिलने की आकांक्षा का नशा; 3. प्रलय की भांति; 4. मदिरा की परिधि तक; 5. अंगड़ाइयों का तस्वीरगृह; 6. डर पागलपन; 7. संभावना रूपी पुस्तक का पाठ; 8. पथ; 9. दुनिया के जंगल के दो अंश, दो संसार; 10. बिखरी हुई चीज़ों को समेटना, बंधन; 11. लैला को दीवानों की तरह चलने से रोकने वाला; 12. जंगल में घूमने वाले मजनूं का घर; 13. द्वार रहित; 14. सौन्दर्य, प्रेयसी की निस्पृहता की शैली का अनादर; 15. हाथ; 16. मेहंदी का आभारी; 17. गाल; 18. पाउडर के ऋणी, बंधक; 19. दिल के टुकड़ों के पृष्ठ; 20. हवा को; 21. आर्त्तनाद की स्मृति; 22. बिखरा हुआ संकलन।

(20)

दोस्त ग़मख़्वारी[1] में मेरी, सई[2] फ़रमावेंगे क्या
ज़ख़्म के भरते तलक, नाखुन ने बढ़ जावेंगे क्या

बेनियाज़ी[3] हद से गुज़री, बंदापरवर[4]! का तलक
हम कहेंगे हाले-दिल[5], और आप फ़रमावेंगे 'क्या'

हज़रते-नासेह[6] गर आवें, दीदा-ओ-दिल फ़र्शे-राह[7]
कोई मुझको ये तो समझा दो कि समझावेंगे क्या

आज वां[8] तेग़ो-कफ़न[9] बांधे हुये जाता हूं मैं
उज्र[10] मेरे क़त्ल करने में वो अब लावेंगे क्या

गर किया नासेह[11] ने हम को क़ैद, अच्छा, यूं सही!
ये जुनूने-इश्क़[12] के अन्दाज़ छुट जावेंगे क्या

ख़ानाज़ादे-ज़ुल्फ़[13] हैं, ज़ंजीर से भागेंगे क्यूं
हैं गिरफ़्तारे-वफ़ा[14] ज़िंदां[15] से घबरावेंगे क्या

है अब इस मामूरे[16] में क़हते-ग़मे-उल्फ़त[17], 'असद'!
हम ने ये माना कि दिल्ली कि दिल्ली में रहें, खावेंगे क्या

---

1. सहानुभूति; 2. प्रयास; 3. निस्पृहता; 4. संबोधन सूचक, कहने वाले के पालनहार, यह सम्मानसूचक शब्द है; 5. मनःस्थिति; 6. उपदेशक महोदय; 7. सर आंखों पर, आंखें और दिल राह में बिछी हैं; वहां का संक्षिप्त रूप, काव्य-भाषा में शब्द का यह रूप अब त्याज्य है; 9. तलवार और कफ़न; 10. आपत्ति; 11. उपदेशक; 12. प्रेमोन्माद; 13. ज़ुल्फ़ के घर में पाले हुए; 14. प्रेम-प्रतिज्ञा के बंदी; 15. कारागृह; 16. बस्ती; 17. प्रेम का अकाल।

(21)

ये न थी हमारी क़िस्मत, कि विसाले-यार[1] होता
अगर और जीते रहते, यही इंतज़ार[2] होता

तिरे वादे[3] पप जिये हम, तो ये जान, झूठ जाना
कि ख़ुशी से मर न जाते, अगर ऐतबार[4] होता

तिरी नाज़ुकी से जाना, कि बंधा था अह्द बोदा[5]
कभी तू न तोड़ सकता अगर उस्तवार[6] होता

कोई मेरे दिल से पूछे तिरे तीरे-नीमकश[7] को
ये ख़लिश[8] कहां से होती, जो जिगर के पार होता

ये कहां की दोस्ती है कि बने हैं दोस्त, नासेह[9]
कोई चारासाज़[10] होता, कोई ग़मगुसार[11] होता

रगे-संग[12] से टपकता वो[13] लहू कि फिर न थमता
जिसे ग़म समझ रहे हो, ये अगर शरार[14] होता

ग़म अगर्चे जां-गुसल[15] है, प कहां बचें कि दिल है
ग़मे-इश्क़[16] गर न होता, ग़मे-रोज़गार[17] होता

---

1. प्रिय-मिलना; 2. प्रतीक्षा; 3. वचन; 4. भरोसा; 5. कच्ची, कमजोर प्रतिज्ञा; 6. दृढ़ पक्का संकल्प; 7. आधा खिंचा हुआ तीर, आधी शक्ति से चलाया हुआ तीर; 8. चुभन, वेदना; 9. उपदेशक; 10. चिकित्सक; 11. दुख बांटने वाला; 12. पत्थर की नस; 13. इतना, ऐसा; 14. चिंगारी; 15. प्राणघातक; 16. प्रेमसन्ताप; 17. दुनिया का दुख;

कहूं किससे मैं कि क्या है! शबे-ग़म[18] बुरबला[19] है।
मुझे क्या बुरा था मरना, अगर एक बार होता

हुए मर के हम जो रुस्वा, हुए क्यूं न गर्क़े-दरिया[20]
न कभी जनाज़ा[21] उठता, न कहीं मज़ार[22] होता

उसे कौन देख सकता कि यगाना[23] है वो यक्ता[24]
जो दुई[25] की बू भी होती, तो कहीं दुचार[26] होता

ये मसाइले-तसव्वुफ़[27], ये तिरा बयान[28], 'ग़ालिब'
तुझे हम वली[29] समझते, जो न बादाख़्वार[30] होता

---

18. विरह रात्रि; 19. विपत्ति; 20. समुद्र, पानी में डूबना; 21. अर्थी; 22. समाधिस्थल; 23. अनुपम; 24. अद्वितीय; 25. द्वैत; 26. आमना-सामना; 27. भक्ति (सूफ़ीज़्म) की समस्याएं; 29. ऋषि; 30. मद्यप, शराबी।

(22)

हवस[1] को है निशाते-कार[2] क्या क्या
न हो मरना, तो जीने का मज़ा क्या

तजाहुल पेशगी[3] से मुद्दआ[4] क्या
कहां तक ऐ सरापा नाज़[5] क्या क्या

नवाज़िश-हाए-बेजा[6] देखता हूं
शिकायत हाए-रंगी[7] का गिला क्या

निगाहे-बेमुहाबा[8] चाहता हूं
तग़ाफ़ुल-हाए-तमकीं-आज़मा[9] क्या

फ़रोगे़-शोला-ए-ख़स[10] यकनफ़स[11] है
हवस को पासे-नामूसे-वफ़ा[12] क्या

नफ़स[13], मौजे-मुहीते-बेख़ुदी[14] है
तग़ाफुल-हाए-साक़ी[15] का गिला[16] क्या

दिमागे़-इत्रै-पैराहन[17] नहीं है
ग़मे-आवारगी-हाए-सवा[18] क्या

---

1. लालसा; 2. कुछ कर गुज़रने की उमंग; 3. जानकर अनजान बनना; 4. उद्देश्य; 5. सर से पांव तक रूपगर्विता; 6. अनुचित अनुकम्पाएं; 7. रंगीन शिकायतें 8. संकोच रहित दृष्टि; 9. संतोष की परीक्षा लेने वाली उपेक्षा; 10. घास के अंगारे की वृद्धि; 11. एक सांस भर; 12. प्रेम-प्रतिज्ञा के शील का आदर; 13. सांस; 14. आत्मविस्मृति की विस्तृत लहर; 15. साक़ी की उपेक्षाओं; 16. उलाहना; 17. सुगंधित परिधान की प्रशंसा की मनःस्थिति; 18. प्रातःकाल की हवा का उद्देश्यहीन भ्रमण;

दिले-हर-क़तरा[19], है साज़े अनल-बहर[20]
हम उस के हैं, हमारा पूछना क्या

मुहाबा[21] क्या है? मैं ज़ामिन[22], इधर देख
शहीदाने-निगह[23] का खूंबहा[24] क्या

सुन ऐ ग़ारतगरे-जिन्से वफ़ा![25] सुन
शिकस्ते-क़ीमते-दिल[26] की सदा[27] क्या

किया किस ने जिगरदारी[28] का दावा?
शकेबे-ख़ातिरे-आशिक़[29] भला क्या

ये क़ातिल वादा-ए-सब्रआज़मा[30] क्यूं?
ये काफ़िर[31] फ़ित्ना-ए-ताक़तरुबा[32] क्या

बला-ए-जां[33] है 'ग़ालिब'! उस की हर बात
इबारत[34] क्या, इशारत[35] क्या, अदा[36] क्या

---

19. हर बूंद का दिल; 20. सूफ़ियों की पारिभाषिक शब्दावली 'अनल बहर' 'मैं सागर हूं' का साज़' 21. चिंता; 22. ज़मानत देनेवाला; 23. निगाहों के मारे हुओं; 24. खून का मुआवज़ा; 25. प्रेम निर्वाह की वस्तु का विनाश करने वाले! 26. दिल के मूल्य का टूटना; 27. आवाज़, ध्वनि; 28. सहनशीलता; 29 प्रेमी के मन का धीरज; 30. धैर्य की परीक्षा लेने वाला वचन; 31. नास्तिक, मूल्यहीन जीवन जीने वाला; 32. शक्ति छीन ले जाने वाली विपत्ति; 33. जान की विपत्ति; 34. वाक्य-विन्यास; 35. सांकेतिकता; 36. शैली।

(23)

दर ख़ुरे-क़हरो-गज़ब[1], जब कोई हम-सा न हुआ
फिर ग़लत क्या है, कि हम-सा कोई पैदा न हुआ

बंदगी[2] में भी, वो आज़ादा-ओ-ख़ुदबीं[3] हैं कि हम
उलटे फिर आए, दरे-का'बा[4] अगर वा[5] न हुआ

सब को मक़बूल[6] है दा'वा तिरी यकताई[7] का
रूबरू कोई बुते-आईनासीमा[8] न हुआ

कम नहीं, नाज़िशे-हमनामी-ए-चश्मे-ख़ूबां[9]
तेरा बीमार, बुरा क्या है, गर अच्छा न हुआ

सीने का दाग़[10] है, वो नाला[11] कि लब[12] तक न गया
ख़ाक[13] का रिज़्क़[14] है, वो क़तरा[15] कि दरिया न हुआ

नाम का मेरे है, वो दुख कि किसी को न मिला
काम का मेरे है, वो फ़ित्ना[16] कि बरपा[17] न हुआ

---

1. प्रकोप एवं आपत्ति का पात्र; 2. ईश-वंदना; 3. उच्छृंखल एवं अभिमानी या आत्मदृष्टा; 4. काबे का द्वार; 5. खुला; 6. स्वीकृत; 7. अद्वितीयता; 8. दर्पण की भांति चमकते मुख वाला; 9. प्रेयसी की आंख के समान होने का गर्व; 10. घाव; 11. आर्त्तनाद; 12. होंठ; 13. मिट्टी; 14. भोजन, खाने की चीज़; 15. बूंद; 16. उपद्रव; 17. उपस्थित, प्रकट;

हर बुने-मू[18] से दमे-ज़िक्र[19], न टपके खूंनाब[20]
हमज़ा का किस्सा[21] हुआ इश्क़[22] का चर्चा न हुआ

क़तरे में दज्ला[23] दिखाई न दे, और जुज़्व[24] में कुल[25]
खेल लड़कों का हुआ, दीदा-ए-बीना[26] न हुआ

थी ख़बर गर्म, कि 'ग़ालिब' के उड़ेंगे पुर्ज़े
देखने हम भी गये थे, प तमाशा न हुआ

---

18. रोम की जड़; 19. बातचीत के समय; 20. रक्त की धार; 21. 'दास्ताने-अमीर हम्ज़ः' के नाम से प्रसिद्ध एक लंबी कहानी; 22. प्रेम; 23. इराक़ में बहने वाली नदी तात्पर्य है—बूंद में सागर; 24. अंश, व्यष्टि; 25. समष्टि; 26. मर्मज्ञ की दृष्टि।

(24)

पये-नज़े-करम तोहफ़ा[1] है शर्मे-नारसाई[2] का
ब ख़ूं ग़लतीद-ए-सदरंग[3] दा'वा पारसाई[4] का

'असद' ! हम वो जुनूं जौलां[5] गदा-ए-बे-सरो-पा[6] हैं
कि है सर पंजा-ए-मिज़्गाने-आहू[7], पुश्तख़ार[8] अपना

---

1. कृपालु (ईश्वर) के लिए भेंट; 2. पास न पहुंच पाने की लज्जा; 3. रक्त से सना हुआ; 4. पवित्रता; 5. पागलपन में भटकने वाला; 6. बिना ठिकाने का भिखारी; 7. हिरण की पलकों का पंजा; 8. पीठ खुजलाने का पंजा।

(25)

न हो हुस्ने-तमाशा दोस्त[1], रुस्वा बेवफ़ाई का
बमुहरे-सदनज़र[2] साबित[3] है दा'वा पारसाई का

ज़काते-हुस्न[4] दे ऐ जल्वा-ए-बीनिश[5] कि मेहरआसा[6]
चरागे़-ख़ान-ए-दरवेश[7] हो, कासा[8] गदाई[9] का

न मारा, जान कर बे जुर्म[10], गाफ़िल[11] तेरी गर्दन पर
रहा मानिन्दे-खूने-बेगुनह[12], हक़ आशनाई[13] का

तमन्ना-ए-ज़बां[14], महवे-सिपासे-बेज़बानी[15] है
मिटा जिससे तक़ाज़ा[16], शिकवा-ए-बेदस्तो-पाई[17] का

वही इक बात है, जो यां नफ़स[18], वा नकहते-गुल[19] है
चमन का जल्वा, बाइस[20] है, मिरी रंगींनवाई[21] का

दहाने-हर-बुते-पैग़ाराजू[22] ज़ंजीरे-रुस्वाई[23]
अदम[24] तक बेवफ़ा चर्चा है तेरी बेवफ़ाई का

न दे नामे[25] को इतना तूल[26], 'ग़ालिब' मुख़्तसर[27] लिख दे
कि 'हसरतसंज हूं, अर्ज़े-सितम-हाए-जुदाई[28]' का

---

1. तमाशा चाहने वाली प्रियतमा; 2. सौ निगाहों से; 3. प्रमाणित; 4. सौंदर्य का दान; 5. दृष्टि को चमकाने वाली ज्योति; 6. सूर्य की भांति; 7. भिखारी के घर का दीपक; 8. प्याला, बर्तन; 9. भिखमंगेपन; 10. निर्दोष; 11. बेसुध, अचेत; 12. निष्पाप के रक्त की भांति; 13. दोस्ती; 14. वाणी की अभिलाषा; 15. मूकता की प्रशंसा में रत; 16. अभियाचन; 17. विवशता एवं होशियारी का उलाहना; 18. सांस; 19. फूल की सुगंध; 20. कारण; 21. स्वर मोहकता; 22. कटाक्ष करने एवं लड़ने वाली प्रेयसी का मुंह; 23. बदनामी की शृंखला; 24. परलोक; 25. पत्र; 26. विस्तार; 27. संक्षिप्त; 28. विरह के अत्याचार की शिकायत का इच्छुक।

(26)

गर न अन्दोहे-शबे-फ़ुरक़त[1] बयां[2] हो जाएगा
बेतकल्लुफ़[3] दाग़े-मह[4], मोहरे-दहां[5] हो जाएगा

ज़हरा[6] गर ऐसा ही, शामे-हिज[7] में होता है आब[8]
परतवे-महताब[9], सैले-ख़ानुमां[10] हो जाएगा

ले तो लूं सोते में उसके पांव का बोसा मगर
ऐसी बातों से वो काफ़िर बदगुमां[11] हो जाएगा

दिल को हम सर्फ़े-वफ़ा[12] समझे थे, क्या मा'लूम था
या'नी, ये पहले ही नज़्रे-इम्तिहां[13] हो जाएगा

सब के दिल में है जगह तेरी, जो तू राज़ी हुआ
मुझ पे गोया इक ज़माना मेहरबां हो जाएगा

गर निगाहे-गर्म[14] फ़रमाती रही, ता'लीमे-ज़ब्त[15]
शो'ला[16] ख़स[17] में जैसे ख़ूं[18] रग[19] में निहां हो जाएगा

बाग़ में मुझको न ले जा, वर्ना मेरे हाल पर
हर गुले-तर[20] एक चश्मे-ख़ूं-फ़िशां[21] हो जाएगा

---

1. विरह-रात्रि का दुख; 2. वर्णन; 3. निःसंकोच; 4. चन्द्रकलंक; 5. मुंह की छाप, मुहर; 6. पित्ताशय; 7. विरह-संध्या; 8. पानी; 9. चांद की आभा; 10. घर में आ जाने वाला तूफ़ान; 11. संदेहशील, दुर्भावनाग्रस्त; 12. निर्वाह में काम आने वाला; 13. परीक्षण, जांच की भेंट; 14. रोष-दृष्टि; 15. सहनशीलता की शिक्षा; 16. अग्निज्वाला, लपट; 17. तिनका; 18. रक्त; 19. नस, वाहिनी; 20. भीगा हुआ पुष्प; 21. रक्त बरसाती हुई आंख;

वाए! गर मेरा तिरा इन्साफ़ महशर[22] में न हो
अब तलक तो ये तवक़्क़ो'[23] है कि वाँ[24] हो जाएगा

फ़ायदा क्या? सोच, आख़िर तू भी दाना[25] है, 'असद'
दोस्ती नादाँ[26] की है, जी का ज़ियाँ[27] हो जाएगा

---

22. प्रलय; 23. आशा, उम्मीद ; 24. वहां; 25. बुद्धिमान, ज्ञानी; 26 अज्ञानी; 27. हानि।

(27)

दर्द मिन्नतकशे-दवा[1] न हुआ
मैं न अच्छा हुआ, बुरा न हुआ

जमअ[2] करते हो क्यूं रक़ीबो[3] को
इक तमाशा हुआ, गिला[4] न हुआ

हम कहां क़िस्मत आज़माने जाएं
तू ही जब ख़ंजर आज़मा[5] न हुआ

कितने शीरीं हैं[6] तेरे लब[7] कि रक़ीब
गालियां खा के बेमज़ा न हुआ

क्या वो नमरूद[8] की खुदाई थी
बंदगी[9] में मिरा भला न हुआ

जान दी, हुई उसी की थी
हक़[10] तो यूं है कि हक़[11] अदा न हुआ

ज़ख़्म गर दब गया, लहू न थमा
काम गर रुक गया, रवा[12] न हुआ

रहज़नी[13] है कि दिलसितानी[14] है
ले के दिल-दिलसितां[15] रवाना हुआ

कुछ तो पढ़िए कि लोग कहते हैं
'आज ग़ालिब' ग़ज़लसरा[16] न हुआ

---

1. चिकित्सा का आभारी; 2. इकट्ठे; 3. प्रतिद्वंद्वियों; 4. उलाहना; 5. छुरी चलाने वाला; 6. मृदु; 7. अधर; 8. स्वयं को ईश्वर बताने वाला प्राचीन काल का एक बादशाह; 9. पूजा, वन्दना; 10. सच; 11. अपेक्षा; 12. जारी; 13. डकैती; 14. प्रेमिका का कर्त्तव्य, दिल लुभाना; 15. प्रेमिका; 16. ग़ज़ल गाने वाला यहां आशय कविता-पाठ से है।

(28)

गिला[1] है शौक[2] को दिल में भी तंगी-ए जा[3] का
गुहर[4] में महव[5] हुआ इज़्तिराब[6] दरिया[7] का

ये जानता हूं कि तू और पासुख़े-मक्तूब[8]
मगर सितमज़दा[9] हूं ज़ौक़े-खामःफ़र्सा[10] का

हिना-ए-पा-ए-ख़िज़ां[11] है, बहार अगर है यही
दवाम[12] कुल्फ़ते-ख़ातिर[13] है, ऐश[14] दुनिया का

ग़मे-फ़िराक़[15] में तकलीफ़े-सैरे-बाग़[16] न दो
मुझे दिमाग़ नहीं ख़न्दा-हाए-बेजा[17] का

हनोज़[18] महरमी-ए-हुस्न[19] को तरसता हूं
करे है हर बुने-मू[20] काम चश्मे-बीना[21] का

दिल उस को पहले ही नाज़ो-अदा[22] से दे बैठे
हमें दिमाग़ कहां हुस्न के तक़ाज़ा का

न कह कि गिरिया[23] ब मिक्दारे हसरते-दिल[24] है
मिरी निगाह में है जमओ-ख़र्च[25] दरिया का

फ़लक[26] को देख के करता हूं उस को याद 'असद'
ज़फ़ा[27] में उस की, है अंदाज[28] कारफ़फ़रमा[29] का

---

1. उलाहना; 2. प्रेम; 3. स्थान की कमी; 4. मोती; 5. विलीन; 6. बेचैनी; 7. सागर; 8. पत्रोत्तर; 9. अत्याचार का मारा हुआ; 10. अनावश्यक लिखने की आदत; 11. पतझड़ के पांव की मेहंदी; 12. शाश्वत; 13. क्लेश; 14. विलास; 15. विरह के दुख; 16. उद्यान में भ्रमण का कष्ट; 17. अनुपयुक्त हंसी अर्थात् फूलों की हंसी; 18. अभी तक; 19. सौंदर्य की आत्मीयता; 20. रोम-रोम; 21. देखने वाली आंख; 22. गर्व और ढंग; 23. आंसू, रोना; 24. दिल की इच्छा के अनुरूप; 25. बचत और व्यय; 26. आकाश; 27. निर्ममता; 28. हाव-भाव; 29. काम करने वाला, प्रेमिका।

(29)

क़तरा-ए-मैं[1] बस कि हैरत[2] से नफ़स-परवर[3] हुआ
ख़त्ते-जामे-मैं[4] सरासर[5] रिश्ता-ए-गौहर[6] हुआ

एतिबारे-इश्क़[7] की ख़ानःखराबी[8] देखना
ग़ैर[9] ने की आह लेकिन वो ख़फ़ा मुझ पर हुआ

1. शराब की बूंद; 2. विस्मय; 3. जीवनदाता; 4. शराब के प्याले पर पड़ी-बनी रेखाएं; 5. अत्यंत; 6. जिस धागे में मोती पिरोये हुए हों; 7. प्रेम का विश्वास; 8. घर का विनाश; 9. अन्य, प्रतिद्वन्द्वी।

(30)

जब ब तक़रीबे-सफ़र[1] यार ने महमिल[2] बांधा
तपिशे-शौक़[3] ने हर ज़र्रे[4] पे इक दिल बांधा

अहले-बीनश[5] ने, ब हैरतकदा-ए-शोख़ी-ए-नाज़[6]
ज़ौहरे-आईना[7] को तूती-ए-बिस्मिल[8] बांधा

यासो-उम्मीद[9] ने यक अर्बदा मैदां[10] मांगा
अज्ज़े-हिम्मत[11] ने तिलिस्मे-दिले–साइल[12] बांधा

न बंध तिश्नगी-ए-ज़ौक़[13] के मज़्मूं[14] 'ग़ालिब!'
गरचे[15] दिल खोल के दरिया को भी साहिल[16] बांधा

---

1. यात्रा के लिए; 2. ऊंट की काठी; 3. इच्छा, आकांक्षा की गर्मी; 4. कण; 5. दृष्टिवालों ने, आत्मद्रष्टा; 6. गर्व, सौन्दर्य की चपलता से उत्पन्न विस्मय की स्थिति में पहुंचकर; 7. दर्पण पर पड़ी हुई धारियां; 8. वह घायल तोता, चिड़िया, जो सिखाने पर मनुष्य की तरह बोलती है; 9. आशा और निराशा; 10. इतना बड़ा मैदान जिसमें लड़ाई हो सके; 11. साहस की विनम्रता; 12. मांगने वाले के हृदय का जादू; 13. आकांक्षाओं, अभिलाषाओं की प्यास; 14. विषय; 15. यद्यपि; 16. किनारा।

(31)

मैं और बज़्मे-मै[1] से यूं तिश्नाकाम[2] आऊं
गर मैं ने की थी तौबा, साक़ी को क्या हुआ था

है एक तीर जिस से दोनों छिदे पड़े हैं
वो दिन गए कि अपना दिल से जिगर जुदा था

दरमांदगी[3] में 'ग़ालिब' कुछ बन पड़े, तो जानूं
जब रिश्ता बेगिरह[4] था, नाखुन गिरहकुशा[5] था

---

1. मद्य-सभा; 2. प्यास, अतृप्त; 3. क्लेश; 4. बिना गांठ का; 5. गांठ खोलने वाला।

(32)

घर हमारा, जो न रोते भी, तो वीरां[1] होता
बह्र[2], गर बह्र न होता, तो बयाबां[3] होता

तंगी-ए-दिल[4] का गिला[5] क्या, वे वो काफ़िर दिल है
कि अगर तंग[6] न होता तो परीशां[7] होता

बादे-यक-उम्र-वरअ़[8], बार[9] तो देता, बारे[10]
काश! रिज़्वां[11] ही दरे-यार[12] का दरबां[13] होता

---

1. निर्जन; 2. सागर; 3. रेगिस्तान, जंगल' 4. संकीर्ण हृदय; 5. उलाहना; 6. संकीर्ण; 7. अस्त-व्यस्त; 8. जीवनभर के संयम; 9. प्रवेश की आज्ञा; 10. अल्वता; अंतत 11. स्वर्ग-उद्यान का द्वारपाल; 12. मित्र, प्रेमिका का द्वार; 13. द्वारपाल।

(33)

न था कुछ तो ख़ुदा था, कुछ न होता तो ख़ुदा होता
डुबोया मुझ को होने ने, न होता मैं तो क्या होता

हुआ जब ग़म से यूं बेहिस[1], तो ग़म क्या सर के कटने का
न होता गर जुदा तन से, तो ज़ानू[2] पर धरा होता

हुई मुद्दत[3] कि 'ग़ालिब' मर गया, पर याद आता है
वो हर इक बात पर कहना कि 'यूं होता, तो क्या होता'

---

1. स्तब्ध, संवेदन शून्य; 2. घुटना; 3. युग, समय।

(34)

यक ज़र्रा-ए-ज़मीं[1], नहीं बेकार, बाग़ का
यां जादा[2] भी, फ़तीला[3] है लाला[4] के दाग़ का

बेमय[5] किसे है ताक़ते-आशोबे-आगही[6]?
खेंचा है इज्ज़े-हौसला[7] ने ख़त[8] अयाग़[9] का

बुलबुल के कारोबार पे हैं ख़ंदा-हाए-गुल[10]
कहते हैं जिस को इश्क़[11] ख़लल[12] है दिमाग़ का

ताज़ा नहीं है नश्शा-ए-फ़िक्रे-सुख़न[13] मुझे
तिर्याक़ी-ए-क़दीम[14] हूं दूदे-चिराग़[15] का

सौ बार बन्दे-इश्क़[16] से आज़ाद हम हुए
पर क्या करें कि दिल ही अदू[17] है फ़राग़[18] का

बेख़ूने-दिल[19] है चश्म में[20], मौजे-निगह[21] गुबार[22]
ये मयकदा[23] ख़राब[24] है मय के सुराग़[25] का

बाग़े-शिगुफ़्ता[26] तेरा, बिसाते-निशाते-दिल[27]
अब्रे-बहार[28]! खुमकदा[29] किस के दिमाग़ का

---

1. धरती का एक भी कण; 2. मार्ग; 3. दिए की बाती; 4. एक रक्त-रंग का फूल जिसमें काला धब्बा होता है। दाग़ में और इसमें समानता है। दिल, दाग़ और लाला इन्हीं अर्थों में सम्बद्ध हैं; 5. बिना शराब; 6. विवेक व प्रज्ञा की दी हुई चिंता की सहनशक्ति; 7. साहस की नम्रता; 8. रेखा; 9. प्याला; 10. फूल की हंसी; 11. प्रेम; 12. फ़ितूर, ख़राबी; 13. काव्य-चिन्तन का नशा; 14. अनुभवी अफ़ीमची; 15. दीपक का धुआं; 16. प्रेम-बंधन; 17. शत्रु; 18. मुक्ति, स्वतंत्रता 19. दिल के खून के बग़ैर; 20. आंख में; 21. दृष्टि की लहर; 22. उड़ती हुई धूल; 23. मदिरालय; 24. दुर्दशाग्रस्त; 25. शराब के कारण; 26. खिला हुआ उपवन; 27. मन की प्रफुल्लता का कारण; 28. बसंत का बादल; 29. खुमकदा = मटका, मटका रखने का स्थान अर्थात् मदिरालय।

(35)

वो मिरी चीने-जबीं[1] से ग़मे-पिन्हां[2] समझा
राज़े-मक्तूब[3] ब बेरब्ती-ए-उन्वां[4] समझा

यक अलिफ़[5] बेश[6] नहीं सैक़ले-आईनः[7] हनोज़[8]
चाक करता हूं मैं, जब से कि गरबां समझा

शर्हे-अस्बाबे-गिरफ्तारी-ए-ख़ातिर[9], मत पूछ
इस क़दर तंग हुआ दिल, कि मैं ज़िन्दां[10] समझा

बदगुमानी[11] ने न चाहा उसे सरगर्मे-ख़िराम[12]
रुख़[13] पे हर क़तरा अरक़[14], दीदा-ए-हैरां[15] समझा

इज्ज़[16] से अपने ये जाना, कि वो बदख़ू[17] होगा
नब्ज़े-ख़स[18] से तपिशे-शो'ला-ए-सोज़ां[19] समझा

सफ़रे-इश्क़[20] में की ज़ो'फ[21] ने राहत-तलबी[22]
हर क़दम साए को मैं अपने शबिस्तां[23] समझा

था गुरेज़ां[24] मिज़ाए-यार[25] से दिल, ता दमे-मर्ग[26]
दफ़-ए-पैकाने-क़ज़ा[27], इस क़दर आसां समझा!

दिल दिया जान के क्यूं उसको वफ़ादार[28], 'असद'
ग़लती की कि जो काफ़िर को मुसलमां समझा

---

1. ललाट पर पड़ने वाला बल; 2. आंतरिक दुख; 3. पत्र का भेद; 4. शीर्षक के बेढंगेपन या असंबद्धता से; 15. उर्दू वर्णमाला का प्रथम अक्षर; 6. अधिक; 7. दर्पण को मांझकर चमकाने की प्रक्रिया; 8. अभी तक; 9. मन की परेशानी, व्याकुलता के कारणों का व्याख्या; 10. बंदीगृह; 11. मिथ्या-संदेह; 12. मंदगति में लीन; 13. मुंह; 14. पसीने की बूंद; 15. चकित नयन; 16. नम्रता; 17. दुष्प्रकृति' 18. तिनके की नाड़ी; 19. जलती हुई लपट की गर्मी; 20. प्रेम-यात्रा 21. निर्बलता; 22. आराम की मांग; 23. शयनागार; 24. पलायित; 25. प्रेयसी की पलक; 26. मृत्यु-समय तक; 27. मृत्यु के तीर की नोंक से बचना; 28. प्रेम निर्वाह करने वाला।

(36)

फिर मुझे दीदा-ए-तर[1] याद आया
दिल, जिगर तिश्ना-ए-फ़रियाद[2] आया

दम लिया था न क़यामत[3] ने हनोज़[4]
फिर तिरा वक़्ते-सफ़र[5] याद आया

सादगी-हाए-तमन्ना[6], यानी
फिर वो नैरंगे-नज़र[7] याद आया

उज़्रे-वामान्दगी[8] ऐ हसरते-दिल[9]
नाला[10] करता था, जिगर याद आया

ज़िंदगी यूं भी गुज़र ही जाती
क्यूं तिरा राहगुज़र[11] याद आया

क्या ही रिज़्वां[12] से लड़ाई होगी!
घर तिरा खुल्द[13] में गर याद आया

आह, वो जुरअते-फ़िरियाद[14] कहां
दिल से तंग आ के, जिगर याद आया

---

1. भीगी हुई आंखें; 2. जिगर-तिश्ना = नाभि तक प्यास, आर्त्तनाद की तीव्र तृष्णा; 3. प्रलय; 4. अब तक; 5. प्रवास, यात्रा का समय; 6. इच्छा की सरलता; 7. दृष्टि का सौंदर्य; 8. थकान का बहाना; 9. मन की अभिलाषा; 10. आर्त्तनाद; 11. रास्ता (स्त्रीलिंग और पुल्लिंग दोनों तरह प्रयुक्त); 12. स्वर्ग-उद्यान का द्वारपाल; 13. स्वर्ग; 14. परिवाद का दुस्साहस;

फिर तिरे कूचे[15] को जाता है ख़याल
दिल-गुमगश्ता[16] मगर याद आया

कोई वीरानी[17]-सी वीरानी है
दश्त[18] को देख के घर याद आया

मैंने मजनूं पे लड़कपन में 'असद'
संग[19] उठाया था कि सर याद आया

15. गली; 16. खोया हुआ दिल; 17. निर्जनता; 18. जंगल; 19. पत्थर।

(37)

हुई ताख़ीर[1] तो कुछ बाइसे-ताख़ीर[2] भी था
आप आते थे, मगर कोई इनांगीर[3] भी था

तुम से बेजा[4] है मुझे अपनी तबाही का गिला
उसमें कुछ शाइबा-ए-ख़ूबी-ए-तक़दीर[5] भी था

तू मुझे भूल गया हो, तो पता बतला दूं
कभी फ़ितराक़[6] में तेरे, कोई नख़चीर[7] भी था

क़ैद में है तिरे वहशी[8] को, वही ज़ुल्फ़ की याद
हां कुछ इक रंजे-गिरांबारी-ए-ज़ंजीर[9] भी था

बिजली इक कौंद गई आंखों के आगे, तो क्या
बात करते, कि मैं लब तिश्ना-ए-तक़रीर[10] भी था

यूसुफ़[11] उसको कहूं और कुछ न कहे, ख़ैर हुई
गर बिगड़ बैठे तो मैं लाइक़े-ता'ज़ीर[12] भी था

देख कर ग़ैर को, हो क्यूं न कलेजा ठण्डा
नाला[13] करता था वले तालिबे-तासीर[14] भी था

---

1. देरी; 2. देरी का कारण; 3. रास्ता रोकने वाला; 4. अनुचित; 5. सौभाग्य को झलक; 6. शिकार रखने का थैला; 7. शिकार की हुई चीज; 8. उन्मादी; 9. जंजीर के भारी बोझ का दुख; 10. बातचीत करने के लिए प्यासा; 11. एक पैग़म्बर जो अत्यधिक सुंदर थे; 12. दण्ड के योग्य; 13. आर्त्तनाद; 14. प्रभाव की अभिलाषा रखने वाला;

पेशे में ऐ'ब[15] नहीं, रखिये न फ़रहाद[16] को नाम
हम ही आशुफ़्तासरों[17] में वो जवां मीर[18] भी था

हम थे मरने को खड़े, पास न आया, न सही
आख़िर उस शोख़ के तरकश[19] में कोई तीर भी था

पकड़े जाते हैं फ़रिश्तों के लिखे पर नाहक़[20]
आदमी कोई हमारा दमे-तहरीर[21] भी था

रेख़्ते[22] के तुम्हीं उस्ताद नहीं हो, 'ग़ालिब'
कहते हैं अगले ज़माने में कोई 'मीर'[23] भी था

---

15. दोष; 16. एक आसक्त जो अपनी प्रेयसी के लिए पहाड़ काटने गया था; 17. विक्षिप्तों, प्रेमियों; 18. यौवनकाल में मरनेवाला; 19 तूणीर; 20. अकारण; 21. लिखते समय; 22. उर्दू का प्राचीन नाम; 23. उर्दू के एक प्रसिद्ध शायर का तख़ल्लुस (उपनाम)।

(38)

लबे-ख़ुश्क दर तश्नगी मुर्दगां[1] का
ज़ियारतकदा[2] हूं दिल आज़ुर्दगां[3] का

हमा नाउमीदी[4], हमा बदगुमानी[5]
मैं दिल हूं फ़रेब-वफ़ा ख़ुर्दगा[6] का

---

1. प्यास, तृष्णा से मरने वालों के सूखे होंठ; 2. तीर्थ स्थान; 3. दुखी, व्याकुल मन; 4. पूर्ण निराशा; 5. सर्वथा सन्देह; 6. जो प्रेम निर्वाह का धोखा खा चुका हो।

(39)

तू दोस्त किसी का भी सितमगर न हुआ था
औरों पे है वो ज़ुल्म कि मुझ पर न हुआ था

छोड़ा महे-नख़्शब[1] की तरह, दस्ते-क़ज़ा[2] ने
ख़ुर्शीद[3] हनोज़[4] उसके बराबर न हुआ था

तौफ़ीक़[5] ब अन्दाज़ा-ए-हिम्मत[6] है अज़ल[7] से
आंखों में है वो क़तरा कि गौहर[8] न हुआ था

जब तक कि न देखा था क़दे-यार[9] का आलम[10]
मैं मो'तक़िदे-फ़ित्ना-ए-महशर[11] न हुआ था

मैं सादा दिल[12], आज़ुर्दगी-ए-यार[13] से खुश हूं
या'नी सबक़े-शौक़[14] मुकर्रर[15] न हुआ था

दरिया-ए-मआसी[16] तुनुक-आबी[17] से, हुआ ख़ुश्क[18]
मेरा सरे-दामन[19] भी अभी तर[20] न हुआ था

जारी थी 'असद'! दाग़े-जिगर से मिरी तहसील[21]
आतिशकदा[22] जागीरे-समंदर[23] न हुआ था

---

1. तुर्किस्तान के एक नगर (नख़्शब) से इकीम इब्नेअता (मुक़न्ना) का निकाला हुआ कृत्रिम चांद; 2. मृत्यु का हाथ; 3. सूर्य; 4. अभी तक; 5. सामर्थ्य; 6. साहस के अनुरूप; 7. अनादिकाल; 8. मोती; 9. प्रेयसी का आकार; 10. अवस्था; 11. प्रलय की चंचल विपत्ति का श्रद्धालु; 12. सरल हृदय; 13. मित्र, प्रेयसी की उदासी; 14. चाव का पाठ; 15. दोबारा, पुनः; 16. पाप का समुद्र; 17. पानी की न्यूनता; 18. सूखा; 19. आंचल का किनारा; 20. गीला, नम; 21. उपार्जन, प्राप्त करना; 22. अग्निशाली; 23. अग्नि-कीट की जागीर।

(40)

शब[1] कि वो मजलिस फ़रोज़े-ख़ल्वते-नामूस[2] था
रिश्ता-ए-हर शम्अ[3], ख़ारे-किस्वते-फ़ानूस[4] था

मशहदे-आशिक़[5] से कोसों तक जो उगती है हिना[6]
किस क़दर यारब, हालके-हसरते-पाबोस[7] था

हासिले-उल्फ़त[8] न देखा जुज़ शिकस्ते-आरज़ू[9]
दिल-ब-दिल पैवस्ता[10], गोया[11] यक लबे-अफ़सोस था[12]

क्या कहूं बीमारी-ए-ग़म[13] की फ़राग़त[14] का बयां
जो कि खाया ख़ूने-दिल[15], बेमिन्नते-कैमूस[16] था

---

1. रात; 2. वह जिससे सभा चमकती है एकांत की शोभा था; 3. हर दीपक की बत्ती; 4. फ़ानूस के बदन पर कांटे की तरह; 5. प्रेमी की बलिवेदी; 6. मेहंदी; 7. पैर-चूमने की इच्छा में मारा हुआ; 8. प्रेम का प्राप्य; 9. कामना की पराजय के सिवा; 10. दिल से दिल मे बसा हुआ; 11. जैसे; 12. पश्चात्ताप में बंद होंठ; 13. दुख की बीमारी; 14. मुक्ति; 15. हृदय का रक्त; 16. फ़ारसी का अनुवाद-दिल का खून खाना।

(41)

आईना देख अपना सा मुंह ले[1] के रह गए
.साहिब को दिल न देने पे कितना ग़रूर[2] था

क़ासिद[3] को अपने हाथ से गर्दन न मारिए
उस की ख़ता नहीं है, ये मेरा क़सूर था

1. अपना सा मुंह लेना = लज्जित होना; 2. घमण्ड; 3. पत्र-वाहक।

(42)

अर्ज़े-नियाज़े-इश्क़[1] के क़ाबिल नहीं रहा
जिस दिल पे नाज़[2] था मुझे, वो दिल नहीं रहा

जाता हूं दागे-हसरते-हस्ती[3] लिए हुए
हूं शम्अे-कुश्ता[4], दरखुरे-महफ़िल[5] नहीं रहा

मरने की ऐ दिल! और ही तदबीर[6] कर कि मैं
शायाने-दस्तो-बाज़ू-ए-क़तिल[7] नहीं रहा

बर रू-ए-शशजिहत दरे-आईना बाज़[8] है
यां[9] इम्तियाज़े-नाक़िसो-कामिल नहीं[10] रहा

वा[11] कर दिए हैं शौक़[12] ने बंदे-नक़ाबे-हुस्न[13]
ग़ैर अज़ निगाह[14], अब कोई हाइल[15] नहीं रहा

गो[16] मैं रहा रहीने-सितम-हाए-रोज़गार[17]
लेकिन तिरे ख़्याल से ग़ाफ़िल[18] नहीं रहा

दिल से हवा-ए-किश्ते-वफ़ा[19] मिट गई कि वां
हासिल[20], सिवाए-हसरते-हासिल[21] नहीं रहा

बेदादे-इश्क़[22] से नहीं डरता मगर 'असद'
जिस दिल पे नाज़ था मुझे, वो दिल नहीं रहा

---

1. प्रेमाकांक्षा की अभिव्यक्ति; 2. गर्व; 3. जीवन की अतृप्त इच्छाओं का दाग़; 4. बुझा हुआ दीपक; 5. सभा के योग्य; 6. प्रयास, सूरत; 7. क़ातिल के हाथ और भुजाओं के योग्य; 8. छः दिशाओं के आईनों का दरवाज़ा खुला है; 9. यहां का लघु रूप; 10. पूर्ण का अपूर्ण में, किसी कला में अपरिपक्व तथा परिपक्व में भेद; 11. खोलना; 12. चाव; 13. सौंदर्य के पर्दे के बंधन; 14. दृष्टि के सिवा; 15. मध्यस्थ, 16. यद्यपि; 17. सांसारिक दुखों के हाथो गिरवी; 18. उदासीन; 19. प्रेम-निर्वाह की खेती लगाने की इच्छा; 20. प्राप्य; 21. मात्र अभिलाषा की प्राप्ति के सिवा; 22. प्रेम का अत्याचार।

(43)

रश्क कहता है, कि उसका ग़ैर से इख़्लास[1], हैफ़[2]!
अक़्ल कहती है कि वो बेमेहर[3] किस का आश्ना[4]

ज़र्रा-ज़र्रा साग़रे-मयख़ाना-ए-नैरंग[5] है
गर्दिशे-मजनूं[6] ब चश्मक-हाए-लैला[7] आश्ना

शौक़[8] है सामां तराज़े-नाज़िशे-अरबाबे-हज्ज़[9]
ज़र्रा सहरा दस्तगाहो-क़तरः दरिया आश्ना[10]

मैं और इक आफ़त का टुकड़ा, वो दिले-वहशी[11] कि है
आफ़ियत[12] का दुश्मन और आवारगी का आश्ना

शिकवा संजे-रश्के-हमदीगर[13] न रहना चाहिए
मेरा ज़ानू[14] मूनिस[15] और आईना तेरा आश्ना

कोहकन[16] नक़्क़ाशे-यक-तिम्साले-शीरीं[17] था 'असद'
संग[18] से सर मार कर, होवे न पैदा आश्ना

---

1. दोस्ती, आत्मीय-संबंध; 2. धिक्कार; 3. अकृतज्ञ, आत्मीयता-विहीन; 4. आत्मीय, मित्र; 5. माया जाल से बनाया हुआ 6. मजनूं की तरह मारा-मारा फिरना; 7. लैला की आंख की हावभाव; 8. आकांक्षा; 9. विनयशील लोगों के गर्व की सामग्री करने वाला; 10. हर कण अपनी जगह मरुस्थल का विस्तार एवं हर बूंद समुद्र की विशालता लिए हुये है; 11. पागल, उन्मादी दिल; 12. शांति; 13. परस्पर ईर्ष्या के कारण उलाहना देना; 14. घुटना; 15. मित्र; 16. फ़रहाद; 17. शीरीं का चित्र अंकित करने वाला; 18. पत्थर।

(44)

ज़िक्र[1] उस परीवश[2] का, और फिर बयां अपना
बन गया रक़ीब आख़िर, था जो राज़दां[3] अपना

मय वो क्यूं बहुत पीते, बज़्मे-ग़ैर में या रब?
आज ही हुआ मन्ज़ूर उनकी इम्तिहां अपना

मंज़र[4] इक बलंदी पर, और हम बना सकते
अर्श[5] से उधर होता काश के मकां अपना

दे वो जिस क़दर ज़िल्लत[6] हम हंसी में टालेंगे
बारे[7] आश्ना निकला, उन का पास्बां[8] अपना

दर्दे-दिल लिखूं कब तक, जाऊं उनका दिखला दूं
उंगलियां फ़िगार[9] अपनी, ख़ामः[10] ख़ूंचकां[11] अपना

घिसते-घिसते मिट जाता, आपने अबस[12] बदला
नंगे-सज्दा[13] से मेरे, संगे-आस्तां[14] अपना

ता करे ना ग़म्माज़ी[15], कर लिया है दुश्मन को
दोस्त की शिकायत में, हमने हमज़बां[16] अपना

हम कहां के दाना[17] थे, किस हुनर[18] में वक्ता[19] थे
बेसबब[20] हुआ 'ग़ालिब', दुश्मन आस्मां अपना

---

1. यशगान; 2. प्रेयसी; 3. भेद जानने वाला, दोस्त; 4. दृश्य; 5. आकाश; 6. तिरस्कार; 7. अंततः; 8. प्रहरी; 9. घायल ज़ख़्मी; 10. क़लम; 11. रक्त टपकाता; 12. व्यर्थ; 13. सिज्दा (माथा टेकना) से हुआ दाग़, निशान; 14. द्वार की चौखट 15. चुग़ली; 16. समभाषी; 17. बुद्धिमान; 18. शिल्प, कला; 19. अद्वितीय; 20. अकारण।

(45)

सुर्‌मा-ए-मुफ़्ते-नज़र[1] हूं, मिरी क़ीमत ये है
कि रहे चश्मे-ख़रीदार[2] पे अहसां मेरा

रुख़्सते-नाला[3] मुझे दे, कि मबादा[4] ज़ालिम!
तेरे चेहरे से हो ज़ाहिर ग़मे-पिन्हां[5] मेरा

1. आंखों को बिना मूल्य मिलने वाला सुर्‌मा; 2. मोल लेने वाले की आंख; 3. आर्तनाद करने की अनुमति; 4. ऐसा न हो; 5. छुपा हुआ दुख, दिल का दुख।

(46)

ग़ाफ़िल[1] ब वह्मे-नाज़ ख़ुदआरा[2] है, वरना यां
बेशाना-ए-सबा[3] नहीं तुर्रा गयाह[4] का

बज़्मे-क़दह[5] से ऐशे-तमन्ना[6] न रख कि रंग
सैदे-ज़िदामजस्ता[7] है इस दामगाह[8] का

रहमत[9] अगर क़बूल करे, क्या बईद[10] है
शर्मिन्दगी से उज़्र[11] न करना गुनाह का

मक़्तल[12] को किस निशात[13] से जाता हूं मैं, कि है
पुरगुल[14] ख़याले-जख़्म[15] से दामन निगाह[16] का

जां[17] दर हवा-ए-यक-निगहे-गर्म[18] है 'असद'
परवाना है वकील तिरे दादख़्वाह[19] का

1. असावधान; 2. स्वयं को संवारने के गर्व और भ्रम से; 3. सुबह की हवा की कंघी के बिना; 4. घास का तुर्रा (नोंक); 5. मद्य-सभा; 6. इच्छा-विलास; 7. जाल से छूटकर भागा शिकार; 8. जाल बिछा स्थान; 9. ईश-कृपा; 10. क्या असंभव (दूर) है; 11. क्षमा-याचना; 12. वध-स्थल; 13. आनन्द हर्ष; 14. फूलों भरा; 15. घाव के विचार; 16. दृष्टि का आंचल; 17. जान (प्राण) का लघु रूप; 18. एक गर्म दृष्टि की हवा में; 19. न्यायप्रार्थी।

(47)

जोर[1] से बाज़ आए, पर बाज़ आएं[2] क्या
कहते हैं, हम तुझ को मुंह दिखलाएं क्या

रात दिन गर्दिश[3] में हैं सात आस्मां
हो रहेगा कुछ-न-कुछ घबराएं क्या

लाग[4] हो तो उस को हम समझें लगाव
जब न हो कुछ भी तो धोका खाएं क्या

हो लिए क्यूं नामाबर[5] के साथ-साथ
यारब[6]! अपने ख़त को हम पहुंचाएं क्या

मौजे-ख़ूं[7] सर से गुज़र ही क्यूं न जाय
आस्ताने-यार[8] से उठ जाएं क्या

उम्र भर देखा किया मरने की राह
मर गए पर देखिए दिखलाएं क्या

पूछते हैं वो कि 'ग़ालिब' कौन है?
कोई बतलाओ कि हम बतलाएं क्या

---

1. अन्याय; 2. त्यागना, छोड़ना; 3. चक्कर; 4. कटुता, प्रेम; 5. पत्र-वाहक; 6. हे ईश्वर; 7. रक्त की लहर; 8. मित्र-प्रेमिका की चौखट।

(48)

लताफ़त[1] बेकसाफ़त[2] जल्वा[3] पैदा कर नहीं सकती
चमन, ज़ंगार[4] है आईना-ए-बादे-बहारी[5] का

हरीफ़े-जोशिशे-दरिया[6] नहीं ख़ुद्दारी-ए-साहिल[7]
जहां साक़ी हो तू, बातिल[8] है दावा होशियारी का

1. मृदुलता; 2. मलीनता विहीन; 3. छवि; 4. तांबे का कसाव; 5. बसंत की हवा का दर्पण; 6. नदी के तीव्र-प्रवाह का सामना करने वाला; 7. तट का स्वाभिमान; 8. झूठ, मिथ्या।

(49)

इश्रते-क़तरा[1] है दरिया में फ़ना[2] हो जाना
दर्द का हद से गुज़रना है दवा हो जाना

तुझ से, क़िस्मत में मिरी, सूरते-क़ुफ़्ले-अबजद[3]
था लिखा, बात के बनते ही, जुदा हो जाना

दिल हुआ कश्मकशे-चारः-ए-ज़हमत[4] में तमाम[5]
मिट गया घिसने में इस उक़्दे[6] का वा[7] हो जाना

अब जफ़ा से भी हैं महरूम[8] हम, अल्ला-अल्ला!
इस क़दर दुश्मने-अरबाबे-वफ़ा हो[9] जाना

ज़ो'फ[10] से गिरिया[11] मुबद्दले बदमे-सर्द[12] हुआ
बावर[13] आया हमें पानी का हवा हो जाना

दिल से मिटना तिरी अंगुश्ते-हिनाई[14] का ख़याल
हो गया गोश्त[15] से नाखुन का जुदा हो जाना

---

1. बूंद का मोक्ष, मुक्ति; 2. विलीन; 3. वर्णमाला के अक्षरों से खुलने वाले ताले की भांति; 4. दिल के दर्द के उपचार के असमंजस; 5. मृत, समाप्त; 6. गांठ; 7. खुलना; 8. वंचित; 9. प्रेम-निर्वाह करने वालों का शत्रु; 10. निर्बलता; 11. रुदन; 12. ठण्डी हवा में परिवर्तित; 13. विश्वास; 14. मेहंदी-रचित अंगुली; 15. मांस;

है मुझे, अबे-बहारी[16] का बरस कर खुलना
रोते-रोते ग़मे-फ़ुर्क़त[17] में, फ़ना हो जाना

गर नहीं नकहते-गुल[18] को तिरे कूचे[19] की हवस[20]
क्यूं है, गर्दे-रहे-जौलाने-सबा[21] हो जाना

ताकि तुझ पर खुले ए'जाज़े-हवा-ए-सैक़ल[22]
देख बरसात में सब्ज़[23] आईने का हो जाना

बख़्शे है जल्वा-ए-गुल[24], जौक़े-तमाशा[25] 'ग़ालिब'!
चश्म[26] को चाहिये हर रंग में वा हो जाना!

---

16. बसंत का बादल; 17. विरह-दुख; 18. फूल की सुगंध; 19. गली; 20. आकांक्षा; 21. पवन के पथ की धूल; 22. परिष्कृति की आकांक्षा का सम्मान; 23. हरा; 24. फूल की छवि; 25. देखने का चाव; 26. आंख।

(50)

फिर हुआ वक़्त कि हो बाल कुश[1] मौजे-शराब[2]
दे बते-मै[3] को दिलो-दस्ते-शना[4] मौजे-शराब

पूछ मत, वज्हे-सियहमस्ती-ए-अरबाबे चमन[5]
साया-ए-ताक[6] में होती है हवा मौजे-शराब

जो हुआ ग़र्क़े-मैं[7], बख़्ते-रसा[8] रखता है
सर से गुज़रे पे भी, बाले-हुमा[9] मौजे-शराब

है ये बरसात वो मौसम, कि अजब क्या है, अगर
मौजे-हस्ती[10] को करे फ़ैज़े-हवा[11] मौजे-शराब

चार मौज उठती है तूफ़ाने-तरब[12] से हर सू
मौजे-गुल[13] मौजे-शफ़क़[14] मौजे-सबा[15] मौजे-शराब

जिस क़दर रूहे-नबाती[16] है जिगर तिश्ना-ए-नाज़[17]
दे है तस्कीं[18], ब-दमे-आबे-बक़ा[19], मौजे-शराब

बस कि दौड़े है रगे-ताक[20] में ख़ूं हो-हो कर
शहपरे-रंग[21] से है बाल-कुशा मौजे-शराब

1. परों का फैलाव (खुलना); 2. मदिरा की लहर; 3. मदिरा की बतख़; 4. तैरने का उत्साह; 5. उद्यान वालों की अत्यधिक मस्ती का कारण; 6. अंगूर वेलि की छाव; 7. मदिरा में निमग्न (डूबा हुआ); 8. सौभाग्य; 9. हुमा नामक पंछी के पंख; 10. जीवन की उमंग; 11. हवा का उपकार; 12. हर्ष का आवेग; 13. फूल की उमंग; 14. अरुणोदय की उमंग; 15. प्रातःकालीन हवा की लहर; 16. वनस्पतियों की आत्मा; 17. उगने एवं फलने-फूलने की तृष्णा (इच्छा); 18. तृप्ति; 19. अमृत का घूंट; 20. अंगूर की नस; 21. रंग के (आनंद के) पंख;

मौजा-ए-गुल से चरागां[22] है गुज़रगाहे-ख़याल[23]
है तसव्वुर[24] में ज़ बस जल्वानुमा[25] मौजे-शराब

नश्शे के पर्दे में है महूवे-तमाशा-ए-दिमाग़[26]
बस कि रखती है सरे-नश्वो-नुमा[27] मौजे-शराब

एक आलम[28] पे हैं तूफ़ानी-ए-कैफ़िय्यते-फ़स्ल[29]
मौजा-ए-सब्ज़ा-ए-नौख़ेज[30] से ता[31] मौजे-शराब

शरहे-हंगामा-ए-हस्ती[32] है, ज़हे[33] मौसमे-गुल
रहबरे-क़तरा ब-दरिया[34] है, ख़ुशा[35] मौजे-शराब

होश उड़ते हैं मिरे जल्वा-ए-गुल देख 'असद'
फिर हुआ वक़्त कि हो बाल कुशा मौजे-शराब

---

22. दीपों से सजा हुआ, प्रकाशवान; 23. कल्पना की राह; 24. अनुध्यान; 25. छवियुक्त, कान्तियुक्त; 26. मनोजगत के भ्रमण में रत; 27. उगने एवं बढ़ने की उमंग; 28. दुनिया; 29. ऋतु की मस्ती (आनंद) का आवेग; 30. नवोदित हरियाली की उमंग; 31. तक; 32. जीवन (अस्तित्व) के धूमधाम की व्याख्या; 33. वाह, वाह के अर्थ में प्रयुक्त; 33. बूंद को समुद्र तक ले जाने वाले पथ-प्रदर्शक; 35. प्रशंसा के अर्थ में प्रयुक्त होता है।

(51)

अफ़सोस कि दन्दां[1] का किया रिज़्क़[2] फ़लक[3] ने*
जिन लोगों की थी दरखुरे उक़्दे-गुहर[4] अंगुश्त[5]

काफ़ी है निशानी तिरी छल्ले का न देना
ख़ाली मुझे दिखला के, बवक़्ते सफ़र[6] अंगुश्त

लिखता हूं 'असद' सोज़िशे-दिल[7] से सुखने-गर्म[8]
ता[9] रख न सके कोई मिरे हर्फ़[10] अंगुश्त[11]

---

* कुछ संग्रहों में दीदां (= कीड़ों) भी मिलता है। परंतु दंदां (दांत) मुनासिब मालूम होता है। 'ग़लिब' का उपमा-विधान भी 'दंदां' की तरफ़दारी करता है।

1. दांत; 2. भोजन; 3. आकाश, भाग्य; 4. मोतियों की माला से उलझी रहने वाली उंगली दांत और मोती की समानता दृष्टव्य है; 5. उंगली; 6. प्रवास-यात्रा के समय; 7. दिल की जलन; 8. भावपूर्ण-कविता; 9. ताकि; 10. अक्षर; 11. मेरे लिखे पर कोई उंगली न रख सके।

(52)

रहा गर कोई ता क़यामत[1] सलामत[2]
फिर इक़ रोज़ मरना है हज़रत[3] सलामत

जिगर को मिरे, इश्क़े-खूंनाबः मश्रब[4]
लिखे है : खुदावन्दे नेमत[5] सलामत

अलर्रग़मे-दुश्मन[6] शहीदे-वफ़ा[7] हूं
मुबारक मुबारक सलामत सलामत

नहीं गर सर्व बर्गे 'इद्राके-मानी[8]
तमाशा-ए-नैरंगे-सूरत[9] सलामत

1. सृष्टि के समाप्त होने तक; 2. सुरक्षित; 3. सम्मानसूचक संबोधन; 4. खून पीने वाला प्रेम; 5. स्वामी; 6. शुद्ध तो 'अलर्रगम' ही है—दुश्मन के विपरीत; 7. प्रेम-प्रतिज्ञा के निर्वाह में बलिदान देने वाला; 8. संसार के तत्त्व का अर्थ समझने का विवेक; 9. रूप की जादूनगरी का दृश्य अर्थात् संसार।

(53)

मुंद गई खोलते ही खोलते आंखें, 'ग़ालिब'
यार लाए मिरी बालीं[1] पे उसे, पर किस वक़्त

1. सिरहाने।

(54)

आमदे-ख़त[1] से हुआ है सर्द[2] जो बाज़ार-दोस्त[3]
दूदे-शम्अे-कुश्ता[4] था शायद ख़ते-रुख़सारे-दोस्त[5]

ऐ दिले ना'आक़िबत-अन्देश[6]! ज़ब्ते-शौक़[7] कर
कौन ला सकता है ताबे-जल्वा-ए-दीदारे-दोस्त[8]

ख़ानः वीरां साज़ी-ए-हैरत[9] तमाशा कीजिये
सूरते-नक़्शे-क़दम[10] हूं रफ़्ता-ए-रफ़्तारे-दोस्त[11]

इश्क़ में बेदादे-रश्के-गैर[12] ने मारा मुझे
कुश्ता-ए-दुश्मन[13] हूं आख़िर, गर्चे था बीमारे-दोस्त[14]

चश्मे-मा-रोशन[15] कि उस बेदर्द[16] का दिल शाद[17] है
दीदा-ए-पुरख़ूं[18] हमारा, साग़रे-सरशारे-दोस्त[19]

ग़ैर यूं करता है मेरी पुरसिश[20] उसके हिज़्[21] में
बे तकल्लुफ़ दोस्त[22] हो जैसे कोई ग़मख़्वारे-दोस्त[23]

---

1. मुखलोम—रूंआ-दाढ़ी—के आगमन; 2. ठण्डा; 3. मांग का कम होना—(सर्द-बाजार होना); 4. बुझे हुए दीपक का धुआं; 5. मित्र के कपोलों की रोमावली; 6. परिणाम को न सोचने वाले दिल-आक्रिवत ना अंदेश—होना चाहिए था लेकिन 'ग़ालिब' ने 'ना' आक्रिवत से पहले लिखा है; 7. उत्कण्ठा का संयम; 8. मित्र के छवि-दर्शन की शक्ति; 9. विस्मय के कारण घर का विनाश; 10. पद-चिह्न की तरह; 11. मित्र की चले जाने की गति; 12. प्रतिद्वंद्वी के प्रति ईर्ष्या का अत्याचार; 13. शत्रु का मारा हुआ; 14. प्रेमरोगी; 15. फ़ारसी कहावत चश्मे-मा रोशन दिले-मा शाद = मेरी आंखें प्रकाशमान हुईं तथा मन प्रसन्न हुआ लेकिन यहां से इसे दो में विभक्त किया है मेरी आंखें प्रकाशित हुईं; 16. निर्दयी; 17. मन प्रसन्न; 18. खून से भरी आंखें; 19. प्रेमिका का मधु-प्याला उसे तृप्त करता है; 20. हालचाल पूछना; 21 वियोग में; 22. अनौपचारिक, घनिष्ट मित्र; 23. मित्र का दुख बांटने वाला;

ताकि मैं जानूं कि है इसकी रसाई[24] वां तलक[25]
मुझ को देता है पयामे-वादा-ए-दीदारे-दोस्त[26]

जबकि मैं करता हूं अपना शिकवा-ए-ज़ो'फे-दिमाग़[27]
सर करे है[28] वो हदीसे-जुल्फ़े-अंबरबारे-दोस्त[29]

चुपके-चुपके मुझको रोते देख पाता है अगर
हंस के करता है बयाने-शोख़ी-ए-गुफ़्तारे-दोस्त[30]

मेहरबानी-हाए-दुश्मन[31] की शिकायत कीजिये
या बयां कीजे सिपासे-लज़्ज़ते-आज़ारे-दोस्त[32]

ये ग़ज़ल अपनी मुझे जी से पसंद आती है आप
है रदीफ़े-शेर[33] में 'ग़ालिब' जिबस तकरारे-दोस्त[34]

---

24. पहुंच; 25. तक को तलक भी लिखते थे; 26. मित्र के दर्शन-वादे का संदेश; 27. दिमाग़ के कमज़ोर होने की शिकायत; 28. प्रारंभ करता है; 29. मित्र के सुवासित केशों की कहानी; 30. प्रेमिका के वार्तालाप की चंचलता का बयान; 31. शत्रुओं पर कृपा; 32. मित्र द्वारा दिए गए दुखों के आनंद की प्रशंसा; 33. शे'र की रदीफ़ शे'र की दूसरी पंक्ति का अंतिम शब्द जैसे इस ग़ज़ल में 'दोस्त'; 34. किसी हद तक दोस्त शब्द की पुनरावृत्ति।

(55)

गुलशन में बंदोबस्त[1] बरंगे-दिगर[2] है आज
क़ुमरी[3] का तौक़[4], हल्क़ा-ए-बैरूने-दर[5] है आज

आता है एक पारा-ए-दिल[6] हर फ़ुग़ा[7] के साथ
तारे-नफ़स[8], कमन्दे-शिकारे-असर[9] है आज

ऐ आफ़ियत[10]! किनारा कर[11], ऐ इन्तिज़ाम! चल
सैलाबे-गिरिया[12] दर-पये-दीवारो-दर[13] है आज

---

1. प्रबंध; 2. दूसरे प्रकार का; 3. चिड़िया का नाम; 4. चिड़िया के गले पर बनी काली माला; 5. दरवाज़े के बाहर का घेरा; 6. दिल का टुकड़ा; 7. आर्त्तनाद; 8. सांस की डोरी; 9. प्रभाव का शिकार करने वाला पाश; 10. सकुशलता; 11. परे हट; 12. आंसुओं की बाढ़; 13. घर-बार के विनाश को तुली हुई।

(56)

लो हम मरीज़े-इश्क[1] के बीमारदार[2] हैं
अच्छा अगर न हो, तो मसीहा का क्या इलाज

1. प्रेमरोगी; 2. सेवा करने वाले, परिचायक।

(57)

नफ़स[1] न अन्जुमने-आरज़ू[2] से बाहर खेंच
अगर शराब नहीं इन्तिज़ारे-साग़र खेंच

कमाले-गर्मी-ए-स'ई-ए-तलाशे-दीद[3] न पूछ
बरंगे-ख़ार[4] मिरे आइने से जौहर[5] खेंच

तुझे बहाना-ए-राहत[6] है, इन्तिज़ार ऐ दिल
किया है किसने इशारा कि नाज़े-बिस्तर[7] खेंच

तिरी तरफ़ है ब हसरत[8] नज़ारः-ए-नर्गिस[9]
बकोरी-ए-दिलो-चश्मे-रक़ीब[10] साग़र खेंच[11]

ब नीम ग़म्ज़ा[12] अदा कर हक़्क़े-वदी अते-नाज़[13]
नियामे-पर्दा-ए-ज़ख़्मे-जिगर[14] से खंजर खेंच

मिरे क़दह[15] में है सहबा-ए-आतशे-पिन्हां[16]
बरूए-सुफ़रा[17] कबाबे-दिले-समन्दर[18] खेंच

---

1. सांस; 2. आकांक्षाओं की महफ़िल; 3. प्रियतमा के दर्शन की खोज में प्रयत्न की पराकाष्ठा; 4. कांटे की भांति; 5. दर्पण को चमकाने बनने वाली लकीर; 6. आराम का बहाना; 7. बिस्तर पर आराम करना; 8. आकांक्षा भरी; 9. नर्गिस के फूल की दृष्टि; 10. प्रतिद्वंद्वी के अंधे दिल एवं अंधी आंख के नाम पर; 11. मदिरापात्र उठाना; 12. आंख के अपूर्ण इशारे; 13. पूर्णरूपेण अभिमान, नाज़ करना; 14. जिगर का घाव जो म्यान की तरह है; 15. मधुपात्र; 16. दिल की आग की मदिरा; 17. दस्तरख़्वान पर; 18. समन्दर नामक कीट के दिल का कबाब।

(58)

हुस्न, ग़म्ज़े[1] की कशाकश[2] से छुटा मेरे बाद
बारे आराम से हैं अहले-जफ़ा[3] मेरे बाद

मन्सबे-शेफ़्तगी[4] के कोई क़ाबिल न रहा
हुई मा'ज़ूली-ए-अन्दाज़ो-अदा[5] मेरे बाद

शम'अ बुझती है तो उसमें से धुआं उठता है
शोलः-ए-इश्क़ सियहपोश[6] हुआ मेरे बाद

खूं है दिल ख़ाक में अहवाले-बुतां[7] पर या'नी
उनके नाखुन हुए मुहताजे-हिना[8] मेरे बाद

दरखुरे-अर्ज़[9] नहीं, जौहरे-बेदाद[10] को, जा
निगहे-नाज़[11] है सुरमे[12] से ख़फ़ा मेरे बाद

है जुनूं अहले-जुनूं[13] के लिए आग़ोशे-विदाअ[14]
चाक होता है गिरेबां से जुदा मेरे बाद

कौन होता है हरीफ़े-मये-मर्द अफ़्गने-इश्क़[15]?
है मुकर्रर[16] लबे-साक़ी[17] में सला[18] मेरे बाद

---

1. नयन का कटाक्ष; 2. कष्ट 3. अन्याय करने वाले; 4. आसक्ति का पद; 5. प्रेयसी के हावभाव से हटकर रहना; 6. काला; 7. सुन्दरियों की दशा; 8. मेहंदी की आवश्यकता वाला; 9. निवेदन करने योग्य; 10. अन्याय का रत्न; 11. गर्व भरी दृष्टि; 12. रसांजन; 13. उन्मादी, आसक्त; 14. विदाई की गोद; 15. प्रेम की तीव्र मदिरा को सहन करने वाला; 16. बार-बार; 17. मदिरा पिलाने वाले के होंठ; 18. निमंत्रण;

ग़म से मरता हूं कि इतना नहीं दुनिया में कोई
कि करे ताज़ियते-मेह्‌रो-वफ़ा[19] मेरे बाद

आए है बेकसी-ए-इश्क़[20] पर रोना, 'ग़ालिब'
किसके घर जाएगा सैलाबे-बला[21] मेरे बाद

---

19. प्रेम और निर्वाह की देखभाल, सार सँभाल; 20. प्रेम की असहायता; 21. विपदाओं का सैलाब।

(59)

बला से हैं जो ये पेशे-नज़र[1] दरो-दीवार[2]
नगाहे-शौक़[3] को है, बालो-पर[4] दरो-दीवार

वफ़ूर-अश्क[5] ने काशाने[6] का किया ये रंग
कि हो गए मिरे दीवारो-दर, दरो-दीवार

नहीं है साया कि सुनकर नवेदे-मक़दमे-यार[7]
गए हैं चंद क़दम पेश्तर[8] दरो-दीवार

हुई है किस क़दर अरज़ानी-ए-मये-जल्वा[9]
कि मस्त है तिरे कूचे[10] में हर दरो-दीवार

जो है तुझे सरे-सौदा-ए-इन्तिज़ार[11] तो आ
कि है दुकाने-मता'-ए-नज़र[12] दरों दीवार

हुजूमे-गिरिया[13] का सामान कब किया मैंने
कि गिर पड़े न मिरे पांव पर दरो-दीवार

वो आ रहा मिरे हमसाये[14] में तो साये से
हुए फ़िदा[15] दरो-दीवार पर दरो-दीवार

---

1. आँखों के सम्मुख; 2. द्वार एवं दीवार; 3. आकांक्षा भरी दृष्टि; 4. पंख; 5. अश्रुओं की अधिकता; 6. घर; 7. प्रिय के आगमन का शुभ संदेश; 8. आगे; 9. दर्शन रूपी मदिरा का अवमूल्यन, सस्तापन; 10. गली; 11. प्रतीक्षा का उन्माद; 12. दृष्टि के सामान से भरी हुई दुकान; अत्यधिक रुदनता; 14. पड़ोस; 15. न्यौछावर;

नज़र में खटके है बिन तेरे, घर की आबादी
हमेशा रोते हैं हम देखकर दरो-दीवार

न पूछ बेख़ुदी-ए-ऐशे-मक़दमे-सैलाब[16]
कि नाचते हैं पड़े सर ब सर दरो-दीवार

न कह किसी से कि 'ग़ालिब! नहीं ज़माने में
हरीफ़े-राजे-मुहब्बत[17] मगर दरो-दीवार

---

16. प्लायन के आने के हर्ष से उत्पन्न आत्मविस्मृति; 17. प्रेम का भेद छुपाने वाला।

(60)

घर जब बना लिया तिरे दर पर कहे बग़ैर
जानेगा अब भी तू न मिरा घर कहे बग़ैर

कहते हैं जब रही न मुझे ताक़ते-सुखन[1]
जानूं किसी के दिल की मैं क्यूंकर कहे बग़ैर

काम उससे आ पड़ा है कि जिसका जहान में
लेवे न कोई नाम सितमगर[2] कहे बग़ैर

जी में ही कुछ नहीं है हमारे वगरना हम
सर जाए या रहे, न रहें पर कहे बग़ैर

छोड़ूगा मैं न उस बुते-काफ़िर[3] का पूजना
छोड़े न ख़ल्क़[4] गो मुझे काफ़िर[5] कहे बग़ैर

मक़सद[6] है नाज़ो-ग़म्ज़ा[7] वले गुफ़्तगू में, काम
चलता नहीं है दश्ना-ओ-ख़ंजर[8] कहे बग़ैर

हरचन्द[9] हो मुशाहदा-ए-हक़[10] की गुफ़्तगू[11]
बनती नहीं है बादा-ओ-साग़र[12] कहे बग़ैर

बहरा हूं में तो चाहिये दूना हो इल्तिफ़ात[13]
सुनता नहीं हूं बात मुकर्रर[14] कहे बग़ैर

'ग़ालिब' न कर हुज़ूर[15] में तू बार-बार अर्ज़[16]
ज़ाहिर[17] है तेरा हाल सब उन पर कहे बग़ैर

---

1. वार्तालाप की शक्ति; 2. अत्याचार करने वाला; 3. सुंदर एवं अभिमानी प्रेयसी; 4. दुनिया; 5. ईश्वर की कृपा को न मानने वाला, नास्तिक; 6. उद्देश्य; 7. प्रेयसी का रूप एवं हाव-भाव; 8. कटार एवं छुरी; 9. कितना भी, यद्यपि, 10. यथार्थ का दर्शन; 11. बातचीत; 12. मदिरा एवं मदिरापात्र; 13. आकृष्टि, कृपा; 14. बार-बार पुन; 15. साक्षात्, उपस्थिति; 16. प्रार्थना; 17. प्रकट।

(61)

क्यूं जल गया न ताबे-रुख़े-यार[1] देख कर
जलता हूं अपनी ताक़ते-दीदार[2] देख कर

आतश-परस्ते[3] कहते हैं अहले-जहां मुझे
सरगर्मे-नाला-हाए-शररबार[5] देख कर

क्य आबरू-ए-इश्क़[6], जहां आम हो जफ़ा[7]
रुकता हूं तुम को बेसबब[8] आज़ार[9] देख कर

आता है मेरे क़त्ल को, पर जोशे-रश्क[10] से
मरता हूं उसके हाथ में तलवार देख कर

साबित हुआ है गर्दने-मीना[11] पे ख़ूने-ख़ल्क़[12]
लरज़े[13] है मौजे-मय[14] तिरी रफ़्तार देख कर

वा हसरता![15] कि यार ने खींचा सितम से हाथ
हम को हरीसे-लज़्ज़ते-आज़ार[16] देख कर

बिक जाते हैं हम आप मता'ए-सुख़न[17] के साथ
लेकिन अयारे-तब्अे-ख़रीदार[18] देख कर

---

1. प्रेमिका के चेहरे की आभा; 2. देखने की शक्ति; 3. अग्नि की पूजने वाल; 4. दुनियावाले; 5. चिंगारियाँ बरसाने वाले आर्त्तनाद में लीन; 6. प्रेम-प्रतिष्ठा; 7. अत्याचार, अन्याय; 8. अकारण; 9. दुख देने वाला; 10. ईर्ष्या का आवेग; 11. मदिरा पात्र की गर्दन; 12. दुनिया वालों का वध; 13. काँपना; 14. मदिरा की लहर; 15. हाय दिल की आकांक्षा; 16. दुख दर्द के स्वाद से ललचाया; 17. काव्य की पूँजी; 18. ग्राहक के स्वभाव की जाँच, कसौटी;

ज़न्नार[19] बांध सुबहा-ए-सद दाना[20] तोड़ डाल
रहरौ[21] चले हैं राह को हमवार देख कर

इन आबलों[22] से पांव के धबरा गया था मैं
जी खुश हुआ है राह को पुरख़ार[23] देख कर

क्या बदगुमां है मुझसे, कि आईने में मिरे
तूती[24] का 'अक्स समझे है ज़न्गार[25] देख कर

गिरनी थी हम पे बर्क़े-तजल्ली[26] न तूर[27] पर
देते हैं बादा[28] ज़र्फ़े-क़दहख़्वार[29] देखकर

सर फोड़ना वो ग़ालिबे-शोरीदा[30] हाल का
याद आ गया मुझे तिरी दीवार देख कर

19. जनेऊ; 20. सौ मनकों की माला; 21. पथिक; 22. छाले; 23. कांटों भरी; 34. एक तोता जिसे दर्पण के सम्मुख बिठाकर मनुष्यों की भांति बोलना सिखाते हैं; 25. जंग से बनने वाली एक औषधि, जो दर्पण चमकाने के काम आती है; 26. अध्यात्मज्योति की बिजली; 27. एक पर्वत का नाम; 28. मदिरा; 29. मदिरा का प्याला, पीने वाले का साहस (पात्र); 30. विकल।

(62)

लरज़ता[1] है मिरा दिल ज़हमते-मेह्रे-दरख़्शां[2] पर
मैं हूं वो क़तरा-ए-शबनम[3] कि हो ख़ारे-बयाबां[4] पर

न छोड़ी हज़रते-यूसुफ़[5] ने यां भी ख़ानः आराई[6]
सफ़ेदी दीदा-ए-या'क़ूब[7] की, फिरती है ज़िन्दां[8] पर

फ़ना ता'लीमे-दर्से-बेखुदी[9] हूं उस ज़माने से
कि मजनूं लाम अलिफ़[10] लिखता था दीवारे-दबिस्ता[11] पर

फ़रागत[12] किस क़दर रहती मुझे तशवीशे-मरहम[13] से
बहम[16] गर सुल्ह करते पारा-हाए-दिल[15] नमकदां पर

नहीं इक़्लीमे-उल्फ़त[14] में, कोई तूमारे-नाज़[17] ऐसा
कि पुश्ते-चश्म[18] से जिसकी न होवे मुह्र उन्वां पर

मुझे अब देख कर अब्रे-शफ़क़आलूदा[20] याद आया
कि फ़ुर्क़त[21] में तिरी आतिश बरसती थी गुलिस्तां[22] पर

बजुज़ परवाज़े-शौक़े-नाज़[23] क्या बाक़ी रहा होगा
क़यामत इक हवा-ए-तुंद[24] है ख़ाके-शहीदों[25] पर

न लड़ नासेह[26] से, 'ग़ालिब' ! क्या हुआ गर उसने शिद्दत[27] की
हमारा भी तो आख़िर, ज़ोर चलता है गिरेबां पर

---

1. कांपता; 2. चमकते हुए सूर्य की पीड़ा पर; 3. ओस की बूंद; 4. वन कंटक; 5. एक पैगम्बर; 6. घर की सजावट; 7. याक़ूब (हज़रत यूसुफ़ के पिता) की नेत्र ज्योति; 8. बंदीगृह; 9. आत्मविस्मृति के पाठ से विलीन, मृत्यु की शिक्षा; 10. उर्दू का संयुक्ताक्षर जो लाभ एवं आलिफ़ से मिलकर बना है; 11. पाठशाला की दीवार; 12. निवृत्ति; 13. मरहम की चिंता; 14. आपस में; 15. दिल के टुकड़े; 16. प्रेम-साम्राज्य; 17. सौंदर्याभिमान का लंबा-चौड़ा वृत्तांत; 18. निर्मोहीपन; 19. शीर्षक; 20. लालिमा रंजित बादल; 21. विरह; 22. उद्यान; 23. प्रेमाकांक्षा में उड़ने के अतिरिक्त; 24. तेज हवा; 25. शहीदों की मिट्टी; 26. उपदेशक; 27. अत्याचार।

(63)

है बस कि हर इक उनके इशारे[1] में निशां[2] और
करते हैं मुहब्बत तो गुज़रता है गुमां[3] और

या रब! वो न समझे हैं न समझेंगे मिरी बात
दे और दिल उनको जो न दे मुझको ज़बां और

अबरू[4] से है क्या उस निगहे-नाज़[5] को पैवन्द[6]?
है तीर मुक़र्रर[7], मगर इसकी है कमां और

तुम शहर में हो, तो हमें क्या ग़म, जब उठेंगे
ले आएंगे बाज़ार से जा कर दिलो-जां और

हरचन्द[8] सुबुकदस्त[9] हुए बुतशिकनी[10] में
हम हैं तो अभी राह में है संगे-गिरां[11] और

है खूने-ज़िगर जोश[12] में, दिल खोल के रोता
होते जो कई दीदा-ए-खूंनाबा फ़िशां[13] और

मरता हूं इस आवाज़ पे, हरचन्द सर उड़ जाए
जल्लाद को लेकिन वो कहे जाएं कि हां और

---

1. हावभाव; 2. अर्थ; 3. सन्देह, भाँति; 4. भौंह; 5. गर्व भरीं दृष्टि; 6. संबंध; 7. अवश्य; 8. यद्यपि, 9. सिद्ध हस्त; 10. मूर्ति-खण्डन, 11. भारी पत्थर; 12. आवेग; 13. रक्त टपकाने वाली आँखें;

लोगों को है ख़ुर्शीदे-जहांताब[14] का धोका[15]
हर रोज़ दिखाता हूं मैं इक दाग़े-निहां[16] और

लेता न अगर दिल तुम्हें देता कोई दम चैन
करता जो न मरता कोई दिन, आहो-फ़ुग़ां[17] और

पाते नहीं जब राह तो चढ़ जाते हैं, नाले
रुकती है मिरी तबअ[18] तो होती है रवां और

हैं और भी दुनिया में सुख़नवर[19] बहुत अच्छे
कहते हैं कि 'ग़ालिब' का है अन्दाज़े-बयां[20] और

---

14. जग की आलोकित करने वाला सूर्य; 15. भ्रम; 16. छुपा हुआ दुख, चित्र; 17. विलाप एवं आर्त्तनाद; 18. प्रकृति स्वभाव; 19. काव्य करने वाले कवि; 20. वर्णन-शैली।

(64)

सफ़ा-ए-हैरते-आईना[1] है सामाने-ज़ग[2] आख़िर
तग़य्युर[3] आबे-बर जा मादां[4] का पाता है रंग आख़िर

न की सामाने-ऐशा-जाह[5] ने तद्‌बीर[6] वहशत[7] की
हुआ जामे-ज़मर्रुद[8] भी मुझे दाग़े-पलंग[9] आख़िर

---

1. दर्पण की परिष्कृति जी विसमय की भांति दिखाई देती है, 2. ज़ंग की सामग्री; 3. विकार, 4. रुका हुआ पानी; 5. वैभव एवं ऐश्वर्य का सामान; 6. उपाय, उपचार; 7. भय, उन्माद; 8. हरे रंग के बहुमूल्य पत्थर का बना मदिरा पात्र; 9. चीते की खाल के धब्बे।

(65)

जुनूं[1] की दस्तगीरी[2] किससे हो, गर हो न उरियानी[3]!
गिरेबां चाक[4] का हक़[5] हो गया है मेरी गर्दन पर

ब-रंगे-काग़ज़े-आतिशज़दा[6] नैरंगे-बेताबी[7]
हज़ार आईना दिल बांधे है बाले-यक तपीदन[8] पर

फ़लक[9] से हमको ऐशे-रफ़्ता[10] का क्या-क्या तक़ाज़ा है!
मता-ए-बुर्दा[11] को समझे हुए हैं क़र्ज़[12] रहज़न[13] पर

हम और वो बेसबब रंज[14] आश्ना दुश्मन[15], कि रखता है
शुआ-ए-मेहूर[16] से, तोहमत[17] निगह[18] की चश्मे-रोज़न[19] पर

फ़ना[20] का सौंप, गर मुश्ताक़[21] है अपनी हक़ीक़त[22] का
फ़रोग़े-तालअे-ख़ाशाक[23] है मौक़ूफ़[24] गुलख़न[25] पर

'असद' बिस्मिल[26] है किस अंदाज़ का क़ातिल से कहता है
कि मश्क़े-नाज़[27] कर, ख़ूने-दो आलम[28] मेरी गर्दन पर

---

1. उन्माद; 2. सहायता; 3. नग्नता; 4. कुर्ते का गला फटना, फाड़ना; 5. उत्तरदायित्व, पारिश्रमिक; 6. आग में जलते हुए काग़ज़ की भांति; 7. व्याकुलता का मायाजाल; 8. तड़प का एक पंख; 9. आकाश; 10. बीते हुए ऐश्वर्य; 11. लूटा हुआ माल; 12. ऋण; 13. लुटेरा; 14. अकारण रूठनेवाला; 15. परिचित शत्रु; 16. सूर्य की किरण; 17. लांछन; 18. दृष्टि; 19. खिड़की की आंख; 20. मृत्यु; 21. उत्सुक; 22. वास्तविकता; 23. घास-फूस, कूड़ा-करकट के भाग्य की चमक; 24. निर्भर, स्थिर; 25. भट्टी; 26. घायल; 27. रूप-गर्व का अभ्यास; 28. दोनों लोकों का खून, वध।

(66)

सितमकश[1] मस्लहत[2] से हूं कि ख़ूबां[3] तुझ पे आशिक़ हैं
तकल्लुफ़ बर तरफ़[4], मिल जाएगा तुझ-सा रक़ीब[5] आख़िर

1. अन्याय सहन करने वाला; 2. अपने भले-बुरे का ध्यान रखते हुए का कार्य करना, परामर्श; 3. खूबसूरत लोग; 4. संकोच से हटकर; 5. प्रतिद्वंद्वी।

(67)

लाज़िम[1] था कि देखो मिरा रस्ता कोई दिन और
तन्हा[2] गए क्यूं अब रहो तन्हा कोई दिन और

मिट जाएगा सर, गर तिरा पत्थर न घिसेगा
हूं दर पे तिरे नासियाफ़रसा[3] कोई दिन और

आए हो कल और आज ही कहते हो कि 'जाऊं?'
माना, कि हमेशा नहीं, अच्छा कोई दिन और

जाते हुए कहते हो : 'क़यामत[4] को मिलेंगे'
क्या खूब! क़यामत का है गोया कोई दिन और

हां, ऐ फ़लके-पीर[5]! जवां[6] था अभी 'आरिफ़'[7]
क्या तेरा बिगड़ता, जो न मरता कोई दिन और

तुम माहे-शबे-चारदहम[8] थे, मिरे घर के
फिर क्यूं न रहा घर का वो नक्शा कोई दिन और

तुम कौन से थे ऐसे खरे दादो-सितद[9] के?
करता मलकुल-मौत[10] तक़ाज़ा कोई दिन और

मुझसे तुम्हें नफ़रत सही 'नय्यर' से लड़ाई
बच्चों का भी देखा न तमाशा कोई दिन और

गुज़री न बहरहाल यह मुद्दत खुशो-नाखुश
करना था, जवां-मर्ग! गुज़ारा कोई दिन और

नादां हो जो कहते हो कि क्यूं जीते हो 'ग़ालिब'
क़िस्मत में है मरने की तमन्ना कोई दिन और

---

1. आवश्यक; 2. अकेले; 3. माथा रगड़ने वाला; 4. प्रलय; 5. बूढ़े आकाश; 6. युवा; 7. ग़ालिब का भांजा जिसको ग़ालिब ने गोद लिया था। युवावस्था में ही उनका निधन हो गया। यह ग़ज़ल उनकी मृत्यु पर कही गई; 8. चौदहवीं रात के चांद; 9. लेन-देन; 10. मौत का फ़रिश्ता यमराज।

(68)

फ़ारिग़[1] मुझे न जान कि मानिन्दे-सुब्हो-मेह्र[2]
है दाग़े-इश्क़[3], ज़ीनते-जेबे-कफ़न[4] हनोज़[5]

है नाज़े-मुफ़्लिसां[6] ज़र अज़ दस्ते-रफ़्ता[7] पर
हूं गुलफ़रोशे-शोख़ी-ए-दाग़े-कुहन[8] हनोज़

मैखान-ए-जिगर[9] में यहां ख़ाक भी नहीं[10]
ख़मियाज़ा खींचे है[11] बुते-बेदादे-फ़न[12] हनोज़

1. निवृत्त; 2. प्रातःकालीन सूर्य की तरह; 3. प्रेम का दाग़; 4. कफ़न के गिरेबान की शोभा; 5. अभी तक; 6. ग़रीबों का गर्व; 7. खोया हुआ धन; 8. पुराने दाग़ों की चंचलता को फूल जानकर बेचने वाला; 9. जिगर की मधुशाला; 10. कुछ भी नहीं; 11. नतीजा परिणाम; 12. प्रेमिका अत्याचार जिसकी कला या कौशल है।

(69)

हरीफ़े-मतलबे-मुश्किल[1] नहीं फुसुने-नियाज़[2]
दुआ क़ुबूल हो या रब, कि उम्रे-ख़िज्र दराज़[3]

न हो बहरज़ः[4] बयाबां नवर्दे-वहमे-वुजूद[5]
हनोज़ तेरे तसव्वुर[6] में है नशेबो-फ़राज़[7]

विसाल[8] जल्वा तमाशा[9] है, पर दिमाग़[10] कहां
कि दीजे आईना-ए-इन्तिज़ार[11] को पर्दाज़[12]

हर एक ज़र्रा-ए-आशिक़[13] है आफ़्ताब परस्त[14]
गई न ख़ाक हुए पर, हवा-ए-जल्वा-ए-नाज़[15]

न पूछ वुसअते-मयख़ाना-ए-जुनूं[16] 'ग़ालिब'
जहां ये कासा-ए-गर्दूं[17] है एक ख़ाक अन्दाज़[18]

---

1. कठिन कार्य की बनाने वाला; 2. श्रद्धा एवं विनम्रता का मंत्र; 3. ख़िज़्र नामक पैगम्बर की आयु लंबी हो (भो भटके हुओं का मार्गदर्शन करता है); 4. मूर्खतावश; 5. अस्तित्व के भ्रम के जंगल में भटकना; 6. अनुध्यान; 7. उतार-चढ़ाव; 8. मिलन; 9. दर्शन देने वाला; 10. सहन शक्ति; 11. प्रतीक्षा का दर्पण (दिल); 12. सजावट संवारना; 13. आसक्त, प्रेमी की राख का कण; 14. सूर्योपासक; 15. सौंदर्य दर्शन की अभिलाषा; 16. उन्माद के मदिरालय का विस्तार; 17. आकाश का प्याला; 18. कचरा उठाने की टोकरी।

(70)

वुसअते-सई-ए-करम[1] देख कि सर ता सरे ख़ाक[2]
गुज़रे है आबला पा[3] अब्रे-गुहरबार[4] हनोज़[5]

यक क़लम[6] काग़ज़े-आतिशज़दा[7] है सफ़हा-ए-दश्त[8]
नक़्शे-पा[9] में है तपे-गर्मी-ए-रफ़्तार[10] हनोज़

1. करुणा की कोशिश का विस्तार; 2. धरती के आदि से अंत तक; 3. पैरों में छाले वाले; 4. मोती बरसाने वाले बादल; 5. अभी तक; 6. बिल्कुल; 7. अग्नि प्राप्त काग़ज; 8. जंगल का पृष्ठ; 9. पद-चिह्न; 10. गति की तेज़ी से प्राप्त गर्मी।

(71)

क्यूं कर उस बुत[1] से रखूं जान अज़ीज़[2]
क्या नहीं है मुझे ईमान अज़ीज़

दिल से निकला, पे न निकला दिल से
है तिरे तीर का पैकान[3] अज़ीज़

ताब लाए[4] ही बनेगी 'ग़ालिब'
वाक़िआ[5] सख़्त है और जान अज़ीज़

1. मूर्ति, प्रेमिका; 2. जान प्रिय–जीवन बचा रखना; 3. तीर की नोक, अनी; 4. सहन-शक्ति; 5. घटना।

(72)

न गुले-नूग्मा[1] हूं न पर्दा-ए-साज़[2]
मैं हूं अपनी शिकस्त[3] की आवाज़

तू, और आराइशे-ख़मे-काकुल[4]
मैं, और अंदेशा-हाए-दर-दराज़[5]

लाफ़े-तम्कीं[6], फ़रेबे-सादिली[7]
हम हैं और राज़-हाए-सीना-गुदाज़[8]

हूं गिरफ्तारे-उल्फ़ते-सय्याद[9]
वर्ना बाक़ी है ताक़ते-परवाज़[10]

वो भी दिल हो कि उस सितमगर से
नाज़ खेंचूं[11], बजाए हस्रते-नाज़[12]

नहीं दिल में मिरे वो क़तरा-ए-खूं
जिससे मिज़्गां[13] हुई न हो गुलबाज़[14]

ऐ तिरा ग़मज़ा[15] : यक क़लम अंगेज़[16]
ऐ तिरा जुल्म : सर बसर अंदाज़[17]

---

1. संगीत का फूल; 2. वाद्य का पर्दा, जिससे सुर निकलते हैं; 3. पराजय; 4. केश-विन्यास, वालों का शृंगार; 5. दूर-दूर की शंकाएं; 6. सहनशीलता का दावा; 7. सरल हृदयता का धोखा; 8. दिल को जलाने, पिघलाने वाले भेद; 9. शिकारी के प्रेम का बंदी; 10. उड़ने की शक्ति; 11. नाज़ करना, गर्व करना; 12. गर्व करने की अभिलाषा; 13. पलकें; 14. फूलों से खेलने वाला; 15. आंखों के हावभाव; 16. पूर्णरूपेण मनोभाव उभारने वाले; 17. सर से पांव तक नखरा, गर्व;

तू हुआ जल्वागर, मुबारक हो
रेज़िशे-सज्दा-ए-जबीने-नियाज़[18]

मुझको पूछा, तो कुछ ग़ज़ब न हुआ
मैं ग़रीब और तू ग़रीबनवाज़

असदुल्लाह खां तमाम हुआ[19]
ऐ दरीग़ा[20]! रिन्दे-शाहिद बाज़[21]

---

18. श्रद्धा एवं विनम्रता के माथों से सिज्दों की वर्षा; 19. मरना; 20. खेद है; 21. मद्यप एवं रूप आसक्त।

(73)

मुज़दा[1] ऐ ज़ौक़े-असीरी[2] कि नज़र आता है
दाम[3] ख़ाली, क़फ़से-मुर्ग़े-गिरफ़्तार[4] के पास

जिगरे-तश्ना-ए-आज़ार[5], तसल्ली[6] न हुआ
जू-ए-ख़ूं[7] हमने बहाई बुने-हर ख़ार[8] के पास

मुंद गईं खोलते ही खोलते आंखें, है है[9]
ख़ूब वक़्त आये तुम इस आशिक़े-बीमार[10] के पास

मैं भी रुक रुक के न मरता, जो ज़बां के बदले
दशना[11] इक तेज़ सा होता मिरे ग़मख़्वार[12] के पास

दहने-शेर[13] में जा बैठिये, लेकिन ऐ दिल!
न खड़े हूजिये ख़ूबाने-दिलआज़ार[14] के पास

देख कर तुझ को चमन बसकि नमू[15] करता है
खुद-ब-खुद पहुंचे है गुल, गोशा-ए-दस्तार[16] के पास

मर गया फोड़ के सर 'ग़ालिबे-वहशी' है है
बैठना उस का वो आ कर तिरी दीवार के पास

---

1. शुभ-संदेश; 2. बंदी होने का चाव; 3. जाल; 4. बंदी पंछी का पिंजरा; 5. दुख लिप्सा के पड़ा मन; 6. संतोष; 7. लहू की लहर; 8. हर कांटे की जड़; 9. हाय-हाय-अफसोस; 10. बीमार प्रेमी; 11. कटार; 12. सहानुभूति रखने वाला; 13. शेर का मुंह; 14. दिल दुखाने वाली प्रेमिकाएं; 15. विकास; 16. पहाड़ी का कोना।

(74)

न लेवे गर ख़से-जौहर[1] तरावत सब्जा-ए-ख़त[2] से
लगावे ख़ाना-ए-आईना[3] में रू-ए-निगार[4] आतिश

फ़रोग़े-हुस्न[5] से होती है हल्ले-मुश्किले-आशिक़[6]
न निकले शम्अ के पा से, निकाले गर न ख़ार

---

1. तिनके का जौहर; (जौहर-लोहे का दर्पण चमकाने से पड़ी लकीरें); 2. मुख लोम; 3. मुख लोम; 4. प्रेयसी का मुख; 5. सौंदर्य की कांति; 6. आसक्त की कठिनाइयों, समस्याओं का समाधान।

(75)

जादा-ए-रह खुर[1] को वक़्ते-शाम है तारे-शुआअ[2]
चर्ख़[3] वा[4] करता है माहे-नौ[5] से आग़ोशे-विदाअ[6]

---

1. सूर्य की राह का चिह्न; 2. किरण का तार; 3. आकाश; 4. अनावृत; 5. नवोदित चांद; 6. विदाई की बांहें।

(76)

रुख़े-निगार[1] से है सोज़े-जाविदानी-ए-शम्अ[2]
हुई है आतिशे-गुल[3], आबे-ज़िदंगानी-ए-शम्अ[4]

ज़बाने-अहले-ज़बां[5] में है मर्गे-ख़ामोशी[6]
ये बात बज़्म में रौशन[7] हुई ज़बानि-ए-शम्अ

करे है सिर्फ़ ब ईमा-ए-शोला[8] क़िस्सा तमाम[9]
बतर्ज़े-अहले-फ़ना[10] है फ़साना ख़्वानि-ए-शम्अ[11]

ग़म इसको हसरते-परवाना[12] का है ऐ
तिरे लरज़ने[13] से ज़ाहिर है नातवानी-ए-शम्अ[14]

तिरे ख़याल से रूह अह्तिज़ाज़[15] करती है
ब जल्वः रेज़ि-ए-बादो-ब परफ़िशनि-ए-शम्अ[16]

निशाते-दाग़े-ग़मे-इश्क़[17] की बहार न पूछ
शगुफ़्तिगी[18] है शहीदे-गुले'खज़ानि-ए-शम्अ[19]

जले है देख के बालीने-यार पर मुझको
न क्यूं हो दिल प मिरे, दाग़े-बदगुमानी-ए-शम्अ

1. प्रेयसी के चेहरे की कांति; 2. दीप की अमर तपन; 3. फूल की आग; 4. दीप, मोमबत्ती के लिए अमृत जल; 5. भाषाविदों की भाषा; 6. मूकता की मृत्यु; 7. प्रकट; 8. शोले के हावभाव पर; 9. जीवन का अंत; 10. मृत्यु चाहने वाले की भांति; 12. शम्अ की शक्तिहीनता; 13. आनंद भरी तड़प; 14. हवा के चलने एवं शम्अ की झिलमिलाहट की सौगंध; 15. प्रेम संताप की पीड़ा का हर्ष; 16. प्रसन्नता; 17. शम्अ के हेमंत ऋतु के पुष्प पर आसक्त; 18. प्रेयसी, मित्र का सिरहाना; 19. शम्अ के मिथ्या संदेह का कलंक।

(77)

बीमे-रक़ीब[1] से नहीं करते विदा'-ए-होश[2]
मजबूर यां तलक हुए, ऐ इख़्तियार[3] हैफ़[4]

जलता है दिल कि क्यूं न हम इक बार जल गए
ऐ नातमामि-ए-नफ़से-शोलाबार[5] हैफ़

1. प्रतिद्वंदी का भय; 2. चेतना की विदाई, बेसुध होना; 3. सामर्थ्य; 4. दुख, धिक्कार; 5. शोले बरसाने वाली सांस की अपूर्णता।

(78)

ज़ख़्म पर छिड़कें कहां तिफ़्लाने-बेपरवा[1] नमक
क्या मज़ा होता अगर पत्थर में भी होता नमक

गर्दे-राहे-यार[2] है सामाने-नाज़े-ज़ख़्मे-दिल[3]
वर्ना होता है जहां में किस क़दर पैदा नमक

मुझको अरज़ानी[4] रहे, तुझको मुबारक हूजियो
नाला-ए-बुलबुल[5] का दर्द, और ख़ंद-ए-गुल[6] का नमक

शोरे-जौलां[7] था कनारे-बहर[8] पर किसका कि आज
गर्दे-साहिल[9] है, बज़ख़्मे-मौजा-ए-दरिया[10] नमक

दाद[11] देता है मिरे जख़्मे-जिगर[12] की वाह वाह!
याद करता है मुझे देखे है वो जिस जा[13] नमक

छोड़ कर जाना तने-मजरूहे-आशिक[14] हैफ़ है
दिल तलब[15] करता है ज़ख़्म, और मांगे हैं आ'ज़ा[16] नमक

ग़ैर की मिन्नत[17] न खेंचूंगा पये-तौफ़ीरे-दर्द[18]
ज़ख़्म मिस्ले ख़न्दा-ए-क़ातिल है[19] सर ता पा[20] नमक

याद है 'ग़ालिब' तुझे वो दिन कि वज्दे-ज़ौक़[21] में
ज़ख़्म से गिरता तो मैं पलकों से चुनता था नमक

---

1. निश्चिंत, निडर बच्चे; 2. प्रिय, दोस्त की पथ धूलि; 3. दिल के घाव के गर्व का सामान; 4. सस्तापन; 5. बुलबुल का आर्त्तनाद; 6. फूल की हंसी; 7. आगमन की धूमधाम; 8. समुद्र किनारे; 9. समुद्र तट की रेत; 10. सागर के लहरों के घाव के लिए; 11. प्रशंसा; 12. जिगर का घाव; 13. जगह; 14. आसक्त का घायल शरीर; 15. मांग; 16. शारीरिक अंग; 17. प्रार्थना; 18. दर्द की अधिकता के लिए, दर्द के सम्मान के लिए; 19. वध करने वाले (प्रेयसी) की हंसी की तरह; 20. सर के पांव तक; 21. आनंद एवं रस की उन्मत्तता।

(79)

आह को चाहिये इक[1] उम्र असर होते तक
कौन जीता है तिरी ज़ुल्फ़ के सर[2] होते तक

दामे-हर मौज[3] में है हल्क़ा-ए-सद-कामे-निहंग[4]
देखें क्या गुज़रे है क़तरे[5] पे गुहर[6] होने तक

आशिक़[7] सब्र-तलब[8] और तमन्ना[9] बेताब[10]
दिल का क्या रंग करूं ख़ूने-जिगर[11] होते तक

हम ने माना कि तग़ाफ़ुल[12] न करोगे लेकिन
ख़ाक हो जाएंगे हम तुम को ख़बर होने तक

परतवे-ख़ुर[13] से है शबनम[14] को फ़ना[15] की तालीम[16]
मैं भी हूं एक इनायत की नज़र होते तक

यक नज़र बेश[17] नहीं फ़ुर्सते-हस्ती[18] ग़ाफ़िल[19]
गर्मी-ए-बज्म[20] है इक रक़्से-शरर[21] होते तक

ग़मे-हस्ती[22] का 'असद', किस से हो जुज़ मर्ग[23] इलाज
शम्अ हर रंग में जलती है सहर[24] होते तक

---

1. उर्दू में छंद-विधानुसार 'एक' को 'इक' भी लिखा जा सकता है; 2. सर करना = जीतना। प्रेम में विजय प्राप्त करना; 3. प्रत्येक मौज के जाल; 4. सैंकड़ों खुले मुंह के मगरमच्छों का झण्ड; 5. बूंद; 6. मोती; 7. प्रेम; 8. धैर्य चाहने वाला; 9. कामना; 10. आकुल; 11. जिगर का खून; 12. उपेक्षा; 13. सूर्य की पहली किरण, प्रकाश; 14. ओस; 15. नश्वरता; 16. शिक्षा; 17. एक दृष्टि से अधिक; 18. जीवन-अवकाश; 19. असावधान; 20. सांसारिक चहल-पहल; 21. चिंगारी का नृत्य; 22. जीवन-दुख; 23. मृत्यु के सिवा; 24. प्रातःकाल।

(80)

गर तुझ को है यक़ीने-इजाबत[1] दुआ न मांग
यानी बग़ैर-यक दिले-बे मुद्दआ[2] न मांग

आता है दाग़े-हसरते-दिल[3] का शुमार[4] याद
मुझसे मिरे गुनह का हिसाब ऐ ख़ुदा न मांग

1. स्वीकृत का विश्वास; 2. निष्काम हृदय के बिना; 3. दिल की अपूर्ण कामनाओं का दुख; 4. गिनती।

(81)

है कि क़दर हलाके-फ़रेब-वफ़ा-ए-गुल[1]
बुलबुल के कारोबार प' हैं ख़ंदा हा-ए-गुल[2]

आज़ादी-ए-नसीम[3] मुबारक! कि हर तरफ़
टूटे पड़े हैं हल्क़ा-ए-दामे-हवा-ए-गुल[4]

जो था सो मौजे-रंग[5] के धोके में मर गया
ऐ वाए! नाला-ए-लबे-ख़ूनीं-नवा-ए-गुल[6]

ख़ुशहाल उस हरीफ़े-सियहमस्त[7] का कि जो
रखता हो मिस्ले-साया-ए-गुल[8], सर-ब-पा-ए-गुल[9]

ईजाद[10] करती है उसे तेरे लिए बहार
मेरा रक़ीब है नफ़से-इत्र सा-ए-गुल[11]

शर्मिंदा रखते हैं मुझे बादे-बहार से
मीना-ए-बेशराबो-दिले-बेहवा-ए-गुल[12]

सतवत[13] से तेरे जल्वा-ए-हुस्ने-ग़यूर[14] की
ख़ूं है मिरी निगाह में रंगे-अदा-ए-गुल[15]

---

1. इस भ्रम में कि फूल प्रेम निर्वाह करेंगे; 2. फूलोंकी हँसी; 3. हवा की स्वतंत्रता; 4. फूलों कीचाहत के जाल के घेरे; 5. हर्ष की लहर; 6. फूलों के रक्तरंजित होठों से निकला आर्त्तनाद; 7. नशे में मसत सहकर्मी; 8. फूलों की छाया की तरह; 9. फूल के पांव पर सर; 10. आविष्कार, नई बात पैदा करना; 11. फूलों की सुगंध महकी हुई साँस; 12. मदिरा रहित मधुपात्र एवं फूल की चाहत रहित दिल; 13. धाक, दबदबा; 14. स्वाभिमानी सौंदर्य की कांति; 15. फूलों की अदाओं (हाव-भाव) का रंग;

तेरे ही जल्वे का है ये धोका कि आज तक
बे इख़्तियार दौड़े है गुल दर कफ़ा-ए-गुल[16]

'ग़ालिब' मुझे है उससे हमआग़ोशी[17] आरज़ू
जिसका ख़याल है गुले-जैबे-क़बा-ए-गुल[18]

---

16. फूल के पीछे फूल; 17. आलिंगन; 18. फूल के वस्त्रों के गिरेबान पर लगा फूल।

(82)

ग़म नहीं होता है आज़ादों को, बेश अज़ यक नफ़स[1]
बर्क़ से करते हैं रौशन[2] शम्अे-मातम ख़ाना[3] हम

महफ़िलें बरहम[4] करे है गंजिफ़ा बाज़े-ख़याल[5]
हैं वरक़ गर्दानिए-नैरंगे-यक बुतख़ाना[6] हम

बावजूदे - यक जहां[7] हंगामा पैदाई[8] नहीं
हैं चराग़ाने-शबिस्ताने - दिले - परवाना[9] हम

ज़ो'फ़[10] से है, ने क़नाअत[11] से ये तर्के-जुस्तजू[12]
हैं वबाले - तकियागाहे-हिम्मते-मर्दाना[13] हम

दाइमुलहब्स[14] इस में है लाखों तमन्नाएं 'असद'
जानते हैं सीना-ए-पुरख़ं[15] को ज़िन्दांख़ाना[16] हम

---

1. एक सांस (क्षण) से अधिक; 2. प्रकाशित; 3. शोकगृह का दीपक; 4. बिखेरना, उलट-पुलट करना; 5. ताश के पत्तों का खिलाड़ी; 6. मायाजाल के पृष्ठ जिन पर एक प्रतिमालय अंकित है, को उलटना; 7. एक दुनिया के बावजूद; 8. हंगामे का प्राकट्य; 9. पतंगे के दिल के रात्रि कक्ष में जलता हुआ दीपक; 10. निर्बलता; 11. निस्पृहता; 12. तलाश का त्याग; 13. पुरुषोचित्त साहस के लिए साहसहीन; 14. आजीवन कारावास; 15. रक्त से सना हुआ वक्षस्थल; 16. कारावास।

(83)

ब नालः हासिले-दिलबस्तगी[1] फ़राहम[2] कर
मता'ए-ख़ाना-ए-ज़ंजीर[3], जुज़ सदा[4] मा'लूम

1. दिल गाने का सामान; 2. एकत्रित; 3. ज़ंजीर गृह की पूँजी; 4. आवाज़ के अतिरिक्त।

(84)

मुझ को दयारे-ग़ैर[1] में मारा, वतन से दूर
रख ली मिरे खुदा ने मिरी बेकसी[2] की शर्म

वह हल्का-हाए-ज़ुल्फ़[3] कमीं[4] में हैं ऐ खुदा!
रख लीजो मेरे दा'वा-ए-वारस्तगी[5] की शर्म

1. पराए घर अर्थात् परदेस; 2. विकलता; 3. बालों के छल्ले, (घूँघर); 4. घात; 5. स्वतंत्र होने का दावा।

(85)

लूँ दाम[1] बख़्ते-खुफ़्ता[2] से यक ख़्वाबे-खुश[3] वले
'ग़ालिब' ये ख़ौफ़ है कि कहां से अदा करूं

1. उधार; 2. सोया हुआ भाग्य; 3. शुभस्वप्न।

(86)

वो फ़िराक़[1] और वो विसाल[2] कहां
वो शबो-रोज़ो-माहो-साल[3] कहां

फ़ुर्सते-कारोबारे-शौक़[4] किसे
ज़ौक़े-नज़्ज़ारा-ए-जमाल[5] कहां

दिल तो दिल वो दिमाग़ भी न रहा
शोरे-सौदा-ए-ख़त्तो-ख़ाल[6] कहां

थी वो इक शख़्श के तसव्वुर[7] से
अब वो रा'नाई-ए-ख़याल[8] कहां

ऐसा[9] आसां नहीं लहू रोना
दिल में ताक़त जिगर में हाल[10] कहां

हम से छूटा क़िमारख़ाना-ए-इश्क़[11]
वां जो जावें गिरह में माल कहां

फ़िक्रे-दुनिया[12] में सर खपाता हूं
मैं कहां और ये वबाल कहां

मुज़महिल[13] हो गए क़वा[14] 'ग़ालिब'
वो अनासिर[15] में ए'तिदाल[16] कहां

---

1. विरह; 2. मिलन; 3. रात और दिन और महीने और साल; 4. प्रेम-पूर्ण कार्यों के लिए अवकाश; 5. सौंदर्य का तमाशा देखने का आनंद; 6. रूप के उन्माद की धूमधाम; 7. अनुध्यान; 8. कल्पना का सौंदर्य; 9. इस तरह; 10. उन्मत्तता, आनंदाधिक्य से होने वाली आत्मविस्मृति; 11. प्रेम का जुआघर; 12. संसार की चिंता; 13. शिथिल 14. शक्ति का बहुवचन; 15. पंचभूत 16. संतुलन।

(87)

की वफ़ा हम से तो ग़ैर उसको जफ़ा[1] कहते हैं
होती आई है कि अच्छों को बुरा कहते हैं

आज हम अपनी परीशानी-ए-ख़ातिर[2] उनसे
कहने जाते तो हैं पर देखिए क्या कहते हैं

अगले वक़्तों के हैं ये लोग इन्हें कुछ न कहो
जो मयो-नग़्मा[3] को अन्दोहरुबा[4] कहते हैं

दिल में आ जाए है होती है जो फ़ुर्सत ग़श[5] से
और फिर कौन से नाले को रसा[6] कहते हैं

है परे सरहदे-इद्राक[7] से अपना मस्जूद[8]
क़िब्ले[9] को अहले-नज़र[10] क़िब्लानुमा[11] कहते हैं

पा-ए-अफ़्गार[12] पे जब से तुझे रहम आया है
ख़ारे-रह[13] को तिरे हम मेह्र-गिया[14] कहते हैं

इक शरर[15] दिल में है उससे कोई घबराएगा क्या
आग मतलूब[16] है हम को, जो हवा कहते हैं

देखिए लाती है उस शोख़ की नख़्वत[17] क्या रंग
उसकी हर बात पे हम नामे-ख़ुदा कहते हैं

'वहशतो-शेफ्ता'[18] अब मरसिया[19] कहवें शायद
'मर गया ग़ालिबे-आशुफ़्तानावा[20] कहते हैं।

---

1. अन्याय; 2. मन की व्यथा; 3. मदिरा एवं संगीत; 4. दुख दूर करने वाला; 5. मूर्च्छित होना; 6. असर करने वाला; 7. ज्ञान की सीमा; 8. जिसको सज्दा किया जाए; 9. कावा—जो मुसलमानों के विश्वास में ईश्वर का घर है; 10. पारखी; 11. दिग्दर्शक यन्त्र; 12. घायल पांव; 13. पथ का कांटा; 14. एक प्रकार की घास; 15. चिंगारी; 16. अभीष्ट; 17. अभिमान; 18. ग़ालिब के समकालीन कवि—गुलाम अली खां 'वहशत' एवं नवाब मुस्तफ़ा खां 'शेफ़्ता'; 19. शोक गीत; 20. मिथ्यावादी ग़ालिब।

(88)

आबरु[1] क्या ख़ाक उस गुल की कि गुलशन में नहीं
है गिरेबां नंगे-पैराहन[2], जो दामन[3] में नहीं

ज़ो'फ़[4] से ऐ गिरिया[5], कुछ बाक़ी मिरे तन में नहीं
रंग हो कर उड़ गया, जो ख़ूं कि दामन में नहीं

हो गए हैं जमअ अज्ज़ा-ए-निगाहे-आफ़ताब[6]
ज़र्रे उस के घर की दीवारों के रौज़न[7] में नहीं

क्या कहूं तारीकी-ए-ज़िंदाने-ग़म[8] अंधेर है
पम्बा[9] नूरे-सुब्ह[10] से कम, जिसके रोज़न में नहीं

रौनक़े-हस्ती[11] है इश्क़े-ख़ाना वीरां साज़[12] से
अंजुमन[13] बे शम्अ है गर बर्क़[14] ख़िरमन[15] में नहीं

ज़ख़्म सिलवाने से मुझ पर चारा जूई[16] का है ता'न[17]
ग़ैर समझा है कि लज़्ज़त[18] ज़ख़्मे-सोज़न[19] में नहीं

बस कि हैं हम इक बहारे-नाज़[20] के मारे हुए
जल्वा-ए-गुल[21] के सिवा गर्द अपने मदफ़न[22] में नहीं

---

1. प्रतिष्ठा; 2. वस्त्रों को लज्जित करने वाला; 3. आंचल; 4. दुर्बलता; 5. रुदन; 6. सूर्य-दृष्टि के कण (टूटी हुई किरणें); 7. रोशनदान; 8. दुख कारागृह का अंधेरा; 9. रुई; 10. प्रभात, आलोक; 11. जीवन की शोभा; 12. घर को निर्जन, उजाड़ कर देने वाला प्रेम; 13. महफ़िल; 14. बिजली; 15. खलियान; 16. उपचार कराना; 17. कटाक्ष; 18. आनंद; 19. सूई चुभने का घाव; 20. अनन्य सुंदरी; 21. फूलों की कांति; 22. समाधि स्थल।

क़तरा-क़तरा इक हयूला[23] है नए नासूर[24] का
ख़ूं भी ज़ौक़े-दर्द[25] से फ़ारिग़[26] मिरे तन में नहीं

ले गई साक़ी की नख़्वत क़ुल्ज़ुमआशामी[27] मिरी
मौजे-मय की आज रग मीना[25] की गर्दन में नहीं

हो फ़िशारे-ज़ो'फ़[29] में क्या नातवानी[30] की नुमूद![31]
क़द के झुकने की भी गुंजाइश मिरे तन में नहीं

थी वतन में शान क्या 'ग़ालिब' कि हो गुर्बत[32] में क़द्र[33]
बे तकल्लुफ़[34] हूं वो मुश्ते-ख़स[35] कि गुलख़न[36] में नहीं

23. मूल पदार्थ; 24. एक प्रकार का घाव जो सदैव रिसता रहता है और कभी अच्छा नहीं होता; 25. वेदना का आनंद; 26. निवृत्त; 27. अत्यधिक मदिरापान; 28. मदिरा पात्र; 29. दुर्बलता का दबाव; 30. अशक्ति, शक्तिहीनता; 31. प्रकटन; 32. परदेस; 33. सम्मान; 34. निस्संकोच; 35. मुट्ठीभर घास; 36. आग की भट्ठी।

(89)

ओहदे[1] से मद्हे-नाज़[2] के बाहर न आ सका
गर इक आद हो तो उसे अपनी क़ज़ा[3] कहूं

हल्क़े[4] हैं चश्म-हाए-कुशादा[5] ब सू-ए-दिल[6]
हर तारे-ज़ुल्फ़[7] को निगहे सुरमा सा[8] कहूं

मैं और सद हज़ार[9] नवा-ए-जिगरख़राश[10]
तू और एक वो नूशनीदन[11] कि क्या कहूं

ज़ालिम मिरे गुमां[12] से मुझे मुन्फ़इ'लन चाह[13]
हय हय![14] ख़ुदा नकर्दा[15], तुझे बेवफ़ा[16] कहूं

---

1. पद; 2. रूप के गर्व, सौंदर्य की प्रशंसा; 3. मृत्यु; 4. घेरे; 5. खुली हुई आंखें; 6. दिल की तरफ; 7. एक-एक बाल; 8. सुरमे से भरी-संवरी दृष्टि; 9. सौ-हज़ार अनगिनत; 10. जिगर भेदी स्वर; 11. न सुनना; 12. भ्रम; 13. लज्जित मत कर; 14. अफ़सोस की अभिव्यक्ति में बोले जाने वाले शब्द; 15. ईश्वर न करे; 16. प्रेम-प्रतिज्ञा न निबाहने वाला।

(90)

मेहरबां हो के बुला लो मुझे चाहो जिस वक़्त
मैं गया वक्त नहीं हूं कि फिर आ भी न सकूं

ज़ो'फ़[1] में ता'ना-ए-अग़यार[2] का शिकवा[3] क्या है
बात कोई सर तो नहीं है कि उठा भी न सकूं

ज़हर मिलता ही नहीं मुझ को, सितमगर! वर्ना
क्या क़सम है तिरे मिलने की कि खा भी न सकूं

1. दुर्बलता; 2. ग़ैर का बहुवचन अग़यार = शत्रुओं का ताना; 3. शिकायत, उलाहना।

(91)

हम से खुल जाओ बवक़्ते-मय-परस्ती[1] एक दिन
वर्ना हम छेड़ेंगे, रख कर उज़्रे-मस्ती[2] एक दिन

ग़र्रा-ए-ओजे-बिना-ए-आलमे-इम्कां[3] न हो
इस बलन्दी[4] के नसीबों में है पस्ती[5] एक दिन

क़र्ज़ की पीते थे मय, लेकिन समझते थे कि हां
रंग लावेगी हमारी फ़ाक़ा-मस्ती[6] एक दिन

नग्मा-हाए-ग़म[7] को भी ऐ दिल! ग़नीमत[8] जानिये
बेसदा[9] हो जाएगा ये साज़े-हस्ती[10] एक दिन

धौल-धप्पा उस सरापा नाज़[11] का शेवा[12] नहीं
हम ही कर बैठे थे 'ग़ालिब' पेश-दस्ती[13] एक दिन

---

1. मद्यपान के समय; 2. मस्ती के बहाने, पर्दे में; 3. यह गर्व कि सम्भावना संसार अत्यन्त महान है; 4. उत्थान; 5. पतन; 6. दरिद्रता में भी आनंदित; 7. दुख के गीतों; 8. काफ़ी; 9. स्वर विहीन; 10. अस्तित्व या जीवन-वाद्य; 11. सर से पांव तक गर्व, गर्व का मूर्त रूप; 12. स्वभावगत व्यवहार; 13. पहल करना।

(92)

हम पर जफ़ा[1] से, तर्के-वफ़ा[2] का गुमां[3] नहीं
इक छेड़ है, वगरना[4] मुराद[5] इम्तिहां[6] नहीं

किस मुंह से शुक्र कीजिए इस लुत्फ़े-ख़ास[7] का
पुरसिश[8] है और पा-ए-सुख़न[9] दर्म्यिा[10] नहीं

हम को सितम[11] अज़ीज[12], सितमगर को हम अज़ीज़
नामहरबां नहीं है, अगर महरबां नहीं

बोसा[13] नहीं, न दीजिए, दुश्नाम[14] ही सही
आख़िर ज़बां तो रखते हो तुम, गर दहां[15] नहीं

हरचन्द[16] जांगुदाज़ी-ए-क़हरो-इताब[17] है
हरचन्द पश्त गर्मी-ए-ताबो-तवां[18] नहीं

जां[19] मुतरिबे-तराना-ए-हल मिन मज़ीद[20] है
लब[21], पर्दासंजे-ज़मज़मा-ए-अलअमां[22] नहीं

ख़ंजर से चीर सीना, अगर दिल न हो दुनीम[23]
दिल में छुरी चुभो, मिज़ा[24] गर ख़ूं-चकां[25] नहीं

---

1. निर्ममता, अत्याचार; 2. प्रेम निर्वाह का परित्याग; 3. संदेह; 4. अन्यथा; 5. आशय; 6. जाँच, परख; 7. विशेष कृपा या अद्‌भुत आनंद; 8. कुशलक्षेम पूछना; 9. वार्त्ता के पद; 10. बीच में; 11. अत्याचार; 12. प्रिय; 13. चुम्बन; 14. गाली; 15. मुंह; 16. यद्यपि; 17. जान जलाने वाला रोष एवं प्रकोप; 18. आश्वासन, संतोष का सहारा; 19. प्राण; 20. 'कुछ और भी हो तो लाओ' (क़ुर्आन का एक जुम्ला) गाने वाला; 21. होंठ; 22. त्राहिमाम के गीत को गाने वाला; 23. आधा-आधा, दो टुकड़े; 24. पलकें; 25. रक्त टपकाने वाला।

है नंगे-सीना[26] दिल अगर आतिशकदा[27] न हो
है आरे-दिल[28], नफ़स[29] अगर आज़र फिशां[30] नहीं

नुक्सां नहीं, जुनूं[31] में बला[32] से ही घर ख़राब
सौ गज़ ज़मीं के बदले, बयाबां[33] गिरां[34] नहीं

कहते हो 'क्या लिखा है तिरी सरनविश्त[35] में?
गोया जबीं[36] पे सज्दा-ए-बुत[37] का निशां[38] नहीं

पाता हूं उस से दाद[39] कुछ अपने कलाम[40] की
रूहुल-क़ुदुस[41] अगरचे मिरा हमज़बां नहीं

जां है बहा-ए-बोसः[42] वले[43] क्यूं कहे, अभी
'ग़ालिब' को जानता है कि वह नीमजां[44] नहीं

---

26. वक्ष के लिए लज्जा; 27. अग्निशाला; 28. हृदय के लिए लज्जा; 29. श्वास; 30. अग्नि बरसाने वाला; 31. उन्माद; 32. विपत्ति; 33. जंगल; 34. महंगा, मूल्यवान; 35. भाग्य लेख; 36. ललाट' 37. मूर्ति, प्रेमिका को झुककर प्रणाम करना; 38. चिह्न; 39. प्रशंसा; 40. रचना, काव्य; 41. जिब्रील, एक देवदूत का नाम, जो ईश्वरीय संदेश लाता है; 42. चुम्बन का मूल्य; 43. लेकिन, किंतु; 44. अर्धमृत।

(93)

मानअे - दश्तनवर्दी[1] कोई तदबीर[2] नहीं
एक चक्कर है, मिरे पांव में ज़ंजीर नहीं

शौक़[3] उस दश्त[4] में दौड़ाए है मुझको कि जहां
जादा[5] ग़ैर अज़ निगहे दीदा-ए-तस्वीर[6] नहीं

हसरते-लज़्ज़ते-आज़ार[7] रही जाती है
जादा-ए-राहे-वफ़ा[8] जुज-दमे-शमशीर[9] नहीं

रंजे-नौमीदी-ए-जावेद[10]! गवारा[11] रहियो!
खुश हूं गर नाला[12] ज़बूनी कशे-तासीर[13] नहीं

सर खुजाता है, जहां ज़ख़्मे-सर[14] अच्छा हो जाए
लज़्ज़ते-संग[15] बअंदाजा-ए-तक़रीर[16] नहीं

जब करम[17] रुख़्सते-बेबाकी-ओ-गुस्ताख़ी[18] दे
कोई तक़सीर[19] बजुज़ ख़जलते-तक़सीर[20] नहीं

'ग़ालिब'! अपना ये अक़ीदा[21] है, बक़ौले-'नासिख़'[22]
''आप बे-बहरा[23] है, जो मो'तक़िदे मीर[24] नहीं''

---

1. जंगल में भटकने से रोकने वाली; 2. उपाय; 3. रुचि; 4. जंगल; 5. रास्ता; 6. चित्रांकित दृश्य जो दृष्टि में है, उससे अलग; 7. दुख से आनंदित होने की इच्छा; 8. प्रेम निबाहने का मार्ग; 9. तलवार की धार के सिवा; 10. सनातन निराशा का दुख; 11. स्वीकार्य; 12. आर्त्तनाद; 13. प्रभाव के आभार का अहसान उठाना; 14. सर का घाव; 15. पत्थर से चोट खाने का आनंद; 16. वर्णनातीत; 17. कृपा; 18. निर्णय व उद्यत होने की आज्ञा; 19. अपराध; 20. किए पर लज्जित होने के सिवा; 21. आस्था; 22. 'नासिख़' (लखनऊ के सुप्रसिद्ध कवि) के कथनानुसार; 23. मूर्ख, अरसिक—यह पंक्ति 'नासिख़' ही की है। 24. 'मीर' (उर्दू के प्रसिद्ध कवि) का अनुयायी या श्रद्धा रखने वाला।

(94)

मत मर्दुमके-ए-दीदा[1] में समझो ये निगाहें
हैं जमअ[2] सुवैदा-ए-दिले-चश्म[3] में आहें

---

1. आंखों की पुतली; 2. एकत्रित; 3. दिल और आंख का दाग़।

(95)

बरशकाले-गिरिया-ए-आशिक़[1] है देखा चाहिए
खिल गई मानिन्दे-गुल[2] सौ जा[3] से दीवारे-चमन[4]

उल्फ़ते-गुल[5] से ग़लत है दा'वा-ए-वारस्तगी[6]
सर्व[7] है बावस्फ़े-आज़ादी[8] गिरफ़्तारे-चमन[9]

---

1. आसक्त के रुदन का वर्षाकाल; 2. फूल की तरह; 3. स्थान; 4. उद्यान की दीवार; 5. फूल के प्रेम; 6. स्वतंत्र होने का दावा; 7. एक वृक्ष का नाम जो हमेशा हरा रहता है। जिस पर पतझड़ नहीं आता; 8. स्वतंत्रता के बावजूद; 9. उपवन का बंदी।

(96)

इश्क़ तासीर[1] से नौमेद[2] नहीं
जां सिपारी[3] शजरे-बेद[4] नहीं

सल्तनत[5] दसत-ब-दस्त[6] आई है
जामे-मै[7], ख़ातमे-जमशेद[8] नहीं

है तजल्ली[9] तिरी सामाने-वुजूद[10]
ज़र्रा[11] बे परतवे-खुर्शेद[12] नहीं

राज़े-माशूक़[13] न रुस्वा[14] हो जाए
वर्ना मर जाने में कुछ भेद नहीं

गर्दिशे-रंगे-तरब[15] से डर है
ग़मे-महरूमी-ए-जावेद[16] नहीं

कहते हैं, 'जीते हैं उम्मीद पे लोग'
हम की जीने की भी उम्मीद[17] नहीं

---

1. प्रभाव; 2. निराश; 3. प्राण न्यौछावर करना; 4. बेंत का वृक्ष अर्थात् निष्फल; 5. सत्ता; 6. हाथों-हाथ; 7. मदिरा का गिलास, पात्र; 8. बादशाह जमशेद की अंगूठी; 9. प्रकाश; 10. अस्तित्व की सामग्री, उपयोगी; 11. कण; 12. सूर्य के आलोक के बिना; 13. प्रेमिका का भेद; 14. बदनाम; 15. हर्ष की अवस्था के चक्कर; 16. सनातन असफलता या दुर्भाग्य का दुख; 17. उम्मीद।

(97)

जहां तेरा नक़्शे-क़दम[1] देखते हैं
ख़ियाबां ख़ियाबां[2] इरम[3] देखते हैं

दिल आशुफ़्तगां[4] ख़ाले-कुंजे-दहन[5] के
सुवैदा[6] में सैरे-अदम[7] देखते हैं

तिरे सर्वे-क़ामत[8] से इक क़द्दे-आदम[9]
क़यामत के फ़ित्न[10] को कम देखते हैं

तमाशा कि ऐ मह्वे-आईनादारी[11]
तुझे किस तमन्ना से हम देखते हैं

सुराग़े-तफ़े-नाला[12] ले दाग़े-दिल से
कि शब-रौ[13] का नक़्शे-क़दम देखते हैं

बना कर फ़क़ीरों का हम भेस 'ग़ालिब'
तमाशा-ए-अहले-करम[14] देखते हैं

---

1. पदचिह्न; 2. उपवन-उपवन; 3. स्वर्ग, वह कृत्रिम स्वर्ग जो बादशाह शद्दाद ने बनाया; 4. आसक्त हृदय वाला; 5. अधरों के किनारे पर स्थित तिल; 6. काला तिल, दाग़; 7. परलोक, जहां मनुष्य मरकर जाता है, का तमाशा; 8. सर्व वृक्ष के आकार जैसा; 9. आदमी के क़द जितना; 10. उपद्रव; 11. आत्मशृंगार में रत; 12. आर्त्तनाद के धिक्कार की तलाश; 13. रात का राही; 14. कृपालुओं की दया की अद्भुतता, आनंद।

(98)

मिलती है ख़ू-ए-यार[1] से नार[2], इल्तहाब[3] में
काफ़िर[4] हूं, गर न मिलती हो राहत अज़ाब[5] में

कब से हूं, क्या बताऊं, जहाने-ख़राब[6] में
शब-हाए-हिज्र[7] को भी रखूं गर हिसाब में

ता[8] फिर न इन्तिज़ार में नींद आए उम्र भर
आने की अहद[9] कर गए, आए जो ख़्वाब में

क़ासिद[10] के आते-आते, ख़त इक और लिख रखूं
मैं जानता हूं, जो वो लिखेंगे जवाब में

मुझ तक कब उनकी बज़्म[11] में आता था दौरे-जाम?
साक़ी ने कुछ मिला न दिया हो शराब में!

जो मुन्कि-वफ़ा[12] हो, फ़रेब उस पे क्या चले
क्यूं बदगुमां[13] हूं दोस्त से दुश्मन के बाब[14] में

मैं मुज़्तरिब[15] हूं वस्ल में ख़ौफ़े-रक़ीब[16] से
डाला है तुमको वह्म ने किस पेचो-ताब[17] में?

---

1. मित्र, प्रेमपात्र का स्वभाव; 2. नर्क; 3. ज्वाला, धधक; 4. ईश्वर की कृपा पर कृतज्ञता प्रकट न करने वाला; 5. यमयातना; 6. दुखी संसार; 7. बिछोह की रातें; 8. ताकि; 9. वचन; 10. पत्रवाहक; 11. सभा महफ़िल; 12. प्रेम निवाह न करने वाला; 13. संदेहकर्त्ता; 14. संबंध; 15. व्याकुल; 16. प्रतिद्वंद्वी का भय; 17. मनसंताप।

मैं और हज़्ज़े-वस्ल[18], ख़ुदा साज़[19] बात है!
जां[20] नज़[21] देनी भूल गया, इज़्तिराब[22] में

है तेवरी चढ़ी हुई अंदर नक़ाब के
है इक शिकन[23] पड़ी हुई तर्फ़े-नक़ाब[24] में

लाखों लगाव, एक चुराना, निगाह का
लाखों बनाव, एक बिगड़ना इताब[25] में

वो नाला[26], दिल में ख़स[27] के बराबर जगह न पाए
जिस नाले से शिगाफ़[28] पड़े आफ़ताब में

वो सहर[29] मुद्दआ तलबी[30] में न काम आए!
जिस सहर से सफ़ीना[31] रवां हो सराव[32] में

'ग़ालिब' छुटी शराब पर अब भी कभी-कभी
पीता हूं रोजे-अब्रो-शबे माहताब[33] में

18. प्रिय से मिलन का हर्ष; 19. ईश्वर प्रदत्त; 20. प्राण; 21. भेंट; 22. आतुरता; 23. सिलवट; 24. घूंघट का किनारा; 25. क्रोध; 26. आर्त्तनाद; 27. तिनका; 28. दरार; 29. जादू; 30. उद्देश्य की प्राप्ति; 31. नौका; 32. मृगतृष्णा; 33. बादलों से घिरे दिन और चांदनी रात।

(99)

कल के लिए, कर आज न ख़िस्सत[1] शराब में
ये सू-ए-ज़न[2] है साक़ी-ए-कौसर[3] के बाब[4] में

हैं आज क्यूं ज़लील[5]? कि कल तक न थी पसंद
गुस्ताख़ी-ए-फ़रिश्ता[6] हमारी जनाब[7] में

जां क्यूं निकलने लगती है तन से दमे-समाअ[8]
गर वो सदा[9] समाई है चंगो-रबाब[10] में

रौ[11] में है रख़्शे-उम्र[12], कहां देखिए थमे
ने हाथ बाग[13] पर है, न पा है रकाब में

उतना ही मुझको अपनी हक़ीक़त से बो'द[14] है
जितना कि वहमे-ग़ैर[15] से हूं पेचो-ताब[16] में

अस्ले-शहूदो-शाहिदो-मशहूद[17] एक है
हैरा[18] हूं फिर मुशाहिदा[19] है किस हिसाब में

---

1. कंजूसी; 2. दुर्भावना; 3. हज़रत मुहम्मद की तरफ़ संकेत, कौसर = स्वर्ग में बहने वाली नदी, का जल (शराब) पिलाने वाला; 4. संबंध; 5. अपमानित; 6. देवदूतों की अशिष्टता–स्वर्ग की मिट्टी से निर्मित आदम के सामने फ़रिश्तों की दण्डवत की आज्ञा दी गई लेकिन इब्लीस नामक फ़रिश्ते ने यह स्वीकार नहीं किया जिसके कारण उसे स्वर्ग से निकाल दिया गया। इसी को शैतान कहा जाता है। 7. सम्मान में, ड्योढ़ी पर; 8. संगीत की सभा में गायन सुनते समय; 9. आवाज़; 10. दो वाद्यों के नाम, चंग और रबाब; 11. गति, प्रवाह, भागने; 12. आयु रूपी अश्व; 13. लगाम; 14. दूरी; 15. अन्य के भ्रम; 16. व्याकुल होना, कुढ़ना; 17. दृश्य, दृष्टा तथा विषय–जिसे देखा जाए की वास्तविकता; 18. चकित, दुखी, चिंतित; 19. अवलोकन, अनुभूति।

है मुश्तमिल[20] नुमूदे-सुवर[21] पर वुजूदे-बहर[22]
यां क्या धरा है क़तरा-ओ-मौजो-हुबाब[23] में

शर्म इक अदा-ए-नाज़[24] है, अपने ही से सही
हैं कितने बेहिजाब[25] कि हैं यूं हिजाब[26] में

आराइशे-जमाल[27] से फ़ारिग़[28] नहीं हनोज़[29]
पेशे-नज़र[30] है आईना दाइम[31] नक़ाब में

है ग़ैबे-ग़ैब[32], जिस को समझते हैं हम शहूद[33]
हैं ख़्वाब में हनोज़, जो जागे हैं ख़्वाब में

'ग़ालिब' नदीमे-दोस्त[34] से आती है बू-ए-दोस्त[35]
मशगूले-हक़[36] हूं, बंदगी-ए-बूतुराब में[37]

20. सम्मिलित; 21. रूप का प्राकट्य; 22. समुद्र का अस्तित्व; 23. बूंद, लहर और बुलबुला; 24. सौंदर्य के अभिमान स्वरूप हाव-भाव; 25. बिना पर्दे के; 26. पर्दा; 27. सौंदर्य सज्जा; 28. निवृत्त; 29. अभी तक; 30. दृष्टि के सामने; 31. सदैव; 32. परोक्ष का परोक्ष; 33. उपस्थित; 34. मित्र के मित्र; 35. प्रियतम की सुगंध; 36. ईश्वरोपासना में रत; 37. हज़रत अली की वंदना।

(100)

हैरां हूं दिल को रोऊं कि पीटूं जिगर को मैं
मक़्दूर[1] हो, तो साथ रखूं नोहागर[2] को मैं

छोड़ा न रश्क[3] ने कि तिरे घर का नाम लूं
हर इक से पूछता हूं कि 'जाऊं किधर को मैं?'

जाना पड़ा रक़ीब के दर पर हज़ार बार
ऐ काश! जानता न तिरे रहगुज़र[4] को मैं

है क्या जो कस के बांधिए? मेरी बला डरे
क्या जानता नहीं हूं तुम्हारी कमर को मैं!

लो, वो भी कहते हैं कि 'ये बेनंगो-नाम है'[5]
ये जानता अगर, तो लुटाता न घर को मैं

चलता हूं थोड़ी दूर हर इक तेज़रौ[6] के साथ
पहचानता नहीं हूं अभी राहबर[7] को मैं

ख्वाहिश[8] को, अहमक़ों[9] ने परस्तिश[10] दिया क़रार
पूजता हूं उस बुते-बेदाद गर[11] को मैं

---

1. समर्थता; 2. शोक करने वाला; 3. ईर्ष्याः 4. पथ, राह; 5. तिरस्कृत; 6. तीव्र गति से चलने वाला; 7. पथप्रदर्शक; 8. इच्छा; 9. मूर्खों; 10. पूजा; 11. अत्याचार करने वाली प्रेयसी;

फिर बेखुदी[12] में भूल गया राहे-कू-ए-यार[13]
जाता वगरना एक दिन अपनी ख़बर को मैं

अपने पे कर रहा हूं क़यास[14] अहले-दहर[15] का
समझा हूं दिलपज़ीर[16] मता-'ए-हुनर[17] को मैं

'ग़ालिब' खुदा करे कि सवारे-समन्दे-नाज़[18]
देखूं अली बहादुरे-अली गुहर[19] को मैं

---

12. आत्मविस्तृति; 13. प्रेमिका के घर का रास्ता; 14. अनुमान; 15. दुनियावालों; 16. मन को लुभाने वाला; 17. कला की सम्पत्ति; 18. रूप, गर्व के अश्व पर आरूढ़; 19. ग़ालिब के एक सम्पन्न पूर्वज का नाम।

(101)

ज़िक्र[1] मेरा, ब बदी[2] भी, उसे मंजूर नहीं
ग़ैर की बात बिगड़ जाए तो कुछ दूर नहीं

वादा-ए-सैरे-गुलिस्तां[3] है, खुशा[4] तालअे-शौक़[5]
मुज़्दा-ए-क़त्ल[6] मुक़द्दर[7] है, जो मज़्कूर[8] नहीं

शाहिदे-हस्ती-ए-मुतलक़[9] की कमर है आलम[10]
लोग कहते हैं कि 'है' पर हमें मंजूर नहीं

क़तरा अपना भी हक़ीक़त में है दरिया, लेकिन
हम को तक़लीदे-तुनक-ज़र्फी-ए-मंसूर[11] नहीं

हरसत[12] ऐ ज़ौके-ख़राबी[13] कि वो ताक़त न रही
इश्क़े-पुरअर्बदा[14] की गों[15] तने-रंजूर[16] नहीं

मैं जो कहता हूं कि 'हम लेंगे क़यामत में तुम्हें'
किस रऊ'नत[17] से वो कहते हैं कि 'हम हूर[18] नहीं'

जुल्म कर जुल्म, अगर लुत्फ़[19] दरेग़ आता[20] हो
तू तग़ाफुल[21] में किसी रंग से मा'ज़ूर[22] नहीं

---

1. चर्चा; 2. बुराई के साथ; 3. उपवन के भ्रमण का बचन; 4. वाह-वाह; 5. रुचि का भाग्य; 6. क़त्ल की शुभसूचना; 7. भाग्य; 8. वर्णित; 9. ब्रह्म; 10. विश्व; 11. मंसूर के ओछेपन का अनुकरण, 'जिसे मैं ब्रह्म हूं' कहने पर सूली चढ़ा दिया गया; 12. वह अभिलाषा जो पूरी न हो; 13. बर्बाद होने की इच्छा; 14. लड़ाकू प्रेम; 15. योग्य; 16. दुखी शरीर; 17. अहंकार; 18. अप्सरा; 19. आनन्द; 20. अफसोस आना; 21. उपेक्षा; 22. विवश;

साफ़ दुर्दी कशे-पैमाना-ए-जम[23] हैं हम लोग
वाए वो बादा[24] कि अफ़ज़ुर्दा-ए-अंगूर[25] नहीं

हूं ज़हूरी[26] के मुक़ाबिल मैं ख़फ़ाई[27] 'ग़ालिब'
मेरे दा'वे पे ये हुज्जत[28] है कि मशहूर नहीं

---

23. ईरान के राजा जमशेद के मदिरापात्र की पैंदे तक पी जाने वाले; 24. उस मदिरा पर लानत; 25. अंगूर का सत्व; 26. एक प्रसिद्ध शाइर; 27. गुमनाम, छुपा हुआ, 28. वाद-विवाद, तर्क।

(102)

नाला[1], जुज़[2] हुस्ने-तलब[3], ऐ सितम-ईजाद[4] नहीं
है तक़ाज़ा-ए-जफ़ा[5], शिकवा-ए-बेदाद[6] नहीं

इश्क़ो-मज़दूरी-ए-इश्रतगहे ख़ुशरो[7], क्या ख़ूब
हम को तस्लीम[8] निकूनामि-ए-फ़रहाद[9] नहीं

कम नहीं वो भी ख़राबी में, पे वुस्अत[10] मा'लूम
दश्त[11] में है मुझे वो ऐश कि घर याद नहीं

अहले-बीनश[12] को, है तूफ़ाने-हवादिस[13], मकतब[14]
लत्मा-ए-मौज[15], कम अज़ सैली-ए-उस्ताद[16] नहीं

वाए-महरूमी-ए-तस्लीमो[17] बदा हाले-वफ़ा[18]
जानता है कि हमें ताक़ते-फ़रियाद नहीं

रंगे-तम्कीने-गुलो-लाला[19] परीशां क्यूं है?
गर चराग़ाने-सरे-रहगुज़रे-बाद[20] नहीं

सबदे-गुल[21] के तले बंद करे है गुलचीं[22]
मुज़दा[23] ऐ मुर्ग़![24] कि गुलज़ार में सय्याद[25] नहीं

---

1. आर्त्तनाद; 2. अतिरिक्त; 3. मांगने का अच्छा ढंग; 4. अत्याचारी; 5. अत्याचार की मांग; 6. अत्याचार की शिकायत; 7. खुसरो का विलासगृह; 8. स्वीकार; 9. फ़रहाद, जो ईरान के राजा खुसरो के महल में मजदूर था, की नेकनामी; 10. विस्तार; 11. जंगल; 12. आंख वाला, बुद्धिमान; 13. विपत्तियों का आधिक्य; 14. पाठशाला; 15. लहरों का थपेड़ा; 16. शिक्षक के तमाचे से कम; 17. स्वीकृति का अभाव; 18. प्रेम विवाह की दुर्गति; 19. फूलों के अभिमान, शक्ति का रंग; 20. हवा की राह की दीपक; 21. फूलों की टोकरी; 22. फूल चुननेवाला; 23. शुभ समाचार; 24. चिड़िया 25.व्याध।

नफ़ी[26] से करती है इस्बात[27] तरावश[28], गोया
दी है जा-ए-दहन[29] उस को दमे-ईजाद[30] 'नहीं'

कम नहीं जल्वागरी में, तिरे कूचे से बहिश्त
यही नक़्शा है, वले[31] इस क़दर आबाद नहीं

करते किस मुंह से हो गुरबत[32] की शिकायत 'ग़ालिब'!
तुम को बे मेहरी-ए-याराने[33]-वतन याद नहीं

---

26. नकार; 27. सकार; 28. स्राव; 29. मुंह की जगह; 30. सृष्टि के समय; 31. लेकिन, किन्तु; 32. प्रवास; 33. देश के मित्रों की कृतज्ञता।

(103)

दोनों जहान दे के वो समझे : ये ख़ुश रहा
यां आ पड़ी ये शर्म कि तकरार[1] क्या करें

थक-थक के, हर मक़ाम[2] पे दो-चार रह गए
तेरा पता न पाएं, तो नाचार[3] क्या करें

क्या शम्अ के नहीं है हवा-ख़्वाह[4] अहले-बज़्म[5]
हो ग़म ही जां-गुदाज़[6] तो ग़मख़्वार[7] क्या करें

---

1. झगड़ा बहस; 2. स्थान; 3. लाचार; 4. हमदर्द, मित्र; 5. सभा में बैठने वाले; 6. प्राण लेने वाला; 7. हमदर्द।

(104)

हो गई है ग़ैर की शीरीं-बयानी[1] कारगर[2]
इश्क़ का, उस को गुमां[3], हम बेज़बानों पर नहीं

1. मृदुभाषिता; 2. प्रभावकर; 3. शंका।

(105)

क़यामत है कि सुन लैला का दश्ते-क़ैस[1] में आना
तअज्जुब से वो बोला यूं भी होता है ज़माने में

दिले-नाज़ुक पे उसके रहम आता है मुझे 'ग़ालिब'
न कर सर गर्म उस काफ़िर को उल्फ़त[2] आज़माने में

---

1. मजनूं का जंगल; 2. प्रेम।

(106)

दिल लगाकर, लग गया उनको भी तन्हा बैठना
बारे[1], अपनी बेकसी[2] की हमने पाई दाद[3], यां

है ज़वाल-आमादा[4], अज्ज़ा[5] आफ़रीनश[6] के तमाम
मह्रे-गर्दू[7] है चराग़े-रहगुज़ारे-बाद[8]-यां

1. अंततः 2. निस्सहायता; 3. न्याय; 34. पतनोन्मुख; 5. अंश का बहुवचन; 6. संसार; 7. आकाश का सूर्य; 8. हवा की राह का दीपक।

(107)

ये हम जो हिज्र[1] में दीवरो-दर को देखते हैं
कभी सबा[2] को, कभी नामाबर[3] को देखते हैं

वो आए घर में हमारे, खुदा की क़ुदरत है
कभी हम उन को, कभी अपने घर को देखते हैं

नज़र लगे न कहीं उस के दस्तो-बाजू[4] को
ये लोग क्यूं मिरे ज़ख़्मे-जिगर को देखते हैं

तिरे जवाहरे-तरफ़े-कुलहा[5] को क्या देखें
हम ओजे-ताले-लालो-गुहर[6] को देखते हैं

1. बिछोह; 2. हवा; 3. पत्रवाहक; 4. हाथ और बांह; 5. टोपी में जड़े हुए रत्न; 6. हीरे-मोती के भाग्य की ऊंचाई।

(108)

नहीं कि मुझ को क़यामत[1] का एतिक़ाद[2] नहीं
शबे-फ़िराक़[3] से, रोज़े-जज़ा[4] ज़ियाद[5] नहीं

कोई कहे कि शबे-मह[6] में क्या बुराई है
बला से, आज अगर दिन को अब्रो-बाद[7] नहीं

जो आऊं सामने उन के, तो मरहबा[8] न कहें
जो जाऊं वां से कहीं को, तो ख़ैर बाद[9] नहीं

कभी जो याद भी आता हूं मैं, तो कहते हैं
कि आज बज़्म में कुछ फ़ित्ना-ओ-फ़साद[10] नहीं

अलावा ईद के मिलती है और दिन भी शराब
गदा-ए-कूचा-ए-मयाख़ाना[11] नामुराद नहीं

जहां में हो ग़मो-शादी[12] बहम[13], हमें क्या काम?
दिया है हम को ख़ुदा ने वो दिल के शाद[14] नहीं

तुम उनके वा'दे का ज़िक्र उनसे क्यूं करो 'ग़ालिब'
ये क्या कि तुम कहो, और वो कहें कि 'याद नहीं'

---

1. प्रलय; 2. विश्वास; 3. विरह रात्रि; 4. अंतिम न्याय का दिन; 5. ज़्यादा; 6. चांदनी रात; 7. घटाएं और हवाएं; 8. सुस्वागत; 9. विदाई पर किया जाने वाला शुभ संबोधन; 10. उपद्रव; 11. मदिरालय की गली का भिखारी; 12. दुख एवं सुख; 13. एक साथ; 14. खुश।

(109)

तेरे तौसन[1] को सबा[2] बांधते हैं
हम भी मज़्मूं[3] की हवा बांधते[4] हैं

आह का किसने असर देखा है
हम भी इक अपनी हवा बांधते हैं

तेरी फ़ुर्सत के मुक़ाबिल[5], ऐ उम्र
बर्क़[6] को पा-ब-हिना[7] बांधते हैं

क़ैदे-ए-हस्ती[8] से रिहाई मा'लूम!
अश्क को बे सरो पा[9] बांधते हैं

नश्श-ए-रंग[10] से है वाशुदे-गुल[11]
मस्त कब बंदे-क़बा[12] बांधते हैं

ग़ल्ती-हाए-मज़ामीं[13] मत पूछ
लोग नाले[14] को रसा[15] बांधते हैं

अहले-तदबीर[16] की वामांदगियां![17]
आबलों[18] पर भी हिना बांधते हैं

सादा पुर कार[19] हैं ख़ूबां[20] 'ग़ालिब'
हम से पैमाने-वफ़ा[21] बांधते हैं

---

1. घोड़ा; 2. हवा; 3. विषय; 4. धाक बांधना; 5. सम्मुख, तुलना में; 6. बिजली; 7. मेहंदी लगे पांव; 8. जीवन रूपी बंधन; 9. बिना सिर-पैर या जिसका आदि-अंत न हो; 10. रंग का नशा; 11. फूल का खिलना; 12. अंगरखे जैसे वस्त्र की डोरी; 13. विविध विषयों की भूलें, त्रुटियां; 14. आर्त्तनाद; 15. प्रभावपूर्ण, पहुंचा हुआ; 16. बुद्धिवालों; 17. थकानें; 18. छाला; 19. देखने में भोले किंतु वास्तव में चतुर; 20. प्रेयसी, ख़ूबसूरत लोग; 21. प्रेम निबाह की प्रतिज्ञा।

(110)

ज़माना सख़्त[1] कम आज़ार[2] है बजाने-'असद'[3]
वगरना हम तो तवक़्क़ो[4] ज़ियादा रखते हैं

1. अत्यधिक, प्रचण्ड; 2. कम दुःख देने वाला; 3. 'असद' के प्राणों की सौगंध; 4. उम्मीद।

(111)

दाइम[1] पड़ा हुआ तिरे दर पर नहीं हूं मैं
ख़ाक ऐसी ज़िंदगी पे कि पत्थर नहीं हूं मैं

क्यूं गर्दिशे-मुदाम[2] से घबरा न जाए दिल?
इंसान हूं, पियाला-ओ-सागर[3] नहीं हूं मैं

या रब! ज़माना मुझको मिटाता है किसलिए?
लोहे-जहां[4] पे हर्फ़े-मुकर्रर[5] नहीं हूं मैं

हद चाहिए सज़ा में अक़ूबत[6] के वास्ते
आख़िर गुनाहगार हूं काफ़र[7] नहीं हूं मैं

किस वास्ते अज़ीज़ नहीं जानते मुझे?
ला'लो-ज़मर्रुदो-ज़रो-गौहर[8] नहीं हूं मैं

रखते हो तुम क़दम मिरी आंखों से क्यूं दरीग़?[9]
रुतबे[10] में मेहरो-महा[11] से कमतर नहीं हूं मैं

करते हो मुझ को मनअ-ए-क़दमबोस[12] किसलिए?
क्या आसमान के भी बराबर नहीं हूं मैं?

'ग़ालिब'! वज़ीफ़ा-ख़्वार[13] हो, दो शाह को दुआ
वो दिन गए कि कहते थे; 'नौकर नहीं हूं मैं

---

1. शाश्वत, हमेशा; 2. नित्य परेशानी; 3. ऐसा मदिरापात्र जो सबके आगे घूमता है, लाया जाता है; 4. संसार रूपी पृष्ठ; 5. दुहराया जाने वाला अक्षर; 6. दुख, कष्ट; 7. अकृतज्ञ, जो भगवान की कृपा को न माने; 8. लाल, पन्ना, सोना और मोती; 9. संकोच; 10. पद; 11. सूरज और चांद; 12. पैर चूमने से रोकना; 13. पेंशन भोगी, वृत्ति पाने वाला।

(112)

सब कहां! कुछ लालः[1]-ओ-गुल में नुमायां[2] हो गईं
ख़ाक में, क्या सूरतें होंगी कि पिन्हाँ[3] हो गईं

याद थीं हम को भी रंगारंग[4] बज़्म-अराइयां[5]
लेकिन अब नक़्शो-निगारे-ताक़े-निस्यां[6] हो गईं

थी बनातुन्ना'शे-गर्दूं[7] दिन को पर्दे[8] में निहां
शब को उनके जी में क्या आई कि उरयां[9] हो गईं?

क़ैद में या'क़ूब[10] ने ली, गो, न यूसुफ़ की ख़बर
लेकिन आंखें रोज़ने-दीवारे-ज़िंदां[11] हो गईं

सब रक़ीबों से हों नाखुश, पर ज़नाने-मिस्र[12] से
है जुलेख़ा खुश, कि महवे-माहे-कन्आं[13] हो गईं

जू-ए-खूं[14] आंखों से बहने दो कि है शामे-फ़िराक़[15]
मैं ये समझूंगा कि शमएं दो फ़रोज़ां[16] हो गईं

इन परीज़ादों[17] से लेंगे खुल्द[18] में हम इन्तक़ाम
क़ुदरते-हक़[19] से यही, हूरें अगर वां हो गईं

---

1. एक लाल फूल, पोस्त का फूल; 2. प्रकट; 3. विलुप्त; 4. बहुरंगी; 5. आनंद की सभा की सजावटें; 6. विस्मृति के कोने में सजे बेल-बूटे; 7. सप्तर्षि मण्डल; 8. आवरण; 9. नग्न, निरावरण; 10. एक पैगम्बर का नाम, यूसुफ़ के पिता; 11. कारागृह की दीवार का छेद; 12. मिस्र की नारियां; 13. कनूआं, यूसुफ़ का देश है, जिसके चांद अर्थात् यूसुफ़ में रत। 14. खून की नदी; 15. बिछोह की शाम; 16. प्रज्वलित; 17. अप्सराओं; 18. स्वर्ग। 19. ईश्वर की शक्ति, कृपा।

नींद उसकी है, दिमाग़ उसका है, रातें उसकी हैं
तेरी ज़ुल्फ़ें जिसके बाज़ू पर परीशां हो गईं

मैं चमन में क्या गया, गोया दबिस्ता[20] खुल गया
बुलबुलें सुन कर मिरे नाले[21] ग़ज़लख़्वां[22] हो गईं

वे निगाहें क्यूं हुई जाती हैं या रब! दिल के पार?
जो, मिरी कोताही-ए-क़िस्मत[23] से, मिज़गां[24] हो गईं

बस कि रोका मैंने, और सीने में उभरीं पै-ब-पै[25]
मेरी आहें, बख़िया-ए-चाके-गरेबां[26] हो गईं

वां गया भी मैं, तो उनकी गालियों का क्या जवाब
याद थीं जितनी दुआएं, सर्फ़े-दरबां[27] हो गईं

जां-फ़ज़ा[28] है बादा[29], जिसके हाथ में जाम आ गया
सब लकीरें हाथ की, गोया रगे-जां[30] हो गईं

हम मुवहिद[31] हैं, हमारा केश[32] है तर्के-रूसूम[33]
मिल्लतें[34] जब मिट गईं अज्ज़ा-ए-ईमां[35] हो गईं

रंज से ख़ूगर[36] हुआ इन्सां, तो मिट जाता है रंज
मुश्किलें मुझ पर पड़ीं इतनी कि आसां हो गईं

यूं ही गर रोता रहा 'ग़ालिब', तो ऐ अहले-जहां![37]
देखना इन बस्तियों को तुम कि वीरां हो गईं

---

20. पाठशला; 21. आर्त्तनाद; 22. कविता गाने वाली; 23. अल्प भाग्य; 24. पलकें; 25. बार-बार; 26. कुर्ते के गले की फट जाने पर की हुई सिलाई; 27. दरबान, द्वारपाल पर व्यय; 28. प्राणशक्ति बढ़ाने वाली; 29. मदिरा; 30. प्राणवाहिनी; 31. पूरे संसार को एक मानने वाला; 32. धर्म; 33. रीतियों का त्याग; 34. संप्रदाय; 35. आस्था, धर्म के अंश; 36. अभ्यस्त; 37. दुनिया वालो।

(113)

दीवानगी से, दोश[1] पे जुन्नार[2] भी नहीं
यानी हमारी जेब[3] में इक तार[4] भी नहीं

दिल को नियाज़े-हसरते-दीदार[5] कर चुके
देखा, तो हम में ताक़ते-दीदार[6] भी नहीं

मिलना तिरा अगर नहीं आसां, तो सह्ल है
दुश्वार तो यही है कि दुश्वार भी नहीं

बेइश्क़ उम्र कट नहीं सकती है, और यां
ताक़त बक़द्रे-लज़्ज़ते-आज़ार[7] भी नहीं

शोरीदगी[8] के हाथ से, है सर वबाले-दोश[9]
सह्रा में ऐ ख़ुदा! कोई दीवार भी नहीं

गुंजाइशे-अदावते-अग़्यार[10] यक-तरफ़
यां दिल में, ज़ो'फ से, हवसे-यार[11] भी नहीं

डर नाला-हाए-ज़ार[12] से मेरे, ख़ुदा को मान
आख़िर नवा-ए-मुर्ग़े-गिरफ्तार[13] भी नहीं

---

1. स्कंध, कंधा; 2. जनेऊ; 3. कुर्ते के गले; 4. धागा; 5. दर्शनाभिलाषा की भेंट; 6. दर्शन, देखने का सामर्थ्य; 7. दुखों से आनंद उठाने योग्य; 8. उन्माद; 9. कंधों के लिए दूभर; 10. परायों से वैर का सामर्थ्य; 11. प्रिय की चाहत; 12. अशक्त, दुखी का आर्त्तनाद; 13. पिंजरे में बंद पंछी की आवाज।

दिल में है यार की सफ़े-मिज़्गां[14] से रूकशी[15]
हालांकि ताक़ते-ख़लिशे-ख़ार[16] भी नहीं

इस सादगी पे कौन न मर जाए ऐ ख़ुदा!
लड़ते हैं और हाथ में तलवार भी नहीं

देखा 'असद' को ख़ल्वतो-जल्वत[17] में बारहा[18]
दीवाना गर नहीं है, तो हुशियार भी नहीं

---

14. पलकदल; 15. सामना; 16. काँटों की चुभन सहने की समर्थता; 17. एकांत और प्रकट; 18. अनेक बार।

(114)

नहीं है ज़ख़्म कोई बख़िये[1] के दरखुर[2], मिरे तन में
हुआ है तारे-अश्के-यास[3], रिश्ता[4] चश्मे-सोज़न[5] में

हुई है मानअ-ए-ज़ौक़े-तमाशा[6], ख़ाना-वीरानी[7]
कफ़े-सैलाब[8] बाक़ी है, बरंगे-पम्बा[9], रोज़न[10] में

वदीअत ख़ाना-ए-बेदादे-काविश-हाए-मिज़्गां[11] हूं
नगीने-नामे-शाहिद[12] है मिरा, हर क़तरा ख़ूं तन में

बयां किस से हो जुल्मत-गुस्तरी[13] मेरे शबिस्तानां[14] की!
शबे-मह[15] हो, जो रख दें पम्बा[16] दीवारों के रोज़न[17] में

निकोहिश[18] मानअ-ए-बेरब्ति-ए-शोरे-जुनूं[19] आई
हवा है, ख़ंदा-ए-अहबाब[20], बख़िया जेबो-दामन में

हुए उस महर-वश[21] के जल्वा-ए-तम्साल[22] के आगे
पर आफ़्शां[23] जो हर आईने में, मिस्ले-ज़र्रा[24] रोज़न में

---

1. एक प्रकार की मज़बूत सिलाई; 2. योग्य; 3. निराशा के आंसुओं का तार; 4. धागा; सूई की आंख, नाका; 6. तमाशे से रोकने वाली; 7. घर की बर्बादी; 8. जलप्लावन का झाग; 9. रुई की भांति; 10. दीवार का छेद; 11. पलकों के अत्याचार रूपी अमानती घर; 12. प्रेयसी का नामांकित नगीना; 13. अंधेरे का फैलाव; 14. रात बिताने की जगह; 15. चांदनी रात; 16. रुई; 17. छेद; 18. निंदा; 19. उन्माद के आवेग को रोकना; 20. मित्रों का अट्टहास; 21. सूर्यमुखी; 22. प्रतिबिंब; 23. उड़ना; 24. कण की तरह;

न जानूं नेक हूं या बद हूं, पर सोहबत[25] मुख़ालिफ़[26] है
जो गुल हू तो हूं गुल्ख़न[27] में, जो ख़स[28] हूं तो हूं गुलशन[29] में

हज़ारों दिल दिए जोशे-जुनूने-इश्क़ ने मुझ को
सियह[30] हो कर सुवैदा[31] हो गया हर क़तरा खूं तन में

'असद'! ज़िन्दानी-ए-तासीरे-उल्फ़त-हाए-ख़ूबां[32] हूं
ख़मे-दस्ते-नवाज़िश[33] हो गया है तौक़[34] गरदन में

---

25. संगति; 26. विपरीत; 27. आग की भट्टी में; 28. तिनका; 29. उद्यान; 30. काला; 31. दुख में होने वाला दाग़; 32. प्रिय के प्रेम के प्रभाव की बंदी; 33. प्यार से गले में पड़ा हाथ; 34. क़ैदियों के गले में पहनाया जाने वाला लोहे का कड़ा।

(115)

मज़े जहान के अपनी नज़र में ख़ाक नहीं[1]
सिवा-ए-खूने-जिगर, सो जिगर में ख़ाक नहीं

मगर[2] गुबार[3] हुए पर हवा उड़ा ले जाए
वगरना ताबो-तवां[4] बालो-पर[5] में ख़ाक नहीं

ये किस बहिश्त-शमाइल[6] की आमद[7]-आमद है?
कि ग़ैर-जल्वा-ए-गुल[8], रहगुज़र में ख़ाक नहीं

भला उसे न सही, कुछ मुझी को रहम आता
असर मिरे नफ़से-बेअसर[9] में ख़ाक नहीं

ख़याले-जल्वा-ए-गुल[10] से ख़राब हैं मयकश[11]
शराब-ख़ाना के दीवारो-दर में ख़ाक नहीं

हुआ हूं, इश्क़ की ग़ारतगरी[12] से, शर्मिन्दा
सिवाय हसरते-ता'मीर[13], घर में ख़ाक नहीं

हमारे शे'र हैं अब सिर्फ़ दिल्लगी के 'असद'!
खुला, कि फ़ायदा अर्ज़े-हुनर[14] में ख़ाक नहीं

---

1. कुछ भी नहीं; 2. शायद; 3. धूल; 4. सामर्थ्य; 5. पंख; 6. स्वर्ग के गुणों वाली, अनन्य सौन्दर्यमयी; 7. आगमन; 8. फूलों की छवि के अतिरिक्त; 9. प्रभावहीन आर्त्तनाद; 10. फूलों के बनाव-सिंगार की कल्पना; 11. शराबी; 12. लूटपाट; 13. निर्माण की अभिलाषा के अतिरिक्त; 14. कला का प्रस्तुतिकरण।

(116)

दिल ही तो है, न संगो-ख़िश्त[1], दर्द से भर न आए क्यूं?
रोएंगे हम हज़ार बार, कोई हमें सताए क्यूं

दैर[2] नहीं, हरम[3] नहीं, दर[4] नहीं, आस्तां[5] नहीं
बैठे हैं रहगुज़र पे हम, ग़ैर हमें उठाए क्यूं

जब वो जमाले-दिल-फ़रोज़[6], सूरते-मह्रे-नीम-रोज़[7]
आप ही हो नज़ारा-सोज़[8] पर्दे में मुंह छुपाए क्यूं

दश्ना-ए-ग़मज़ा[9] जानिस्तां[10], नाविके-नाज़[11] बे-पनाह[12]
तेरा ही अक्से-रुख़[13] सही, सामने तेरे आए क्यूं

क़ैदे-हयातो-बन्दे-ग़म[14], अस्ल में दोनों एक हैं
मौत से पहले, आदमी ग़म से निजात[15] पाए क्यूं?

हुस्न और उस पे हुस्ने-ज़न[16], रह गई बुल-हवस[17] की शर्म
अपने पे ए'तिमाद[18] है, ग़ैर को आज़माए क्यूं

---

1. ईंट-पत्थर; 2. मंदिर; 3. मस्जिद; 4. द्वार; 5. चौखट; 6. मन को प्रकाशित करने वाला सौंदर्य; 7. दोपहर के सूर्य की भांति; 8. दृश्य को जलाने वाला; 9. प्रिय की अदाओं का ख़ंजर; 10. जानलेवा; 11. अभिमान का तीर; 12. जिससे बचाव न हो; 13. मुख का प्रतिबिंब; 14. जीवनरूप कारावास और दुख का बंधन; 15. मुक्ति; 16. सुविचार; 17. कामुम; 18. विश्वास;

वां वो गुरूरे-इज़्ज़ो-नाज़[19], यां ये हिजाबे-पासे-वज़अ[20]
राह में हम मिलें कहां, बज़्म में वो बुलाए क्यूं

हां, वो नहीं ख़ुदापरस्त[21], जाओ, वो बेवफ़ा सही
जिसको हो दीनो-दिल[22] अज़ीज़[23], उस की गली जाए में क्यूं?

'ग़ालिबे'-ख़स्ता[24] के बग़ैर कौन से काम बंद हैं!
रोइए ज़ार-ज़ार[25] क्या? कीजिए हाए-हाए क्यूं?

19. अपनी शान का अभिमान; 20. रीति व लिहाज का पर्दा; 21. ईश्वरोपासक; 22. धर्म एवं हृदय; 23. प्रिय; 24. दुर्दशाग्रस्त ग़ालिब; 25. फूट-फूटकर रोना।

(117)

गुन्चा-ए-नाशगुफ़्ता[1] को दूर से मत दिखा कि यूं
बोसे[2] को पूछता हूं मैं, मुंह से मुझे बता कि यूं

पुरसिशे-तर्ज़े-दिलबरी[3] कीजिए क्या, कि बिन कहे
उसके हर इक इशारे से निकले है ये अदा कि यूं

रात के वक़्त मय पिये, साथ रक़ीब को लिए
आए वो यां ख़ुदा करे, पर न करे ख़ुदा कि यूं

'ग़ैर[4] से रात क्या बनी?' ये जो कहा, तो देखिए
सामने आन बैठना और ये देखना कि यूं

बज़्म में उसके रूबरू क्यूं न ख़मोश बैठिए!
उसकी तो ख़ामुशी में भी, है यही मुद्दआ[5] कि 'यूं'

मैंने कहा कि 'बज़्मे-नाज़[6] चाहिये ग़ैर से तही[7]'
सुन के सितमज़रीफ़[8] ने मुझ को उठा दिया कि यूं

मुझ से कहा जो यार ने, 'जाते हैं होश किस तरह?'
देख के मेरी बेख़ुदी[9], चलने लगी हवा कि यूं

कब मुझे कू-ए-यार[10] में रहने की वज़अ[11] याद थी!
आइनादार[12] बन गई हैरते-नक़्शे-पा[13] कि यूं

गर तिरे दिल में हो ख़याल, वस्ल[14] में शौक़[15] का ज़वाल[16]
मौज, मुहीते-आब[17] में मारे है दस्तो-पा[18] कि यूं

जो ये कहे कि 'रेख़्ता[10] क्यूं कि हो रश्के-फ़ारसी?[20]
गुफ़्तः-ए-ग़ालिब[21] एक बार पढ़ के उसे सुना कि यूं

---

1. अधखिली कली; 2. चुंबन; 3. दिल लेने की विधि पूछना; 4. प्रतिद्वंदी; 5. प्रयोजन; 6. प्रिय की सभा; 7. ख़ाली; 8. अत्याचार में भी परिहास करने वाला; 9. आत्मविस्तृति; 10. प्रिय की गली; 11. रिवाज़; 12. दर्पण दिखाने वाली; 13. पदचिह्न का आश्चर्य; 14. मिलन; 15. अभिलाषा; 16. पतन; 17. जल परिधि, सागर; 18. हाथ-पांव; 19. उर्दू; 20. फ़ारसी के लिए ईर्ष्या का कारण; 21. ग़ालिब का कहा हुआ।

(118)

हसद[1] से दिल अगर अफ़सुर्दा[2] है, गर्मे-तमाशा[3] हो
कि चश्मे-तंग[4], शायद कसरते-नज़्ज़ारा[5] से वा[6] हो

बक़द्रे-हसरते-दिल[7] चाहिए ज़ौक़े-मआसी[8] भी
भरूं यक गोशा-ए-दामन[9], गर आबे-हफ़्त दरिया[10] हो

अगर वो सर्वक़द[11] गर्मे-ख़िरामे-नाज़[12] आ जावे
कफ़े-हर ख़ाके-गुशलन[13], शक्ले क़ुमरी[14], नाला फ़र्सा[15] हो

---

1. डाह; 2. खिन्न; 3. तमाशे में रत हो; 4. संकीर्ण दृष्टि; 5. दृश्यों की विपुलता; 6. खुली; 7. मन की अभिलाषाओं के अनुरूप; 8. अपराधों की अभिरुचि; 9. आंचल का एक किनारा; 10. सात समुद्र का पानी; 11. सर्व-वृक्ष के-से आकारवाला; 12. अभिमान भरी मंद चाल में रत; 13. उद्यान की प्रत्येक मुट्ठी धूल; 14. चिड़िया की तरह; 15. आर्त्तनाद में रत;

(119)

का'बे में जा रहा, तो न दो ता'ना[1], क्या कहें
भूला हूं हक़्क़े-सुहबते-अहले 'कुनिश्त[2] को?
ताअत[3] में ता[4], रहे न मयो-अंगबीं[5] की लाग[6]
दोज़ख[7] में डाल दो कोई, लेकर बहिश्त[8] को
हों मुन्हरिफ़[9] न क्यूं रहो-रस्मे-सवाब[10] से
टेढ़ा लगा है क़त[11] क़लमे-सरनविश्त[12] को
'ग़ालिब'! कुछ अपनी स'ई[13] से लहना[14] नहीं मुझे
ख़िरमन[15] जले, अगर न मलख़[16] खाए किश्त[17] को

---

1. व्यंग्य; 2. अग्निशाला वालों की संगति का अधिकार; 3. उपासना; 4. ताकि; 5. मदिरा एवं मधु (शहद); 6. चस्का; 7. नर्क; 8. स्वर्ग; 9. विद्रोही, इनकार करने वाला; 10. पुण्यमार्ग एवं रीति; 11. पेन की काट; 12. भाग्य की लेखनी, पेन; 13. प्रयत्न; 14. लाभ; 15. भूसा निकला हुआ अन्न का ढेर; 16. टिड्डी; 17. खेती।

(120)

वारस्ता[1] उस से हैं कि मुहब्बत ही क्यूं न हो
कीजे हमारे साथ अदावत[2] ही क्यूं न हो

छोड़ा न मुझ में ज़ो'फ़[3] ने रंग इख़्तिलात[4] का
है दिल पे बार[5], नक़्शे-मुहब्बत[6] ही क्यूं न हो

है मुझ को तुझ से तज़्किरा-ए-ग़ैर[7] का गिला
हरचंद बर सबीले-शिकायत[8] ही क्यूं न हो

पैदा हुई है, कहते हैं, हर दर्द की दवा
यूं हो, तो चारा-ए-ग़मे-उल्फ़त[9] ही क्यूं न हो!

डाला न बेकसी[10] ने किसी से मुआमला
अपने से खींचता[11] हूं, ख़जालत[12] ही क्यूं न हो

है आदमी, बजा-ए-खुद[13], इक महूशरे-ख़याल[14]
हम अंजुमन[15] समझते हैं, ख़ल्वत[16] ही क्यूं न हो

हंगामा-ए-जुबूनी-ए-हिम्मत[17] है इन्फ़आल[18]
हासिल न कीजे दहूर[19] से, इबरत[20] ही क्यूं न हो

---

1. स्वतंत्र; 2. शत्रुता; 3. निर्बलता; 4. मेल-मिलाप; 5. बोझ; 6. प्रेम का चित्र; 7. प्रतिद्वंदी के बारे में बात; 8. शिकायत की शैली में; 9. प्रेम-दुख का उपाय; 10. असहायता; 11. बचता, निभाता; 12. शर्मिन्दगी; 13. स्वयं अपने स्थान पर; 14. कल्पना, विचार का हंगामा; 15. महफ़िल; 16. एकांत; 17. उत्साह के दुखों का कोलाहल; 18. लज्जा; 19. संसार; 20. शिक्षा।

वारस्तगी[21] बहाना-ए-बेगानगी[22] नहीं
अपने से कर, न ग़ैर से, वहशत[23] ही क्यूं न हो

मिटता है फ़ोते-फ़रसते-हस्ती[24] का ग़म कोई
उम्रे-अज़ीज़[25] सर्फ़े-इबादत[26] ही क्यूं न हो

उस फ़ित्ना-खू[27] के दर से अब उठते नहीं 'असद' !
इस में हमारे सर पे क़यामत ही क्यूं न हो

21. स्वतंत्रता; 22. अनजानेपन का छल, लोगों से बचने का अवसर; 23. उपेक्षा; 24. जीवनकाल की समाप्ति; 25. प्रिय जीवन; 26. पूजा में व्यतीत; 27. स्वभाव से उपद्रव करने वाला।

(121)

क़फ़स[1] में हूं, गर अच्छा भी न जानें मेरे शैवन[2] को
मिरा होना बुरा क्या है नवा-संजाने-गुलशन[3] को

नहीं गर हमदमी आसां, न हो, ये रश्क[4] क्या कम है
न दी होती खुदाया! आरज़ू-ए-दोस्त[5] दुश्मन को

न निकला आंख से तेरी इक आंसू उस जराहत[6] पर
किया सीने में जिस ने ख़ूंचकां[7] मिज़्गाने-सोज़न[8] को

खुदा शरमाए हाथों को कि रखते हैं कशमकश[9] में
कभी मेरे गिरेबां[10] को, कभी जानां[11] के दामन को

अभी हम क़त्लगह[12] का देखना आसां समझते हैं
नहीं देखा शनावर[13] जू-ए-ख़ूं[14] में तेरे तोसन[15] को

हुआ चर्चा जो मेरे पांव की ज़ंजीर बनने का
किया बेताब का[16] में जुम्बिशे-जोहर[17] ने, आहन[18] को

खुशी क्या, खेत पर मेरे अगर सौ बार अब्र आवे!
समझता हूं कि ढूँढ़े है अभी से बर्क़[19] ख़िरमन[20] को

---

1. पिंजरे; 2. रुदन; 3. उद्यान के गायक अर्थात् पक्षी; 4. ईर्ष्या; 5. प्रिय की तमन्ना; 6 घाव; 7. रक्त टपकाता हुआ; 8. सूई की पलक, नोक; 9. असमंजस; 10. कुर्ते का गला; 11. प्रेयसी; 12. वधस्थल; 13. तैरते हुए; 14. रक्त की धारा में; 15. अश्व; 16. खान; 17. रत्न की हरकत; 18. लोहा; 19. बिजली; 20. भूसी निकाला हुआ अन्न, खलिहान;

वफ़ादारी[21] बशर्ते-उस्तवारी[22] अस्ले-ईमां[23] है
मरे बुतख़ाने[24] में, तो का'बे[25] में गाड़ो बिरहमन को

शहादत[26] थी मिरी क़िस्मत में, जो दी थी ये ख़ू[27] मुझको
जहां तलवार को देखा, झुका देता था गरदन को

न लुटता दिन को, तो कब रात को यूं बेख़बर सोता!
रहा खटका न चोरी का दुआ देता हूं रहज़न[28] को

सुख़न[29] क्या कह नहीं सकते, कि जोया[30] हों जवाहर[31] के?
जिगर क्या हम नहीं रखते, कि खोदें जाके मा'दन[32] को?

मिरे शाहे-सुलेमांजाह[33] से निस्बत[34] नहीं 'ग़ालिब'
फ़रीदूनो-जमो-कैख़ुसरू-ओ-दाराबो-बहमन[35] को

21. निर्वाह करना; 22. स्थिरता के वचन के साथ; 23. सच्चा धर्म; 24. मन्दिर; 25. मक्के की एक इमारत, जिसे मुसलमान ईश्वर का घर कहते हैं; 26. वीरगति; 27. स्वभाव, आदत; 28. लुटेरा; 29. काव्य, पद; 30. ढूंढ़नेवाले; 31. रत्न; 32. खान; 33. सुलेमान की शान-शौकत वाला राजा; 34. संबंध; 35. ईरान के पांच सम्राटों के नाम।

(122)

धोता हूं जब मैं पीने को, उस सीमतन[1] के पांव
रखता है ज़िद से, खींच के बाहर लगन के पांव

दी सादगी से जान, पड़ूं कोहकन[2] के पांव
हैहात[3]! क्यूं न टूट गए, पीरज़न[4] के पांव

भागे थे हम बहुत, सो उसी की सज़ा है ये
हो कर असीर[5], दाबते हैं राहज़न[6] के पांव

मरहम की जुस्तजू[7] में फिरा हूं जो दूर-दूर
तन से सिवा[8] फ़िगार[9] हैं इस ख़स्तातन[10] के पांव

अल्ला रे ज़ौके-दश्त-नवर्दी[11]! कि बा'दे-मर्ग[12]
हिलते हैं ख़ुदबख़ुद मिरे, अंदर कफ़न के पांव

है जोशे-गुल-बहार[13] में यां तक कि, हर तरफ़
उड़ते हुए, उलझते हैं मुर्ग़े-चमन[14] के पांव

शब[15] को किसी के ख़्वाब में आया न हो कहीं
दुखते हैं आज उस बुते-नाजुक-बदन[16] के पांव

'ग़ालिब'! मिरे कलाम[17] में क्यूं कर मज़ा न हो
पीता हूं धो के ख़ुसरवे-शीरीं-सुख़न[18] के पांव

---

1. रजतन वाली; 2. पहाड़ खोदने वाला-फ़रहाद; 3. अफ़सोस; 4. बूढ़ी औरत, बताया जाता है कि एक वृद्धा ने शीरीं की मृत्यु की झूठी ख़बर फ़रहाद को सुनाई जिसे सुनकर उसने कुदाली से सर फोड़कर आत्महत्या कर ली। 5. कैदी; 6. लुटेरा; 7. खोज; 8. बढ़कर; 9. घायल; 10. कमज़ोर शरीर; 11. जंगल में घूमने की रुचि; 12. मरने के बाद; 13. फूलों की अधिकता वाले बसंत; 14. उद्यान के पक्षी; 15. रात्रि; 16. कोमल अंगों वाली; 17. कविता; 18. बहादुरशाह 'जफ़र' की ओर संकेत जो स्वयं कवि थे।

(123)

वां उसको हौले-दिल[1] है, तो यां मैं हूं शर्मसार[2]
या'नी, ये मेरी आह की तासीर[3] से न हो!

अपने को देखता नहीं, ज़ौक़े-सितम[4] तो देख
आईना ताकि[5] दीदीः-ए-नख़्वीर[6] से न हो

1. दिल की घबराहट; 2. लज्जित; 3. प्रभाव; 4. अत्याचार की अभिरुचि; 5. जब तक; 6. शिकार की आंखें।

(124)

वां पहुंच पर जो ग़श[1] आता पैहम[2] है हम को
सदरह[3] आहंगे-ज़मीं बोसे-क़दम[4] है हम को

दिल को मैं और मुझे दिल महवे-वफ़ा[5] रखता है
किस क़दर ज़ौक़े-गिरफ़्तारी-ए-हम[6] है हम को!

ज़ो'फ़[7] से, नक़्शे-पै-ए-मोर[8] है तौक़े-गरदन[9]
तेरे कूचे से कहां ताक़ते-रम[10] है हम को!

जान कर कीजे तग़ाफ़ुल[11] कि कुछ उम्मीद भी हो
ये निगाहे-ग़लत-अंदाज़[12] तो सम[13] है हम को

रश्के-हमतरही-ओ-दर्दे-असरे-बांगे-हज़ीं[14]
नाला-ए-मुर्ग़े-सहर[15] तेग़े-दो-दम[16] है हम को

सर उड़ाने के जो वा'दे को मुकर्रर[17] चाहा
हंस के बोले कि, 'तिरे सर की क़सम है हम को'

दिल के ख़ूं करने की क्या वज्ह? वलेकिन[18] नाचार[19]
पासे-बेरौनक़ी-ए-दीदा[20] अहम[21] है हम को

---

1. मूर्छा; 2. बार-बार; 3. सौ बार; 4. पांव चूमने के लिए धरती पर झुकने का संकल्प 5. निर्वाह में तल्लीन; 6. एक साथ बंदी होने की अभिरुचि; 7. निर्बलता; 8. चींटियों की पांवों के चिह्न; 9. गर्दन में लोहे की हंसती, जो क़ैदियों को पहनाई जाती है; 10. भागने का सामर्थ्य; 11. उपेक्षा; 12. भ्रम में डालने वाली दृष्टि; 13. विष; 14. समान शैली होने की ईर्ष्या एवं दुख भरे स्वर से उत्पन्न पीड़ा; 15. मुर्ग़े या प्रातःकालीन पक्षी का आर्त्तनाद; 16. दोधारी तलवार; 17. पुनः दोबारा; 18. फ़ारसी उर्दू में लेकिन; 19. असहाय; 20. आंखों की ज्योतिहीनता का सम्मान; 21. महत्त्वपूर्ण;

तुम वो नाज़ुक कि ख़मोशी को फ़ुग़ां[22] कहते हो
हम वो आजिज़[23] कि तग़ाफ़ुल[24] भी सितम[25] है हम को

क़तआ[26]

लखनऊ आने का बाइस नहीं खुलता या'नी
हवसे-सैरो-तमाशा[27], सो वो कम है हम को

मक़्तअ-ए-सिल्सिल-ए-शौक़[28] नहीं है ये शहर
अज़्मे-सैरे-नजफ़ो-तोफ़े-हरम[29] है हम को

लिए जाती है कहीं एक तवक़्क़ो[30], 'ग़ालिब'!
जादा-ए-रह[31] कशिशे-काफ़े-करम[32] है हम को

---

22. आर्त्तनाद; 23. विवश; 24. उपेक्षा; 25. अत्याचार, 26. 'मुक्तक जो ग़ज़ल के बीच में आए और जिसमें दो या दो से अधिक शे'रों में अर्थ-विस्तार पाते हुए समाहित हो; 27. सैर-सपाटे की इच्छा; 28. रुचि-क्रम का अंत; 29. लखनऊ में उस युग में शीआ (हज़रत अली को मानने वालों का सम्प्रदाय) सल्तनत थी अतः नजफ़ (हज़रत अली का समाधि स्थल को जाने का संकल्प) तथा काबे की परिक्रमा का इरादा। 30. इच्छा; 31. मार्ग, पथ; 32. कृपा तथा उर्दू वर्णमाला के अक्षर का आकर्षण।

(125)

तुम जानो, तुम को ग़ैर[1] से जो रस्मो-राह[2] हो
मुझ को भी पूछते रहो, तो क्या गुनाह हो?

बचते नहीं मुआख़ज़ा-ए-रोज़े-हश्र[3] से
क़ातिल अगर रक़ीब[4] है, तो तुम गवाह हो

क्या वो भी बेगुनहकुशो-हक़-नाशनास[5] हैं?
माना कि तुम बशर[6] नहीं, ख़ुर्शीदो-माह[7] हो

उभरा हुआ नक़ाब में है उनके एक तार
मरता हूं मैं कि ये न किसी की निगाह हो

जब मयकदा[8] छुटा, तो फिर अब क्या जगह की क़ैद
मस्जिद हो, मदूरसा[9] हो, कोई ख़ानक़ाह[10] हो!

सुनते हैं जो वहिश्त[11] की ता'रीफ़, सब दुरुस्त[12]
लेकिन ख़ुदा करे वो तिरा जल्वागाह[13] हो

'ग़ालिब' भी गर न हो, तो कुछ ऐसा ज़रर[14] नहीं
दुनिया हो या रब! और मिरा बादशाह हो

---

1. अन्य, प्रतिद्वंद्वी; 2. मेल-जोल; 3. प्रलय-दिवस की पकड़; 4. प्रतिद्वंद्वी; 5. निरपराधियों को मारने वाला तथा वास्तविकता को न पहचानने वाला; 6. आदमी; 7. चांद और सूर्य; 8. मदिरालय; 9. मदूरसा = पाठशाला; 10. सूफ़ियों का निवास-स्थान, आश्रम; 11. स्वर्ग; 12. ठीक; 13. दर्शन-स्थल; 14. हानि।

(126)

गई वो बात कि हो गुफ़्तगू[1], तो क्यूं कर हो
कहे से कुछ न हुआ, फिर कहो, तो क्यूं कर हो?

हमारे ज़ह्न[2] में इस फ़िक्र[3] का है नाम विसाल[4]
कि गर न हो, तो कहां जाएं, हो, तो क्यूं कर हो?

अदब[5] है और यही कश्मकश[6], तो क्या कीजे?
हया[7] है और यही गोमेगो[8] तो क्यूं कर हो?

तुम्हीं कहो कि गुज़ारा सनमपरस्तों[9] का
बुतों की हो अगर ऐसी ही ख़ू[10], तो क्यूं कर हो?

उलझते हो तुम, अगर देखते हो आईना
जो तुम से शहर में हों एक दो, तो क्यूं कर हो?

जिसे नसीब हो[11] रोज़े-सियाह[12] मेरा सा
वो शख़्स[13] दिन न कहे रात को, तो क्यूं कर हो?

हमें फिर उन से उम्मीद, और उन्हें हमारी क़द्र[14]!
हमारी बात ही पूछें न वो, तो क्यूं कर हो?

ग़लत न था हमें ख़त पर गुमां तसल्ली का
न माने दीदा-ए-दीदार जो, तो क्यूं कर हो

1. वार्तालाप; 2. मस्तिष्क; 3. चिंतन; 4. मिलन; 5. आदर, सम्मान; 6. दुविधा; 7. लज्जा; 8. अनिश्चय, कहें कि न कहें; 9. मूर्ति-पूजकों, सौंदर्योपासकों; 10. स्वभाव; 11. प्राप्य हो; 12. काला दिवस; 13. व्यक्ति; 14. सम्मान;

बताओ उस मिज़ा[15] को देख कर कि, मुझ को क़रार[16]
ये नेश[17] हो रगे-जां[18] में फ़रो[19], तो क्यूं कर हो?

मुझे जुनूं[20] नहीं 'ग़ालिब!' वले[21] बक़ौले-हुजूर[22]
'फ़िराक़े-यार[23] में तस्कीन[24] हो, तो क्यूं कर हो?'

---

15. पलक; 16. संतोष, चैन; 17. कांटा; 18. प्राण-नाड़ी; 19. चुभा हुआ, शांत; 20. उन्माद; 21. फ़ारसी-लेकिन; 22. हुजूर के कथनानुसार; 23. प्रिय के बिछोह; 24. चैन 'यह मिस्रा बहादुरशाह 'जफ़र' का है सम्भवतया समस्यापूर्ति के लिए उस काल की प्रथानुसार दिया गया हो और 'ग़ालिब' ने ग़ज़ल कही हो।

(127)

किसी को दे के दिल, कोई नसासंजे' फ़ुगां[1] हो
न हो जब दिल ही सीने में, तो फिर मुंह में ज़बां क्यूं हो?

वो अपनी ख़ू[2] न छोड़ेंगे, हम अपनी वज़अ[3] क्यूं छोड़ें?
सुबकसर[4] बन के क्या पूछें कि हम से सरगिरां[5] क्यूं हो

किया ग़मख़्वार[6] ने रुस्वा[7], लगे आग इस मुहब्बत को!
न लावे ताब जो ग़म की, वो मेरा राज़दां[8] क्यूं हो

वफ़ा कैसी कहां का इश्क़? जब सर फोड़ना ठहरा
तो फिर ऐ संगदिल! तेरा ही संगे-आस्तां[9] क्यूं?

क़फ़स[10] में मुझ से रूदादे-चमन[11] कहते न डर हमदम!
गिरी है जिस पे कल बिजली, वो मेरा आशियां[12] क्यूं हो?

ये कह सकते हो 'हम दिल में नहीं हैं! पर ये बतलाओ
कि जब दिल में तुम्हीं तुम हो, तो आंखों से निहां[13] क्यूंहो?

ग़लत है जज़्बे-दिल[14] का शिकवा[15], देखो, जुर्म किस का है!
न खेंचो गर तुम अपने को कशकश[16] दर्मियां[17] क्यूं हो?

---

1. आर्त्तनाद करने वाला; 2. स्वभाव; 3. व्यवहार-शैली; 4. अपमानित; 5. अप्रसन्न; 6. दर्द बांटने वाला, मित्र; 7. लांछित; 8. भेद जानने वाला, विश्वासपात्र; 9. चौखट का पत्थर; 10. पिंजरे; 11. उद्यान का वृत्तान्त; 12. घोंसला; 13. ओझल; 14. दिल की भावना; 15. उपालम्भ, शिकायत; 16. असमंजस; 17. परस्पर, बीच में;

ये फ़ित्ना[18] आदमी की ख़ाना-वीरानी[19] को क्या कम है?
हुए तुम दोस्त जिसके, दुश्मन उसका आस्माँ क्यूं हो?

यही है आज़माना तो सताना किस को कहते हैं?
उदू[20] के हो लिए जब तुम, तो मेरा इम्तिहां क्यूं हो?

कहा तुमने कि 'क्यूं हो ग़ैर के मिलने में रुस्वाई?'
बजा[21] कहते हो, सच कहते हो, फिर कहियो कि हां क्यूं हो?

निकाला चाहता है काम क्या ता'नो[22] से तू 'ग़ालिब'
तिरे बेमेहर[23] कहने से, वो तुझ पर महरबां क्यूं हो

18. उपद्रव; 19. घर की बर्बादी; 20. शत्रु; 21. उचित, ठीक; 22. कटाक्ष, व्यंग्य; 23. कृपाहीन।

(128)

रहिये अब ऐसी जगह चलकर, जहां कोई न हो
हमसुखन[1] कोई न हो और हम-जबां[2] कोई न हो

बेदरो-दीवार सा इक घर बनाया चाहिए
कोई हमसाया[3] न हो और पासबां[4] कोई न हो

पड़िए गर बीमार, तो कोई न हो तीमारदार[5]
और अगर मर जाइए, तो नोहाख़्वां[6] कोई न हो

1. बात करने वाला; 2. अपनी भाषा बोलने वाला; 3. पड़ोसी; 4. संरक्षक; 5. रोगी की देखभाल करने वाला; 6. शोक में रोने वाला;

(129)

अज़ महर ता ब ज़र्रा[1] दिलो-दिल है आईना[2]
तूती[3] को शश-जहत[4] से मुक़ाबिल[5] है आईना

1. सूर्य से लेकर कण तक; 2. दर्पण की भांति दिल के सम्मुख दिल है; 3. एक तोता जिसे दर्पण के सम्मुख बिठाकर बोलना सिखाते हैं; 4. छहों दिशाएं; 5. सम्मुख;

(130)

है सब्ज़ा-ज़ार[1] हर दरो-दीवारे-ग़मकदा[2]
जिस की बहार ये हो, फिर उसकी ख़िज़ां[3] न पूछ

नाचार[4] बेकसी[5] की भी हसरत[6] उठाइए
दुश्वारी-ए-रहो-सितमे-हमरहां[7] न पूछ

1. हरियाली; 2. शोकगृह के द्वार और दीवार; 3. पतझड़; 4. लाचार, विवश; 5. निस्सहायता; 6. इच्छा; 7. साथ चलने वालों के अत्याचारे और पथ को कठिनाइयां।

(131)

सद जल्वा[1] रूबरू[2] है जो मिज़्गां[3] उठाइए
ताक़त[4] कहां कि दीद का अहसां[5] उठाइए

है संग[6] पर बराते-मआशे-जुनूने-इश्क़[7]
या'नी हनोज़[8] मिन्नते-तिफ़्लां[9] उठाइए

दीवार, बारे-मिन्नते-मज़दूर[10] से है ख़म[11]
ऐ ख़ानुमां ख़राब[12]! न अहसां उठाइए

या मेरे ज़ख़्मे-रश्क[13] को रुस्वा न कीजिए
या पर्दः-ए-तबस्सुमे-पिन्हां[14] उठाइए

1. सौ छवियाँ; 2. प्रत्यक्ष, आमने-सामने; 3. पलकें; 4. शक्ति, सामर्थ्य; 5. आभार; 6. पत्थर; 7. प्रेमोन्माद की जीविका का आदेश-पत्र या हुण्डी; 8. अभी; 9. बच्चों का आभार; 10. मज़दूर की कृतज्ञता का भार; 11. झुकी हुई; 12. उजड़े घरवाला, निर्वासी; 13. ईर्ष्या के घाव; 14. छुपी हुई मुस्कुराहट का आवरण।

(132)

मस्जिद के ज़ेरे-साया[1] ख़रबात[2] चाहिए
भौं[3] पास आँख, क़िब्लः-ए-हाजात[4] चाहिए

आशिक़[5] हुए हैं आप भी इक और शख़्स पर
आख़िर सितम की कुछ तो मुकाफ़ात[6] चाहिए

दे दाद[7] ऐ फ़लक[8] दिले-हसरतपरस्त[9] की
हाँ, कुछ न कुछ तलाफ़ी-ए-माफ़ात[10] चाहिए

सभी हैं महरुखों[11] के लिए हम मुसव्वरी[12]
तक़रीब[13] कुछ तो बहरे-मुलाक़ात[14] चाहिए

मय[15] से ग़रज़[16] निशात[17] है किस-रू-सियाह[18] को
इक गूना[19] बेखुदी मुझे दिन-रात चाहिए

है रंगे-लालः-ओ-गुलो-नसरीं[20] जुदा-जुदा[21]
हर रंग में बहार[22] का इस्बात[23] चाहिए

सर, पाए-खुम[24] पे चाहिए हंगामे-बेखुदी[25]
रू[26], सू-ए-क़िब्ला[27] वक़्ते-मुनाजात[28] चाहिए

---

1. छाँव के नीचे; 2. मदिरालय; 3. भवें; 4. धर्मोपदेशक; 5. आसक्त; 6. प्रतिशोध; 7. न्याय; 8. आकाश; 9. इच्छाओं की पूजने वाला हृदय; 10. बीते हुए ही क्षतिपूर्ति; 11. चन्द्रमुखियों; 12. चित्रकला; 13. कारण; 14. मिलने के लिए; 15. मदिरा; 16. अभिष्ट; 17. हर्ष; 18. कलंकित; 19. थोड़ी-सी; 20. लाल और सेवती के पुष्पों का रंग; 21. अलग-अलग; 22. बसन्त; 23. प्रमाण; 24. मदिराघट (मदिरा का घड़ा) के चरण; 25. आत्मविस्मृति के समय; 26. मुख; 27. काबे की ओर; 28. प्रार्थनाओं के समय;

या'नी, ब-हस्बे-गर्दिशे-पैमाना-ए-सिफ़ात[29]
आरिफ़[30] हमेशा मस्ते-मये-जात[31] चाहिए

नश्वो-नुमा[32] है अस्ल[33] से 'ग़ालिब' फुरू'अ[34] को
ख़मोशी ही से निकले हैं, जो बात चाहिए

29. गुणों से भरी मदिरा के प्याले के चक्कर की तरह; 30. ज्ञाता, ब्रह्म; 31. अस्तित्व, अस्मिता की मदिरा में आत्मलीन; 32. विकास एवं उन्नति; 33. मूल; 34. शाखाएं।

(133)

बिसाते-इज्ज़[1] में था एक दिल, यक क़तरा ख़ूं[2] वो भी
सो रहता है बअन्दाज़े-चकीदन[3] सरनिगूं[4] वो भी

रहे उस शोख़[5] से आजुर्दा[6] हम चन्दे-तकल्लुफ़[7] से
तकल्लुफ़ बर तरफ़[8], था एक अन्दाज़े-जुनूं[9] वो भी

ख़याले-मर्ग[10] कब तस्कीं[11] दिले-आजुर्दा[12] को बख़्शे
मिरे दामे-तमन्ना[13] में है एक सैदे-ज़बूं[14] वो भी

न करता काश नाला[15], मुझ को क्या मा'लूम था हमदम![16]
कि होगा बाइसे-अफ़्ज़ाइशे-दर्दे-दरूं[17] वो भी

न इतना बुर्रशे-तेग़े-जफ़ा[18] पर नाज़[19] फ़रमाओ
मिरे दरिया-ए-बेताबी[20] में है इक मौजे-ख़ूं[21] वो भी

मये-इशरत[22] की ख़्वाहिश[23] साक़ी-ए-गर्दूं[24] से क्या कीजे
लिए बैठा है इक दो चार जामे-वाज़गूं[25] वो भी

मिरे दिल में है 'ग़ालिब' शौक़े-वस्लो-शिक्वा-ए-हिज्रां[26]
ख़ुदा वो दिन करे जो उसे से मैं ये भी कहूं वो भी

---

1. नम्रता और विनय की पूंजी; 2. रक्त की एक बूंद; 3. टपकने की स्थिति में; 4. नतमस्तक; 5. चंचल, प्रेयसी; 6. खिन्न, रुठे हुए; 7. कुछ औपचारिकता से; 8. संकोच एवं औपचारिकताओं से हटकर; 9. उन्माद का ढंग; 10. मृत्यु का विचार; 11. शान्ति, संतोष; 12. व्यथित हृदय; 13. इच्छाओं का जाल; 14. तुच्छ शिकार; 15. आर्त्तनाद; 16. दोस्त; 17. आन्तरिक पीड़ा में वृद्धि करने वाला; 18. अत्याचार की तलवार की काट; 19. दम्भ; 20. व्याकुलता का समुद्र; 21. रक्त की तरंग; 22. ऐश्वर्य की मदिरा; 23. कामना; 24. आकाशीय मदिरा पिलाने वाला; 25. औंधे प्याले; 26. मिलन की अभिलाषा एवं बिछोह की शिकायत।

(134)

है बज़्मे-बुतां[1] में सुख़न[2] आज़ुर्दा[3] लबों से[4]
तंग आये हैं हम ऐसे खुशामद तलबों[5] से

है दौरे-क़दह[6] वज्हे-परेशानी-ए-सह्बा[7]
यक बार लगा दो खुमे-मय[8] मेरे लबों से

रिंदाने-दरे-मयकदा[9] गुस्ताख़[10] हैं ज़ाहिद[11]!
ज़िन्हार[12] न होना तरफ़[13] इन बेअदबों[14] से

बेदादे-वफ़ा[15] देख कि जाती रही आख़िर
हर चंद मिरी जान को था रब्त[16] लबों से

---

1. प्रेमिका, माशूक़ की सभा; 2. वार्तालाप; 3. रूठे हुए; 4. अधरों से; 5. चाटुकारिता के इच्छुक; 6. मदिरा के प्याले का चक्कर; 7. मदिरा की उलझन का कारण; 8. मदिरा का घड़ा; 9. मदिरालय के द्वार के मद्यपी; 10. असभ्य; 11. वैरागी; 12. कदापि; 13. न उलझना; 14. अशिष्टों; 15. प्रेमनिर्वाह का अत्याचार; 16. संबंध।

(135)

ता[1], हम को शिकायत की भी बाक़ी न रहे जा[2]
सुन लेते हैं, गो[3] ज़िक्र हमारा नहीं करते

ग़ालिब! तिरा अहवाल[4] सुना देंगे हम उन को
वो सुन के बुला लें, ये इजारा[5] नहीं करते

1. ताकि; 2. जगह; 3. यद्यपि; 4. हाल का बहुवचन; 5. एकाधिकार, दायित्व।

(136)

घर में था क्या कि तिरा ग़म उसे ग़ारत[1] करता
वो जो रखते थे हम इक हसरते-ता'मीर[2], सो है

1. नष्ट, तबाह; 2. निर्माण की अभिलाषा।

(137)

ग़मे-दुनिया[1] से, गर पाई भी फ़ुरसत सर उठाने की
फ़लक[2] का देखना, तक़रीब[3] तेरे याद आने की

खुलेगा किस तरह मज़्मूं[4] मिरे मक्तूब[5] का या रब!
क़सम खाई है उस काफ़िर ने काग़ज़ के जलाने की

लिपटना पर्नियां[6] में शोला-ए-आतिश[7] का आसां है
वले[8] मुश्किल है हिकमत[9] दिल में सोज़े-ग़म[10] छुपाने की

उन्हें मंज़ूर अपने ज़ख़्मियों का देख आना था
उठे थे सैरे-गुल[11] को, देखना शोख़ी[12] बहाने की

हमारी सादगी थी, इल्तिफ़ाते-नाज़[13] पर मरना
तिरा आना न था ज़ालिम! मगर तम्हीद[14] जाने की

लकद कोबे-हवादिस[15] का तहम्मुल[16] कर नहीं सकती
मिरी ताक़त कि ज़ामिन[17] थी बुतों[18] के नाज़[19] उठाने की

कहूं क्या ख़ूबी-ए-ओज़ा-ए-इब्ना-ए-ज़मां[20] 'ग़ालिब'
बदी[21] की उस ने, जिससे हमने की थी बारहा[22] नेकी[23]

---

1. संसार की चिंता; 2. आकाश; 3. कारण; 4. विषय; 5. पत्र; 6. रेशमी कपड़ा; 7. अग्नि-ज्वाला; 8. किंतु; 9. उपाय; 10. दुख की तपन; 11. फूलों के भ्रमण; 12. चंचलता; 13. गर्व, अभिमान का प्रणय-कटाक्ष; 14. भूमिका; 15. दुर्घटनाओं की ठोकरें; 16. सहन; 17. सामर्थ्यवान; 18. प्रेमिकाओं; 19. नखरे, अभिमान; 20. दुनियावालों के रंग-ढंग की विशेषता; 21. बुराई; 22. बार-बार, प्रायः; 23. अच्छाई।

(138)

हासिल[1] से हाथ धो बैठ ऐ आरज़ू ख़िरामी![2]
दिल जोशे-गिरिया[3] में, है डूबी हुई असामी[4]

उस शम्अ की तरह से, जिस को कोई बुझा दे
मैं भी जले हुओं में, हूं दाग़े-नातमामी[5]

---

1. प्राप्ति, लाभ; 2. आकांक्षा; 3. रुदन का आवेग; 4. किसान; 5. पूरी तरह न जलने वाला चिह्न, कलंक।

(139)

क्या तंग[1] हम सितमज़दगां[2] का जहान[3] है!
जिस में कि एक बैज़ः-ए-मोर[4] आसमान है

है कायनात[5] को हरकत[6] तेरे ज़ौक़[7] से
परतौ[8] से आफ़ताब[9] के ज़र्रे[10] में जान है

हालांकि है ये सैली-ए-ख़ारा[11] से लाला रंग[12]
ग़ाफ़िल[13] को मेरे शीशे पे मय का गुमान[14] है

की उसने गर्म[15] सीना-ए-अहूले-हवस[16] में जा[17]
आवे ने क्यूं पसन्द कि ठंडा मकान है!

क्या ख़ूब! तुम ने ग़ैर[18] को बोसा[19] नहीं दिया
बस चुप रहो, हमारे भी मुंह में ज़बान है

बैठा है जो कि साया-ए-दीवारे-यार[20] में
फ़र्मां-रवा-ए-किश्वरे-हिंदोस्तान[21] है

हस्ती[22] का एतबार[23] भी ग़म ने मिटा दिया
किस से कहूं कि दाग़, जिगर का निशान है

है बारे, ऐतिमादे-वफ़ादारी[24] इस क़दर
'ग़ालिब!' हम इस में खुश हैं कि नामेहरबान[25] है

---

1. संकीर्ण; 2. उत्पीड़ित; 3. संसार; 4. चींटी का अंडा; 5. सृष्टि, विश्व; 6. जीवन, गति; 7. अभिरुचि; 8. प्रतिबिंब; 9. सूर्य; 10. कण; 11. पत्थर की चोट; 12. रक्ताभ; 13. असावधान, नादान; 14. भ्रम; 15. जीवन भरना, ठहरना; 16. काम लोलुपों के मन; 17. जगह; 18. प्रतिद्वंद्वी; 19. चुंबन; 20. मित्र के दीवार की छाया में; 21. हिंदुस्तान पर शासन करने वाला—बहादुरशाह 'ज़फ़र'; 22. अस्तित्व; 23. विश्वास; 24. प्रेम-प्रतिज्ञा के निर्वाह का विश्वास; 25. अकृपालु।

(140)

दर्द से मेरे, है तुझ को बेक़रारी[1], हाय हाय!
क्या हुई ज़ालिम[2] तिरी ग़फ़लत-शिआरी[3] हाय हाय!

तेरे दिल में गर न था आशोबे-ग़म[4] का हौसला
तूने फिर क्यूं की थी मेरी ग़मगुसारी[5] हाय हाय!

क्यूं मिरी ग़मख़्वारीगी[6] का तुझ को आया था ख़याल
दुश्मनी अपनी थी, मेरी दोस्तदारी[7], हाय हाय

उम्र भर का तूने पैमाने-वफ़ा[8] बांधा, तो क्या
उम्र को भी तो नहीं है पायदारी[9], हाय हाय

ज़हर लगती है मुझे आबो-हवा-ए-ज़िंदगी[10]
या'नी तुझ से थी उसे नासाज़गारी[11], हाय हाय!

गुलफ़िशानी-हाए-नाज़े-जल्वा[12] को क्या हो गया?
ख़ाक पर होती है तेरी लालाकारी[13], हाय हाय!

शर्मे-रुस्वाई[14] से जा छुपना नक़ाबे-ख़ाक[15] में
ख़त्म है उल्फ़त[16] की तुझ पर पर्दादारी[17] हाय हाय!

---

1. व्याकुलता; 2. मीठी उलाहना, अन्यायी; 3. असावधानीपूर्ण आचरण; 4. दुख की तकलीफ़; 5. दुख में साझीदारी; 6. सहानुभूति; 7. मित्रता; 8. प्रेम-प्रतिज्ञा; 9. स्थायित्व; 10. जीवन की जलवायु; 11. प्रतिकूलता; 12. गौरवशाली सौंदर्य की पुष्प वर्षा; 13. फूल उगना-तेरी क़ब्र (ख़ाक) पर फूल खिलते हैं; 14. बदनामी की लाज; 15. मिट्टी के पर्दे में; 16. प्रेम; 17. पर्दा रखना, गुप्त रखना।

ख़ाक में नामूसे-पैमाने-मुहब्बत[18] मिल गई
उठ गई दुनिया से राहो-रस्मे-यारी[19], हाय हाय!

हाथ ही तेग़-आज़मा[20] का, काम से जाता रहा
दिल पे इक लगने न पाया ज़ख़्मे-कारी[21] हाय हाय!

किस तरह काटे कोई शब-हाए-तारे-बरशगाल![22]
है नज़र ख़ू[23] कर्दा-ए-अख़्तर-शुमारी[24] हाय हाय!

गोश[25] महजूरे-पयामो-चश्म[26], महरूमे-जमाल[27]
एक दिल, तिस पर ये नाउम्मीदवारी[28] हाय हाय!

इश्क़ ने पकड़ा न था 'ग़ालिब'! अभी वहशत[29] का रंग
रह गया, था दिल में जो कुछ ज़ौक़े-ख़्वारी[30] हाय हाय!

---

18. प्रेम-वचन की लज्जा; 19. मित्रता की संस्कृति, रीति-रिवाज; 20. तलवार चलाने वाला; 21. गहरा घाव; 22. वर्षा-काल की काली अंधेरी रातें; 23. स्वभाव, अभ्यस्त; 24. तारे-गिनने का काम; 25. कान; 26. नयन-संदेशों में वंचित; 27. सौंदर्य से वंचित; 28. निराशा; 29. उन्माद; 30. अपमानित होने की अभिरुचि।

(141)

सरगश्तगी[1] में, आलमे-हस्ती[2] से यास[3] है
तस्कीं[4] को दे नवेद[5] कि मरने की आस है

लेता नहीं मिरे दिले-आवारा[6] की ख़बर
अब तक, वो जानता है कि मेरे ही पास है

कीजे बयां सुरूरे--तबे-ग़म[7] कहां तलक?
हर मूं मिरे बदन पे, ज़बाने-सिपास[9] है

है वो गुरूरे-हुस्न[10] से बेगाना-ए-वफ़ा[11]
हरचंद[12] उस के पास दिले-हक़-शनास[13] है

पी जिस क़दर मिले, शबे-महताब[14] में शराब
इस बलग़मी मिज़ाज[15] को गर्मी ही रास है

हर इक मकान को है मकीं[16] से शरफ़[17] 'असद'!
मजनूं जो मर गया है, तो जंगल उदास है

---

1. अस्त-व्यस्तता; 2. अस्तित्व-जगत; 3. निराशा; 4. सांत्वना; 5. शुभ-समाचार; 6. आवारा-दिल; 7. दुख के ताप का आनंद; 8. रोम; 9. धन्यवाद की जिह्वा; 10. रूप का गर्व; 11. निर्मोही; 12. यद्यपि; 13. सत्य को पहचानने वाला दिल; 14. चांदनी रात; 15. कफ़ प्रधान स्वभाव; 16. मकान में रहने वाला; 17. प्रतिष्ठा।

(142)

गर ख़ामुशी[1] से फ़ायदा इख़्फ़ा-ए-हाल[2] है
ख़ुश हूं कि मेरी बात समझनी मुहाल[3] है

किस को सुनाऊं हसरते-इज़्हार[4] का गिला[5]?
दिल, फ़र्दे-जमओ-ख़र्चे-ज़बां-हाए-लाल[6] है

किस पर्दे में है आइनापरदाज़[7], ऐ ख़ुदा।
रहमत[8], कि उज़्रख़्वाहे-लबे-बे-सवाल[9] है

है है![10] ख़ुदा-न-खास्ता[11] वो और दुश्मनी!
ऐ शौक़े-मुन्फ़इल[12], ये तुझे क्या ख़याल है

मुश्कीं[13] लिबासे-काबा[14] अली[15] के क़दम से जान
नाफ़े-ज़मीन[16] है, न कि नाफ़े-ग़िज़ाल[17] है

वहशत[18] पे मेरी अर्सा-ए-आफ़ाक़[19] तंग था
दरिया[20], ज़मीन को अरक़े-इन्फ़आल[21] है

हस्ती[22] के मत फ़रेब[23] में आ जाइयो 'असद'!
आलम तमाम[24], हल्का-ए-दामे-ख़याल[25] है

---

1. चुप्पी; 2. स्थिति को छिपाना; 3. कठिन; 4. अभिव्यक्ति को अपूर्ण इच्छा; 5. उलाहना; 6. बचत और व्यय की फ़हरिस्त मौन है। 7. दर्पण के समक्ष शृंगाररत; 8. कृपा; 9. कृपाकांक्षा न रखने वाले होंठ; 10. नहीं, नहीं ऐसा नहीं; 11. ईश्वर न करे; 12. लज्जित, अपमानित प्रेम; 13. मुश्क़ के रंग का–अर्थात् काला; 14. काबे पर डाला हुआ गिलाफ़ जो काला है; 15. अन्तिम पैगम्बर हज़रत मुहम्मद के चचेरे भाई और दामाद जो एक मतानुसार पहले तथा दूसरे मतानुसार चौथे ख़लीफ़ा (प्रतिनिधि) थे; 16. पृथ्वी की नाभि, मुस्लिम मतानुसार काबा पृथ्वी का केंद्र है; 17. हिरन की नाभि–काबे के काले आवरण, पृथ्वी के केंद्र-नाभि और मुश्क के रंग का कालापन में सदाश्यता-समानता देखने योग्य है; 18. उन्माद; 19. उफुक़ (उर्दू में उफ़क़ भी प्रयुक्त है) की बहुवचन क्षितिज अर्थात् क्षितिजों का मैदान (अर्सा) संसार का विस्तार; 20. सागर; 21. लज्जा का पसीना; 22. अस्तित्व, जीवन; 23. धोखे; 24. सारा संसार; 25. विचारों के जाल की कड़ियां-कल्पना का जंजाल।

(143)

तुम अपने शिकवे[1] की बातें खोद-खोद के पूछो
हज़र करो[2] मिरे दिल से कि इसमें आग दबी है

दिला! ये दर्दो-अलम[3] भी तो मुग़्तनम है[4], कि आख़िर
न गिरिया-ए-सहरी[5] है, न आहे-नीम-शबी[6] है

1. उपालम्भ; 2. डरना, [illegible] 3. दुख और पीड़ा; 4. संतोष की बात; 5. प्रातःकाल का रुदन; 6. आधी रात का [illegible]

(144)

एक जा[1] हर्फ़े-वफ़ा[2] लिक्खा था, सो भी मिट गया
ज़ाहिरा[3] काग़ज़ तिरे ख़त का ग़लत बर्दार[4] है

जी जले ज़ौक़े-फ़ना[5] की नातमामी[6] पर न क्यूं?
हम नहीं जलते, नफ़स[7] हरचन्द आतिश-बार[8] है

आग से, पानी में बुझते वक़्त, उठती है सदा[9]
हर कोई, दरमांदगी[10] में नाले[11] से नाचार है

है वही बदमस्ती-ए-हर ज़र्रे[12] क[illegible] ख़्वाह[13]
जिस के जल्वे[14] से ज़मीं त आर [illegible] सरशार[16] है

मुझ से मत कह 'तू हमें कहता था अपनी ज़िंदगी'
जिंदगी से भी, मिरा जो इन दिनों बेज़ार[17] है

आंख की तस्वीर सर-नामे[18] पे खेंची है, कि ता
तुझ पे खुल जावे कि इस को हसरते-दीदार[19] है

---

1. जगह; 2. प्रेम निर्वाह का अक्षर; 3. स्पष्टतः; 4. ऐसा पृष्ठ जिस पर लिखा हुआ आसानी से मिट जाए और कोई निशान बाक़ी न रहे; 5. मृत्यु की आकांक्षा; 6. अपूर्णता; 7. श्वास; 8. अग्निवर्षक; 9. ध्वनि; 10. मुसीबत; 11. आर्त्तनाद; 12. प्रत्येक कण की उन्मतता; 13. क्षमाप्रार्थी; 14. कान्ति; 15. पृथ्वी के आकाश तक; 16. नशे में; 17. उचाट; 18. पत्र; 19. दर्शन की इच्छा।

(145)

पीनस[1] में गुज़रते हैं जो कूचे से वो मेरे
कंधा भी कहारों को बदलने नहीं देते

1. पालकी।

(146)

मिरी हस्ती[1] फ़ज़ा-ए-हैरत आबादे-तमन्ना[2] है
जिसे कहते हैं नाला, वो इसी आलम का अंक़ा[3] है

ख़िज़ां[4] क्या? फ़स्ले-गुल[5] कहते हैं किस को? कोई मौसम हो
वही हम हैं, क़फ़स[6] है और मातम बालो-पर[7] का है

वफ़ा-ए-दिलबरां[8] है इत्तिफ़ाक़ी[9], वर्ना ऐ हमदम!
असर फ़रियादे-दिल-हाए-हज़ीं[10] का किस ने देखा है?

न लाई शोख़ी-ए-अंदेशा[11] ताबे-रंज[12] नोमीदी
कफ़े-अफ़सोस मलना[13], अहदे-तज्दीदे-तमन्ना[14] है

---

1. अस्तित्व; 2. इच्छा के विस्मय का वातावरण; 3. एक काल्पनिक पक्षी, अनस्तित्व का प्रतीक; 4. पतझड़; 5. बसंत ऋतु; 6. पिंजरा; 7. केश एवं पंख; 8. दिल ले जाने वालों का प्रेम निर्वाह; 9. संयोग से, आकस्मिक; 10. दुखी हृदय की पुकार का प्रभाव; 11. विचारों की चंचलता; 12. दुख सहने की शक्ति; 13. दुख से हाथ मलना; 14. इच्छाओं के पुनर्जीवन का वचन, संकल्प।

(147)

रहम कर ज़ालिम! कि क्या बूदे-चरागे़-कुश्ता[1] है
नब्ज़े-बीमारे-वफ़ा[2], दूदे-चरागे़-कुश्ता[3] है

दिल्लगी की आरजू[4] बेचैन रखती है हमें
वर्ना वां बे-रौनक़ी, सूदे-चरागे़-कुश्ता[5] है

1. बुझे हुए दीपक की योग्यता; 2. निर्वाह के रोगी की नस; 3. बुझे दीप का धुआं; 4. इच्छा; 5. बुझे दीपक की पूंजी।

(148)

चश्मे-खूबां[1] ख़ामुशी में भी नवा-पर्दाज़[2] है
सुरमा[3] तो कहवे कि दूदे-शोला-ए-आवाज़[4] है

पैकरे-उश्शाक़[5] साज़े-ताला-ए-नासाज़[6] है
नाला, गोया गर्दिशे-सय्यारा[7] को आवाज़ है

दस्तगाहे-दीदा-ए-खूंबारे-मजनूं[8] देखना
यक बयाबां जल्वा-ए-गुल[9], फर्शे-पाअंदाज़[10] है

1. सुंदरियों की आंखें; 2. स्वर साधने वाली; 3. रसांजन, काजल; 4. ध्वनि की ज्वाला का धुआं; 5. प्रेमियों का शरीर; 6. भाग्यहीन भाग्य का बाजा; 7. गतिशील तारे का चक्कर; 8. मजनूं की लहू रोती आंखों का सामर्थ्य; 9. फूलों की कांति का उद्यान; 10. पैरों तले बिछा फ़र्श।

(149)

इश्क़ मुझ को नहीं, वहशत[1] ही सही
मेरी वहशत तिरीं शोहरत[2] ही सही

क़त्अ[3] कीजे न तअल्लुक़[4] हम से
कुछ नहीं है तो अदावत[5] ही सही

मेरे होने में है क्या रुस्वाई[6]?
ऐ! वो मजलिस[7] नहीं, ख़ल्वत[8] ही सही

हम भी दुश्मन तो नहीं हैं अपने!
ग़ैर को तुझ से मुहब्बत ही सही

अपनी हस्ती[9] ही से हो, जो कुछ हो
आगही[10] गर नहीं, ग़फ़लत[11] ही सही

उ'म्र हरचन्द[12] कि है बर्क़-ख़िराम[13]
दिल के खूं करने की फ़ुरसत ही सही

हम कोई तर्के-वफ़ा[14] करते हैं!
न सही इश्क़, मुसीबत ही सही

---

1. उन्माद; 2. प्रसिद्धि; 3. काटना, विच्छेद; 4. संबंध; 5. वैमनस्य, वैर; 6. बदनामी; 7. सबके सामने, सभा; 8. एकांत; 9. अस्तित्व; 10. चेतना; 11. अचेतना; 12. यद्यपि; 13. तड़ित (बिजली) की गति से; 14. प्रेम का परित्याग;

कुछ तो दे ऐ फ़लके-नाइंसाफ़![15]
आहो-फ़रयाद[16] को रुख़्सत[17] ही सही

हम भी तस्लीम[18] की ख़ू[19] डालेंगे
बेनियाज़ी[20] तिरी आदत ही सही

यार से छेड़ चली जाए 'असद'!
गर नहीं वस्ल[21], तो हसरत[22] ही सही

---

15. अन्याय करने वाले आकाश; 16. आर्त्तनाद और परिवाद; 17. अनुमति, आज्ञा; 18. स्वीकृति, झुकने की; 19. आदत, अभाव; 20. निस्पृहता; 21. मिलाप; 22. पूरी न होने वाली इच्छा।

(150)

है अरमीदगी[1] में निकोहिश[2] बजा[3] मुझे
सुब्हे-वतन[4] है ख़ंदा-ए-दंदानुमा[5] मुझे

ढूंढ़े है उसे मुग़न्नी-ए-आतिशनफ़स[6] को जी
जिसकी सदा[7] ही जल्वा-ए-बर्क़े-फ़ना[8] मुझे

मस्ताना[9] तै करूं हूं रहे-वादी-ए-ख़याल[10]
ता बाज़गश्त[11] से न रहे मुद्दआ[12] मुझे

करता है बस कि बाग़ में तू बे-हिजाबियां[13]
आने लगी है निकहते-गुल[14] से हया[15] मुझे

खुलता किसी पे क्यूं मिरे दिल का मुआमला[16]
शे'रों के इन्तिख़ाब[17] ने रुस्वा किया मुझे

---

1. विश्राम प्रियता; 2. उपालम्भ; 3. उचित; 4. स्वदेश की भोर; 5. ऐसी हंसी जिसमें दांत दिखते हों; 6. दीप जला देने वाला स्वरसाधक; 7. आवाज़: 8. मौत की बिजली-सी चमक; 9. मस्ती में; 10. कल्पना की घाटियों का पथ; 11. वापसी; 12. मतलब, समस्या; 13. लज्जा का आवरण, पर्दा हटाना; 14. फूल की खुशबू; 15. लज्जा; 16. हाल; 17. चयन।

(151)

ज़िंदगी अपनी जब इस शक्ल[1] से गुज़री 'ग़ालिब'
हम भी क्या याद करेंगे कि खुदा रखते थे

1. प्रकार, दशा।

(152)

उस बज़्म में मुझे नहीं बनती हया किये
बैठा रहा, अगरचे इशारे हुआ किये

दिल ही तो है सियासते-दरबां[1] से डर गया
मैं, और जाऊं दर से तिरे बिन सदा किये!

रखता फिरूं हूं ख़िर्क़ा-ओ-सज्जादा[2] रहने-मय[3]
मुद्दत हुई है दा'वते-आबो-हवा[4] किए

बे सर्फ़ा[5] ही गुज़रती है, हो गरचे-उम्रे-ख़िज़्र[6]
हज़रत भी कल कहेंगे कि 'हम क्या किया किये?'

मक़्दूर[7] हो तो ख़ाक से पूछूं कि अऐ लईम[8]
तूने वो गंज-हाए-गिरांमाया[9] क्या किये?

किस रोज़ तोहमतें न तराशा[10] किये उदू?[11]
किस दिन हमारे सर पे न आरे चला किये?

सोहबत में ग़ैर की न पड़ी हो कहीं ये ख़ू[12]
देने लगा है बोसा[13] बग़ैर इल्तिजा[14] किये

ज़िद की है और बात, मगर ख़ू बुरी नहीं
भूले से उसने सैंकड़ों वफ़ा[15] किये

'ग़ालिब'! तुम्हें कहो, कि मिलेगा जवाब क्या
माना कि तुम कहा किए और वो सुना किये

---

1. द्वारपाल की धमकी; 2. कथा एवं जानमाज़, किसी बड़े फ़कीर की गद्दी, गुदड़ी; 3. मदिरा के लिए गिरवी; 4. बहार-ऋतु की दावत; 5. निरर्थक; 6. ख़िज्र नामक दीर्घायु पैगम्बर का जीवन; 7. सामर्थ्य; 8. कंजूस; 9. अमूल्य निधियां; 10. दोषों को निकालना, बताना; 11. दुश्मन; 12. आदत; 13. चुंबन; 14. प्रार्थना; 15. निर्वाह।

(153)

रफ़्तारे-उम्र[1] क़त्ऐ-रहे-इज़्तिराब[2] है
इस साल के हिसाब को बर्क़[3], आफ़ताब[4] है

मीना-ए-मय[5] है सर्व[6], निशाते-बहार[7] से
बाले-तदर्व[9], जल्वः-ए-मौजे-शराब[8] है

जख़्मी हुआ है पाश्ना[10] पा-ए-सबात[11] का
ने[12] भागने की गूं[13], न इक़ामत[14] की ताब[15] है

जादादे-बादः नोशी-ए-रिदां[16] है शशजिहत[17]
ग़ाफ़िल[18] गुमां[19] करे है कि गेती[20] ख़राब है

नज़्ज़ारा[21] क्या हरीफ़[22] हो उस बर्क़े-हुस्न[23] का
जोशे-बहार[24], जल्वे[25] को जिस के नक़ाब है

मैं, नामुराद[26] दिल की तसल्ली[27] को क्या करूं
माना, कि तेरे रुख़[28] से निगह[29] कामयाब[30] है

गुज़रा 'असद'! मसर्रते-पैग़ामे-यार[31] से
क़ासिद[32] पे मुझ को रश्के-सवालो-जवाब[33] है

---

1. जीवनगति; 2. व्याकुलता का रास्ता काटना; 3. बिजली; 4. सूर्य; 5. मदिरा का घड़ा; 6. एक सदाबहार वृक्ष; 7. बसंत ऋतु का आनंद; ८. चकोर पक्षी के पंख; 9. मदिरा की तरंग की तरह दिखना; 10. एड़ी; 11. स्थायित्व के पांव; 12. न नहीं; 13. संकल्प; 14. ठहरना; 15. सहनशक्ति; 16. मद्यपी और मनमौजियों की वह सम्पत्ति जिससे मदिरा का प्रबंध होता है; 17. छहों दिशाएं; 18. असावधान; 19. संदेह; 20. संसार; 21. दृश्य; 22. प्रतिस्पर्धी; 23. सौंदर्य की बिजली, चमक; 24. भरपूर बहार; 25. छवि, कांति; 26. अभागा; 27. सांत्वना; 28. मुख; 29. दृष्टि; 30. सफल; 31. प्रेयसी के संदेश की प्रसन्नता; 32. पत्रवाहक; 33. सवाल-जवाब, वार्त्तालाप करने की ईर्ष्या।

(154)

देखना क़िस्मत कि आप अपने पे रश्क आ जाए है
मैं उसे देखूं, भला कब मुझ से देखा जाए है!

हाथ धो दिल से, यही गर्मी गर अंदेशे[1] में है
आबगीना[2], तुन्दी-ए-सहबा[3] से पिघला जाए है

ग़ैर को, या रब! वो क्यूं कर मनअे-गुस्ताख़ी[4] करें
गर हया[5] भी उसको आती है, तो शरमा जाए है

शौक़[6] को ये लत[7] कि हर दम[8] नाला खेंचे[9] जाइए
दिल की वो हालत कि दम[10] लेने से घबरा जाए है

दूर चश्मे-बद[11] तिरी बज़्मे-तरब[12] से वाह वाह!
नग्मा[13] हो जाता है, वां गर नाला मेरा जाए है

गर्चे है तर्ज़े-तग़ाफ़ुल[14] पर्दादारे-राज़े-इश्क़[15]
पर हम ऐसे खोए जाते हैं कि वो पा[16] जाए है

---

1. विचार, चिंता; 2. शीशे का पात्र; 3. मदिरा की गर्मी; 4. धृष्टता करने से रोकना; 5. लज्जा; 6. इच्छा; 7. स्वभाव, लत; 8. पल, क्षण; 9. आर्त्तनाद करना; 10. सांस, श्वास; 11. बुरी दृष्टि; 12. हर्ष एवं आनंद की सभा; 13. गीत; 14. उपेक्षा की रीति, शैली; 15. प्रेम का भेद छुपाने वाला; 16. मिलना, पता चलना।

उसकी बज़्मआराइयां[17] सुन कर दिले-रंजूर[18], यां[19]
मिस्ले-नक़्शे-मुद्दआ-ए-ग़ैर[20] बैठा जाए है

हो के आशिक़[21] वो परी-रुख़[22] और नाज़ुक बन गया
रंग खिलता जाए है, जितना कि उड़ता जाए है

नक्श[23] को उस के, मुसव्विर[24] पर भी क्या-क्या नाज़[25] है
खेंचता है जिस क़दर उतना ही खिंचता जाए है

साया[26] मेरा, मुझ से मिस्ले-दूद[27] भागे है, 'असद'
पास मुझ आतिश बजां[28] के, किस से ठहरा जाए है

---

17. गोष्ठी, महफ़िल सजाना; 18. व्यथित हृदय; 19. यहां; 20. प्रतिद्वंद्वी के विषय, उद्देश्य की धाक; 21. आसक्त; 22. रूपवान; 23. रेखाएं, चित्र; 24. चित्रकार; 25. गर्व; 26. परछाई; 27. धुएं की भांति; 28. जिसके हृदय में आग लगी हो।

(155)

गर्मे-फ़रियाद[1] रखा शक्ले-निहाली[2] ने मुझे
तब अमां[3] हिज़्र में दी बर्दे-लियाली[4] ने मुझे

निसिया-ओ-नक़्दे-दो आलम[5] की हक़ीक़त[6] मालूम
ले लिया मुझ से, मिरी हिम्मते आली[7] ने मुझे

कसरत-आराई-ए-वहदत[8] है परस्तारी-ए-वहम[9]
कर दिया काफ़िर[10] इन असनामे-ख़याली[11] ने मुझे

हवसे-गुल[12] का तसव्वुर[13] में भी खटका न रहा
अजब आराम दिया बेपरो-बाली[14] ने मुझे

---

1. आर्त्तनादरत; 2. कालीन पर अंकित चित्र; 3. सुरक्षा; 4. लैल = रात, लियाली इसका बहुवचन है। रात की शीतलता; 5. इहलोक व परलोक की प्रसन्नता नक़्द तथा उधार; 6. वास्तविकता; 7. बड़े साहस; 8. अनेकरूपात्मकता की एकरूपता; 9. भ्रम की पूजा; 10. नास्तिक; 11. काल्पनिक मूर्तियां—सनम = मूर्ति का बहुवचन असनाम; 12. फूलों की लालसा; 13. कल्पना; 14. पंख-विहीनता

(156)

कारगाहे-हस्ती[1] में लाला[2] दाग़-सामां[3] है
बर्क़े-ख़िरमने-राहत[4], ख़ूने-गर्मे-दहक़ां[5] है

गुंचा ता शिगुफ़्तन[6] हा बर्गे-आफ़ियत[7] मालूम
बावजूदे-दिलजमई[8], ख़्वाबे-गुल[9] परीशां[10] है

हम से रंजे-बेताबी[11] किस तरह उठाया जाए
दाग़ पुश्ते-दस्ते-अज्ज़[12], शोला ख़स-ब-दंदा[13] है

---

1. अस्तित्व का कार्यालय, संसार; 2. रक्तिम पुष्प; 3. दाग़ दुख रखने वाला; 4. चैन रूपी खलिहान पर गिरने वाली बिजली; 5. किसान का गर्म खून; 6. कली के कुसुम होने तक; 7. कुशलता की पत्ती; 8. आश्वस्त होने के बावजूद; 9. फूल का स्वप्न; 10. बिखरा हुआ; 11. आकुलता का दुख; 12. विनय रूपी हाथ की पीठ; 13. दांतों में तिनका लेना।

(157)

उग रहा है दरो-दीवार[1] से सब्ज़ा[2] 'ग़ालिब'
हम बयाबां[3] में हैं और घर में बहार[4] आई है

---

1. दरवाज़ा और दीवार; 2. घास; 3. जंगल; 4. बसंत–बयाबां और बहार में सब्ज़े की समानता दृष्टव्य है।

(158)

सादगी पर उसकी, मर जाने की हसरत[1] दिल में है
बस नहीं चलता, कि फिर ख़ंजर[2] कफ़े-क़ातिल[3] में है

देखना तक़रीर[4] की लज़्ज़त[5], कि जो उसने कहा
मैंने ये जाना कि गोया[6] ये भी मेरे दिल में है

गर्चे है किस-किस बुराई से, वले बा-ई-हमा[7]
ज़िक्र[8] मेरा मुझ से बेहतर है, कि उस महफ़िल में है

बस, हुजूमे-नाउमीदी[9], ख़ाक[10] में मिल जाएगी
ये जो इक लज़्ज़त हमारी सई'-ए-बेहासिल[11] में है

रंजे-रह[12] क्यूं खेंचिए, वामांदगी[13] को इश्क़ है
उठ नहीं सकता, हमारा जो क़दम मंज़िल में है

जल्वाज़ारे-आतिशे-दोज़ख़[14] हमारा दिल सही
फितना-ए-शोरे-क़यामत[15] किस के आबो-गिल[16] में है

है दिले-शोरीदा[17]-ए-'ग़ालिब', तिलिस्मे-पेचो-ताब[18]
रहम[19] कर अपनी तमन्ना[20] पर कि किस मुश्किल में है।

---

1. अभिलाषा; 2. कटार; 3. हत्या करने वाले (प्रेयसी) की हथेली; 4. भाषण, वार्त्ता; 5. आनंद; 6. जैसे कि; 7. किंतु इस सबके उपरांत; 8. चर्चा; 9. निराशा का समूह; 10. धूल, मिट्टी; 11. असफल प्रयत्न; 12. पथ की पीड़ा; 13. थकन विश्राम; 14. नर्क की अग्नि से भरपूर; 15. प्रलय के कोलाहल का हंगामा; 16. पानी एवं मिट्टी; 17. आतुर, उद्विग्न हृदय; 18. दुख एवं व्यथा का जादू; 19. दया; 20. कामना।

(159)

दिल से तिरी निगाह जिगर तक उतर गई
दोनों को इक अदा में रज़ामंद[1] कर गई

शक़[2] हो गया है सीना, खुशा लज़्ज़ते-फ़राग़[3]
तकलीफ़े-पर्दा-दारी-ए-ज़ख़्मे-जिगर[4] गई

वो बादा-ए-शबाना[5] की सरमस्तियां[6] कहां
उठिए बस अब कि लज़्ज़ते ख़्वाबे-सहर[7] गई

उड़ती फिरे है ख़ाक मिरी, कू-ए-यार[8] में
बारे[9] अब ऐ हवा! हवसे-बालो-पर[10] गई

देखो तो दिलफ़रेबी-ए-अंदाज़े-नक़्शे-पा[11]
मौजे-ख़िरामे-यार[12] भी, क्या गुल कतर[13] गई

हर बुल्हवस[14] ने हुस्न-परस्ती[15] शि'आर[16] की
अब आबरू-ए-शेवा-अहले-नज़र[17] गई

नज़्ज़ारे ने भी काम किया वां नक़ाब का
मस्ती से हर निगह तिरे रुख़ पर बिखर गई

फ़र्दा-ओ-दी[18] का तफ़रिक़ा[19] यक बार मिटा गया
कल तुम गए कि हम पे क़यामत गुज़र गई

मारा ज़माने ने 'असदुल्लाह खां! तुम्हें
वो वलवले[20] कहां, वो जवानी किधर गई

---

1. सहमत, प्रसन्न; 2. विदीर्ण; 3. निवृत्ति के आनंद की प्रस्तुति; 4. जिगर के घाव को छुपाने की पीड़ा; 5. रात की मदिरा; 6. अत्यधिक उन्मत्तता; 7. प्रातःकालीन स्वप्न का आनंद; 8. प्रिय की गली; 9. अंततः; 10. पंख की इच्छा; 11. पदचिह्न की मनमोहक शैली; 12. प्रेयसी की मंदगति की तरंग; 13. अद्भुत कार्य करना, फुल को काटना; 14. नितांत लोभी, कामुक; 15. सौंदर्योपासना; 16. अपनायी; 17. दृष्टाओं के आर का आदर; 18. बीता हुआ कल और आने वाला कल; 19. भेद; 20. उमंगे।

(160)

तस्कीं[1] को हम न रोएं, जो ज़ौक़े-नज़र[2] मिले
हूराने-ख़ुल्द[3] में तिरी सूरत मगर मिले

अपनी गली में मुझ को न कर दफ़्न[4] बादे-क़त्ल[5]
मेरे पते से ख़ल्क[6] को क्यूं तेरा घर मिले

साक़ीगरी[7] की शर्म करो आज, वर्ना हम
हर शब पिया ही करते हैं मय, जिस क़दर[8] मिले

तुझ से तो कुछ कलाम[9] नहीं, लेकिन ऐ नदीम[10]
मेरा सलाम कहियो, अगर नामाबर[11] मिले

तुमको भी हम दिखाएं कि मजनूं ने क्या किया
फ़ुरसत[12] कशाकशे-ग़मे-पिन्हां[13] से गर मिले

लाज़िम[14] नहीं कि ख़िज़्र[15] की हम पैरवी[16] करें
जाना कि इक बुज़ुर्ग[17] हमें हमसफ़र मिले

ऐ साकिनाने-कूचा-ए-दिलदार[18] देखना
तुम को कहीं जो 'ग़ालिबे' आशुफ़्ता सर[19] मिले

---

1. सांत्वाना; 2. दृष्टि की अभिरुचि; 3. स्वर्ग की अप्सराएं; 4. गाढ़ना; 5. वध करने के पश्चात्; 6. दुनियावालों को; 7. मदिरा पिलाने का कार्य; 8. प्रकार; 9. बातचीत, वार्त्तालाप; 10. मित्र; 11. पत्रवाहक; 12. अवकाश; 13. आंतरिक व्यथा का असमंजस; 14. अनिवार्य; 15. एक पैग़म्बर जो भटके लोगों का पथ-प्रदर्शन करता है; 16. अनुगमन; 17. वयोवृद्ध; 18. प्रेयसी की गली में रहने वाले; 19. विक्षिप्त, प्रेमगी।

(161)

कोई दिन गर ज़िंदगानी[1] और है
अपने जी[2] में हम ने ठानी[3] और है

आतिशे-दोज़ख़[4] में ये गर्मी कहां
सोज़े-ग़म-हाए-निहानी[5] और है

बारहा[6] देखी हैं उनकी रंजिशें[7]
पर कुछ अब के सरगिरानी[8] और है

दे के ख़त, मुंह देखता है नामबर[9]
कुछ तो पैग़ामे-ज़बानी[10] और है

क़ात-ए--आमार[11] हैं अक्सर नुजूम[12]
वो बला-ए-आस्मानी[13] और है

हो चुकीं 'ग़ालिब' बलाएं[14] सब तमाम[15]
एक मर्गे-नागहानी[16] और है

---

1. जीवन; 2. दिल, मन; 3. संकल्प करना; 4. नर्क की अग्नि; 5. अंतर्मन के संताप की पीड़ा; 6. प्रायः अक्सर' 7. मनोमालिन्य; 8. रोष, खिन्नता; 9. पत्रवाहक; 10. मौखिक संदेश; 11. आयु को क्षीण करने वाला; 12. तारे; 13. आकाश की विपदा; 14. विपदाएं; 15. पूर्ण, समाप्त; 16. अकस्मात् मृत्यु।

(162)

कोई उम्मीद[1] बर नहीं आती[2]
कोई सूरत[3] नज़र नहीं आती

मौत का एक दिन मुअय्यन[4] है
नींद क्यूं रात भर नहीं आती

आगे आती थी हाले-दिल पे हंसी
अब किसी बात पर नहीं आती

जानता हूं सवाबे-ता'अतो-ज़हद्[5]
पर तबीअत[6] इधर नहीं आती

है कुछ ऐसी ही बात, जो चुप हूं
वर्ना क्या बात कर[7] नहीं आती

क्यूं न चीखूं कि याद करते हैं
मेरी आवाज़ गर नहीं आती

दाग़े-दिल[8] गर नज़र नहीं आता
बू[9] भी ऐ चारागर[10] नहीं आती

हम वहां हैं जहां से हम को भी
कुछ हमारी ख़बर नहीं आती

मरते हैं आरज़ू[11] में मरने की
मौत आती है पर नहीं आती

का'बा किस मुंह से जाओगे 'ग़ालिब'
शर्म तुम को मगर[12] नहीं आती

---

1. आशा; 2. पूरी न होना; 3. उपाय; 4. निश्चित; 5. वंदना एवं वैराग्य का पुण्य; 6. मन; 7. 'करनी' का लघु रूप 8. हृदय का दुख; 9. गंध; 10. उपचार करने वाला; 11. इच्छा; 12. शायद।

(163)

दिले-नादां[1] तुझे हुआ क्या है
आख़िर इस दर्द की दवा क्या है

हम हैं मुश्ताक़[2] और वो बेज़ार[3]
या इलाही! ये माजरा[4] क्या है

मैं भी मुंह में ज़बान रखता हूं
काश! पूछो कि मुद्द'आ[5] क्या है

जबकि तुझ बिन नहीं कोई मौजूद
फिर ये हंगामा ऐ ख़ुदा, क्या है

ये परीचेह्रा[6] लोग कैसे हैं?
ग़मज़ा-ओ-इश्वा-ओ-अदा[7] क्या है

शिकने-ज़ुल्फ़े-अंबरीं[8] क्यूं है
निगहे-चश्मे-सुरमा[9] सा क्या है

सब्ज़ा-ओ-गुल[10] कहां से आए हैं
अब्र[11] क्या चीज़ है हवा क्या है

---

1. नासमझ हृदय; 2. उत्सुक; 3. उदासीन 4. मामला; 5. विषय, समस्या; 6. सौंदर्यवान; 7. सुंदरियों के आंखों एवं अन्य अंगों के हावभाव; 8. अंबर-एक प्रकार की सुगंध है उस सुगंध से महकते बालोंके बल; 9. रसांजन से सजाए हुए नयनों की दृष्टि; 10. हरियाली पर्व पुष्प; 11. बादल;

हम को उनसे वफ़ा की है उम्मीद
जो नहीं जानते वफ़ा क्या है

"हां भला कर तिरा भला होगा"
और दरवेश[12] की सदा क्या है

जान तुम पर निसार करता हूं
मैं नहीं जानता, दुआ क्या है

मैंने माना कि कुछ नहीं 'ग़ालिब'
मुफ़्त हाथ आए तो बुरा क्या है

12. संतों-फ़क़ीरों।

(164)

कहते तो हो तुम सब कि बुते-ग़ालिया-मू[1] आए
यक मर्तबा[2] घबरा के कहो कोई कि, वो आए

हूं कश्मकशे-नज़्अ[3] में, हां जज़्बे-मुहब्बत[4]
कुछ कह न सकूं, पर वो मिरे पूछने को आए

है साइ'क़ा-ओ-शोला-ओ-सीमाब का आलम[5]
आना ही समझ में मिरी आता नहीं, गो आए

ज़ाहिर है कि घबरा के न भागेंगे नकीरैन[6]
हां, मुंह से मगर बादा-ए-दोशीना[7] की बू आए

जल्लाद[8] से डरते हैं, न वाइ'ज़[9] से झगड़ते
हम समझे हुए हैं उसे, जिस भेस में जो आए

हां अहले-तलब[10]! कौन सुने ताना-ए नायाफ़्त[11]
देखा, कि वो मिलता नहीं, अपने ही को खो आए

अपना नहीं वो शेवा[12] कि आराम से बैठें
उस दर पे नहीं बार[13], तो का'बे ही को हो आए

की हमनफ़सों[14] ने असरे-गिरिया[15] में तक़रीर[16]
अच्छे रहे आप उससे, मगर मुझको डुबो आए

उस अन्जुमने-नाज़[17] की क्या बात है 'ग़ालिब'!
हम भी गए वां, और तिरी तक़दीर को रो आए

---

1. सुगंधित केशों वाली प्रेयसी; 2. एक बार; 3. मृत्यु के समय की सांसों की खींचातानी; 4. प्रेम की भावना; 5. बिजली, अग्नि एवं पारे की-सी दशा; 6. दो देवदूत जो मरने पर क़ब्र में व्यक्ति से सवाल-जवाब करते हैं; 7. पिछली रात की पी हुई मदिरा; 8. वधिक; 9. धर्मोपदेशक; 10. इच्छुक; 11. इच्छित वस्तु की अप्राप्ति का कटाक्ष; 12. चलन, शैली; 13. प्रवेश; 14. मित्रों; 15. रुदन का प्रभाव; 16. वार्त्ता, भाषण; 17. प्रेयसी की गोष्ठी।

(165)

फिर कुछ इक दिल को बेक़रारी[1] है
सीना जोया-ए-ज़ख़्मे-कारी[2] है

फिर जिगर खोदने लगा नाखुन
आमदे-फ़स्ले-लाला-कारी[3] है

क़िब्ला-ए-मक़सदे-निगाहे-नियाज़[4]
फिर वही पर्दा-ए-'अमारी'[5] है

चश्म[6], दल्लाले-जिसे-रुस्वाई[7]
दिल, ख़रीदारे-ज़ौक़े-ख़्वारी[8] है

वो ही सदरंग[9] नाला-फ़रसाई[10]
वो ही सदगूना[11] अश्क-बारी[12] है

दिल हवा-ए-ख़िरामे-नाज़[13] से फिर
महशरिस्ताने-बेक़रारी[14] है

जल्वा[15] फिर अर्ज़े-नाज़[16] करता है
रोज़े-बाज़ारे-जांसिपारी[17] है

---

1. व्याकुलता; 2. भरपूर घाव को ढूंढ़ने वाला; 3. लाल रंग के फूलों की रुत का आगमन; 4. आकांक्षा एवं कृपा रूपी दृष्टि का इरादा, संकल्प; 5. हौदे का पर्दा; 6. आंखें; 7. बदनामी की सामग्री का दलाल; 8. अनादर की अभिरुचि का ख़रीदार; 9. सौ रंग; 10. आर्त्तनाद करना; 11. सौ प्रकार से; 12. आंसू का बहना; 13. प्रेयसी की मंद गति की आकांक्षा; 14. व्याकुलता का प्रलयस्थल; 15. कांति, छवि; 16. सौंदर्य की प्रस्तुति; 17. प्राण त्यागने का बाज़ार;

फिर उसी बेवफ़ा[18] पे मरते हैं
फिर वही ज़िंदगी हमारी है

फिर खुला है दरे-अदालते-नाज़[19]
गर्म बाज़ारे-फ़ौजदारी[20] है

हो रहा है जहान में अंधेर[21]
जुल्फ़ की[22] फिर सरिश्तादारी[23] है

फिर दिया पारा-ए-जिगर[24] ने सवाल
एक फ़रियादो-आहो-ज़ारी[25] है

फिर हुए हैं गवाहे-इश्क़ तलब[26]
अश्क-बारी[27] का हुक्म जारी है

दिलो-मिज़गां[28] का जो मुक़द्दमा था
आज फिर उसकी रूबकारी[29] है

बेख़ुदी[30] बेसबब[31] नहीं 'ग़ालिब'
कुछ तो है जिसकी पर्दादारी[32] है

---

18. निर्वाह न करने वाला; 19. रूप-गौरव के न्यायालय का द्वार; 20. मारपीट या हथियार की लड़ाई का बाज़ार; 21. अन्याय; 22. बालों की; 23. न्यायालय के प्रधान मुंशी का पद; 24 जिगर का टुकड़ा; 25. आर्त्तनाद की पुकार, रोना-पीटना; 26. प्रेम-इच्छुक के गवाह; 27. आंसू-वर्षा; 28. पलकों एवं हृदय; 29. मुक़द्दमे की तिथि; 30. आत्मविस्मृति; 31. अकारण; 32. आवरण किया हुआ।

(166)

जुनूं[1] तोह्मत-कशे-तस्कीं[2] न हो, गर शादमानी[3] की
नमक-पाशे-ख़राशे-दिल[4] है, लज्ज़त ज़िंदगानी की

कशाकश-हाए-हस्ती[5] से करे क्या सइ'-ए-आज़ादी[6]
हुई ज़ंजीर, मौजे-आब[7] को, फ़ुरसत रवानी[8] की

पस अज़ मुर्दन[9] भी, दीवाना ज़ियारतगाहे-तिफ़्ला[10] है
शरारे-संग[11] ने तुरबत[12] पे मेरी गुल-फ़िशानी[13] की

---

1. उन्माद; 2. जिस पर सांत्वना का आरोप लगाया जाए; 3. प्रसन्नता; 4. हृदय के घाव पर नमक छिड़कने वाला; 5. जीवन का संघर्ष, खींचातानी; 6. स्वतंत्रता का प्रयास; 7. पानी की लहर; 8. बहाव, गतिशीलता; 9. मृत्यु के पश्चात्; 10. बच्चों का तीर्थ स्थान 11. पत्थर की चिंगारियां; 12. समाधिस्थ, क़ब्र; 13. पुष्प वर्षा।

(167)

निकोहिश[1] है सज़ा फ़रियादी-ए-बेदादे-दिलबर[2] की
मबादा[3] ख़ंद-ए-दंदां-नुमा[4] हो सुब्ह महशर[5] की

रगे-लैला[6] को ख़ाके-दश्ते-मजनूं[7] रेशगी बख़्शे[8]
अगर बो दे बजाए दानः दहक़ां[9] नोक नश्तर[10] की

परे-परवाना[11], शायद बादबाने-कश्ती-ए-मय[12] था
हुई मजलिस[13] की गर्मी से रवानी दौरे-साग़र[14] की

करूं बेदादे-ज़ौक़े-परफ़िशानी[15] अर्ज़[16], क्या क़ुदरत!
कि ताक़त उड़ गई, उड़ने से पहले, मेरे शहपर[17] की

कहां तक रोऊं उसके ख़ेमे[18] के पीछे, क़यामत है
मिरी क़िस्मत में यारब, क्या न थी दीवार पत्थर की

---

1. उपालम्भ, भर्त्सना; 2. प्रेयसी के अत्याचारों की शिकायत करने वाला या न्याय मांगने वाला; 3. कहीं ऐसा न हो; 4. व्यंग्य की हंसी की तरह; 5. प्रलय का दिन; 6. लैला की नस; 7. रेगिस्तान, जहां मजनूं मारा-मारा फिरता था, की धूल; 8. उन्नति पाना; 9. किसान; 10. छोटी छुरी; 24. पतंगे का पंख; 12. मदिरा रूपी नाव का पाल; 13. गोष्ठी, महफ़िल; 14. मदिरा पात्र का चक्कर; 15. पंख फड़फड़ाने की आकांक्षा करने पर होने वाले अत्याचार; 16. निवेदन बयान; 17. पंख; 18. तम्बू, डेरा।

(168)

बे ए'तिदालियों[1] से, सुबुक[2] सब में हम हुए
जितने ज़ियादा हो गए, उतने ही कम हुए

पिन्हां[3] था दाम-सख़्त[4] क़रीब आशयान[5] के
उड़ने न पाए थे कि गिरफ़्तार हम हुए

हस्ती[6] हमारी, अपनी फ़ना[7] पर दलील[8] है
यां तक मिटे कि आप हम अपनी क़सम हुए

सख़्ती-कशाने-इश्क़[9] की पूछे है क्या ख़बर!
वो लोग रफ़्ता-रफ़्ता[10] सरापा अलम[11] हुए

तेरी वफ़ा[12] से क्या हो तलाफ़ी[13], कि दहर[14] में
तेरे सिवा भी हम पे बहुत से सितम हुए

लिखते रहे जुनूं[15] की हिकायते-ख़ू-चकां[16]
हरचंद[17] इसमें हाथ हमारे क़लम हुए[18]

अल्लाह रे! तेरी तुन्दी-ए-ख़ू[19] जिस के बीम[20] से
अज्ज़ा-ए-नाला[21] दिल में मिरे रिज़्क़-हम[22] हुए

---

1. असन्तुलन' 2. हलका, तुच्छ; 3. छुपा हुआ; 4. मज़बूत जाल; 5. घोंसला; 6. अस्तित्व; 7. नष्ट होना, विनाश; 8. प्रमाण; 9. प्रेम की मुश्किलें सहने वाला; 10. धीरे-धीरे; 11. सिर से पांव तक दुख ही दुख; 12. निर्वाह; 13. क्षतिपूर्ति; 14. दुनिया; 15. उन्माद; 16. रक्तरंजित; कथाएं; 17. यद्यपि; 18. काटे गए; 19. स्वभाव की उग्रता; 20. भय ख़ौफ़; 21. आर्त्तनाद के टुकड़े; 22. दुख की ख़ुराक।

अहले-हवस[23] की फ़त्ह[24] है तर्के-नबर्दे-इश्क़[25]
जो पांव उठ गए, वही उनके अलम[26] हुए

नाले[27] अदम[28] में चन्द[29] हमारे सिपुर्द[30] थे
जो वाँ न खिंच सके, सो वो याँ आ के दम[31] हुए

छोड़ी 'असद'! न हमने गदाई[32] में दिल्लगी
साइल[33] हुए तो आशिक़े-अहले-करम[34] हुए

23. लोलुपों; 24. जीत; 25. प्रेम के संघर्ष से पलायन, परित्याग; 26. ध्वजा, पताका; 27. आर्त्तनाद; 28. परलोक; 29. कितने, कुछ; 30. सौपे हुए; 31. सांस; 32. फ़क़ीरी; 33. भिक्षुक; 34. कृपालुओं पर आसक्त।

(169)

जो न नक़्दे-दागे-दिल[1] की करे शोला पासबानी[2]
तो फ़सुर्दगी[3] निहां है, बकमीने-बेज़बानी[4]

मुझे उससे क्या तवक्क़ो[5] बज़माना-ए-जवानी[6]
कभी कोदकी[7] में जिसने न सुनी मिरी कहानी

यूं ही दुख किसी को देना नहीं खूब, वर्ना कहता
कि मिरे उदू[8] को यारब! मिले मेरी ज़िंदगानी

1. हृदय के दुख की दौलत; 2. रक्षा; 3. बुझा हुआ; 4. चुप रहने की आड़ में; 5. अपेक्षा, आशा; 6. युवावस्था में; 7. बचपन; 8. शत्रु।

(170)

ज़ुल्मत-कदे[1] में मेरे शबे-ग़म[2] का जोश[3] है
इक शम्अ है दलीले-सहर[4], सो ख़मोश है

ने मुज़्दा-ए-विसाल[5], न नज़्ज़ारा-ए-जमाल[6]
मुद्दत हुई कि आश्ती-ए-चश्मो-गोश[7] है

मय[8] ने किया है हुस्ने-ख़ुदआरा[9] को बेहिजाब[10]
ऐ शौक़![11] यां इजाज़ते-तस्लीमे-होश[12] है

गौहर[13] को 'इक़्दे-गर्दने-ख़ूबां[14] में देखना!
क्या औज[15] पर सितारा-ए-गौहर फ़रोश[16] है

दीदार[17] बादा[18], हौसला[19] साक़ी[20], निगाह[21] मस्त
बज़्मे-ख़याल[22] मयकदा-ए-बेख़रोश[23] है

ऐ ताज़ा वारिदाने-बिसाते-हवा-ए-दिल[24]
ज़िन्हार![25] अगर तुम्हें हवसे-नाव-ओ-नोश[26] है

---

1. जहां अंधेरा ही अंधेरा हो, संसार; 2. दुख की रात्रि; 3. आवेग, तीव्रता; 4. सुबह का प्रमाण; 5. मिलन का शुभ संदेश; 6. सौंदर्य-दर्शन; 7. आंखों एवं कानों में मैत्री संबंध; 8. मदिरा; 9. अपने आप ही सजा हुआ सौंदर्य; 10. पर्दा रहित; 11. अभिलाषा; 12. चेतना के समर्पण की अनुमति; 13. मोती; 14. प्रेयसी के गले का हार' 15. उत्कर्ष; 16. मोती बेचने वाले का भाग्य; 17. दर्शन; 18. शराब; 19. साहस; 20. मदिरा पिलाने वाला; 21. दृष्टि; 22. कल्पना का संसार; 23. नीरव मदिरालय; 24. रंगरलियां मनाने हेतु नई-नई इच्छाएं रखने वाले; 25. कभी-कभी; 26. मदिरापान की इच्छा;

देखो मुझे, जो दीदा-ए-इबरत-निगाह[27] हो
मेरी सुनो, जो गोश-नसीहत नियोश[28] है

साक़ी ब जल्वा[29] दुश्मने-ईमानो-आगही[30]
मुतरिब[31] ब नग़्मा[32] रहज़ने-तमकीनो-होश[33] है

या शब को देखते थे, कि हर गोशा-ए-बिसात[34]
दामाने-बाग़बानो-कफ़े-गुलफ़रोश[35] है

लुत्फ़े-ख़िरामे-साक़ी[36] -ओ-ज़ौके-सदा-ए-चंग[37]
ये जन्नते-निगाह[38], वो फ़िरदौसे-गोश[39] है

या सुब्ह दम जो देखिए आकर, तो बज़्म में
ने वो सुरूरो-सोज़[40], न जोशो-ख़रोश[41] है

दाग़े-फ़िराक़े-सोहबते-शब[42] की जली हुई
इक शमअ रह गई है, सो वो भी ख़मोश है

आते हैं ग़ैब[43] से, ये मज़ामीं[44] ख़याल में
'ग़ालिब' सरीरे-ख़ामा[45] नवा-ए-सरोश[46] है

---

27. दूसरे के अनुभव से शिक्षा लेने वाली आंख; 28. सदोपदेश सुनाने वाले कान; 29. अपनी कांति से 30. धर्म, ज्ञान एवं आस्था का शत्रु; 31. गाने वाला; 32. अपने संगीत से, गायन से; 33. मन के संतोष एवं बुद्धि को लूटने वाला; 34. आंगन का प्रत्येक कोना 35. माली की झोली तथा फूल बेचने वाले की हथेली; 36. मदिरा पिलाने वाले की मंद गति का आनंद; 37. चंग नामक वाद्य की आवाज़ का मज़ा; 38. दृष्टि के लिए स्वर्ग; 39. कानों के लिए स्वर्ग; 40. हर्ष एवं जलन; 41. हंगामा एवं कोलाहल; 42. रात की महफ़िल के बिछोह का दुख; 43. परोक्ष, आकाश; 44. विषय; 45. लेखनी (पेन) की चिरचिराहट; 46. देवदूत, जिब्रील की आवाज़, जो शुभ संदेश लाता है।

(171)

आ कि मिरी जान को क़रार[1] नहीं है
ताक़ते-बेदादे-इंतिज़ार[2] नहीं है

देते हैं जन्नत हयाते-दह्र[3] के बदले
नश्शा ब अंदाज़ा-ए-खुमार[4] नहीं है

गिरिया[5] निकाले है तेरी बज़्म[6] से मुझको
हाय! कि रोने पे इख़्तियार[7] नहीं है

हम से अबस[8] है गुमाने-रंजिशे-ख़ातिर[9]
ख़ाक में 'उश्शाक़[10] की गुबार[11] नहीं है

दिल से उठा लुत्फ़े-जल्वा-हाए-म'आनी[12]
ग़ैरे-गुल[13], आईना-ए-बहार[14] नहीं है

क़त्ल का मेरे किया है 'अहद[15] तो बारे[16]
वाय[17]! अगर 'अहद-उस्तवार[18] नहीं है

तूने क़सम मयकशी[19] की खाई है 'ग़ालिब'
तेरी क़सम का कुछ ए'तिबार नहीं है

---

1. संतोष, आराम; 2. प्रतीक्षा के दुख सहने की शक्ति; 3. सांसारिक जीवन; 4. नशा उतरने की अवस्था जैसा नशा; 5. रुदन; 6. महफ़िल; 7. वश; 8. व्यर्थ; 9. मनोमालिन्य का संदेह; 10. आसक्तों; 11. धूल, द्वेष; 12. अर्थ-प्रदर्शन का आनंद; 13. फूल के अतिरिक्त; 14. बसंत का दर्पण; 15. प्रतिज्ञा; 16. अंतत; 17. हाय-हाय; 18. दृढ़ संकल्प; 19. मदिरापान।

(172)

हुजूमे-ग़म[1] से, यां तक सरनिगूनी[2] मुझको हासिल[3] है
कि तारे-दामनो-तारे-नज़र[4] में फ़र्क़[5] मुश्किल है

रफ़ू-ए-जख़्म[6] से मतलब है लज़्ज़त ज़ख़्मे-सोज़न[7] की
समझियो मत, कि पासे-दर्द[8] से दीवाना ग़ाफ़िल[9] है

वो गुल जिस गुलसितां[10] में जल्वा फ़रमाई[11] करे 'ग़ालिब!
चटकना गुंचा-ए-गुल[12] का, सदा-ए-ख़ंदा-ए-दिल[13] है

---

1. दुखों का समूह; 2. नतमस्तक होना; 3. प्राप्त; 4. आंचल के धागों एवं दृष्टि के तार; 5. भेद, अंतर; 6. घाव की सिलाई; 7. सुई से होने वाला घाव; 8. पीड़ा का आदर; 9. असावधान, अचेत; 10. पुष्प-उद्यान; 11. प्रदर्शन; 12. फूल की कली; 13. हृदय के मुस्कुराने की ध्वनि।

(173)

पा ब दामन[1] हो रहा हूं बस कि मैं सहरा-नवर्द[2]
ख़ारे-पा[3] हैं जौहरे-आईना-ए-ज़ानू[4] मुझे

देखना हालत मिरे दिल की, हम-आग़ोशी[5] के वक्त
है निगाहे-आशना[6], तेरा सरे-हर मू[7] मुझे

हूं सरापा[8] साज़े-आहंगे-शिकायत[9] कुछ न पूछ
है यही बेहतर, कि लोगों में न छेड़े तू मुझे

---

1. पांव आंचल में समेटना अर्थात् चलने-फिरने में असमर्थ; 2. जंगलों की छानबीन करने वाला; 3. पांव का कांटा; 4. जंघा पर पड़ने वाली स्पष्ट झुर्रियां (लकीरें); 5. आलिंगन; 6. स्नेहासक्त, परिचित दृष्टि; 7. हर रोएं की नोक; 8. साक्षात; 9. उलाहना, शिकायत के स्वरों से भरा वाद्य।

(174)

जिस बज़्म में तू, नाज़[1] से, गुफ़्तार[2] में आवे
जां[3] काल्बुदे-सूरते-दीवार[4] में आवे

साये की तरह साथ फिरें सर्वो-सनोबर[5]
तू इस क़दे-दिलकश[6] से, जो गुलज़ार[7] में आवे

तब नाज़े-गिरांमायगी-ए-अश्क[8] बजा[9] है
जब लख़्ते-जिगर[10] दीदा-ए-ख़ूंबार[11] में आवे

दे मुझ को शिकायत की इजाज़त कि सितमगर!
कुछ तुझ को मज़ा भी मिरे आज़ार[12] में आवे

उस चश्मे-फ़ुसूंगर[13] का अगर पाए इशारा
तूती[14] की तरह आइना गुफ़्तार में आवे

कांटों की ज़बां सूख गई प्यास से या रब
इक आबला-पा[15] वादी-ए-पुरख़ार[16] में आवे

मर जाऊं न क्यूं रश्क से, जब वो तने-नाज़ुक[17]
आग़ोशे-ख़मे-हल्क़ा-ए-जुन्नार[18] में आवे

---

1. गर्व; 2. वार्त्तालाप करना; 3. प्राण, जीवन; 4. दीवार रूपी शरीर; 5. सर्व एवं सनोबर के वृक्ष, जो प्रेमिका के सौंदर्य के उपमान हैं; 6. मनमोहक आकार, अंदाज़; 7. उद्यान; 8. अश्रुओं का अपनी बहुमूल्यता पर अभिमान; 9. उचित; 10. जिगर का टुकड़ा; 11. रक्त टपकाने वाले नयन; 12. दुख; 13. जादू भरे नयन; 14. एक तोता जिसे दर्पण के सामने बिठाकर बोलना सिखाते हैं; 15. जिसके पैर में छाले हों; 16. कांटों से भरपूर घाटी; 17. कोमल शरीर वाला; 18. जनेऊ की वर्तुलता की गोद।

ग़ारतगरे-नामूस[19] न हो, गर हवसे-ज़र[20]
क्यूं शाहिदे-गुल[21], बाग़ से बाज़ार में आवे

तब चाके-गरेबां[22] का मज़ा है, दिले-नादां
जब इक नफ़स[23] उलझा हुआ, हर तार में आवे

आतिशकदा[24] है सीना मिरा, राज़े-निहां[25] से
ऐ वाए! अगर मा'रिज़े-इज़्हार[26] में आवे

गंजीना-ए-मा'नी[27] का तिलिस्म[28] उसको समझिए
जो लफ़्ज़ कि 'ग़ालिब'! मिरे अश'आर[29] में आवे

---

19. सम्मान को नष्ट करने वाला; 20. धन की आकांक्षा; 21. फूलों की नायिका; 22. कुर्ते का गला फाड़ने का; 23. सांस; 24. अग्निशाला भट्ठी; 25. अंतर्निहित रहस्य; 26. वर्णन की परिधि; 27. अर्थ का ख़ज़ाना; 28. जादू; 29. काव्य, शेरों।

(175)

हुस्ने-मह[1] गर्चे[2] ब हंगामे-कमाल[3] अच्छा है
उससे मेरा महे-ख़ुर्शीद-जमाल[4] अच्छा है

बोसा[5] देते नहीं और दिल पे है हर लहजा[6] निगाह
जी में कहते हैं कि मुफ़्त आए तो माल अच्छा है

और बाज़ार से ले आए, अगर टूट गया
साग़रे-जम[7] से मिरा जामे-सिफ़ाल[8] अच्छा है

बेतलब[9] दें तो मज़ा उसमें सिवा[10] मिलता है
वो गदा[11], जिस को न हो ख़ू-ए-सवाल[12] अच्छा है

उनके देखे से जो आ जाती है मुंह पर रौनक़
वो समझते हैं कि बीमार का हाल अच्छा है

देखिए पाते हैं, 'उश्शाक़[13] बुतों[14] से क्या फ़ैज़[15]
इक बिरहमन ने कहा है, कि 'ये साल अच्छा है'

हम-सुखन[16] तेशे[17] के फ़रहाद को शीरीं से किया
जिस तरह का कि किसी में हो कमाल, अच्छा है

---

1. चंद्रमा का सौंदर्य; 2. यद्यपि; 3. पूर्णता के समय; 4. सूर्य जैसी आभा वाला चांद, प्रेयसी; 5. चुंबन; 6. प्रत्येक क्षण; 7. ईरान के राजा जमशेद का प्रसिद्ध मधुपात्र; 8. मिट्टी का मधुपात्र; 9. बिना मांगे; 10. अधिक; 11. भिखारी; 12. मांगने का स्वभाव, प्रार्थना की आदत; 13. आसक्तो, प्रमियों; 14. प्रेयसियों; 15. लाभ; 16. समभाषी, समान भाषा बोलने वाला; 17. कुदाल;

क़तरा[18] दरिया में जो मिल जाए, तो दरिया हो जाए
काम अच्छा है वो, जिसका कि मआल[19] अच्छा है

ख़िज़्र सुल्तां[20] को रखे, ख़ालिक़े-अकबर[21] सरसब्ज़[22]
शाह के बाग़ में, ये ताजा निहाल[23] अच्छा है

हम को मा'लूम है जन्नत[24] की हक़ीक़त[25], लेकिन
दिल के ख़ुश रखने को 'ग़ालिब!' ये ख़याल अच्छा है

---

18. बूद; 19. अंत, परिणाम; 20. बहादुर शाह के पुत्र का नाम; 21. ईश्वर; 22. तंदुरुस्त; 23. पौधा; 24. स्वर्ग; 25. वास्तविकता।

(176)

न हुई गर मिरे मरने से तसल्ली, न सही
इम्तिहां और भी बाक़ी हो, तो ये भी न सही

ख़ार-ख़ारे-अलमे-हसरते-दीदार[1] तो है
शौक़[2], गुलचीने-गुलिस्ताने-तसल्ली[3] न सही

मयपरस्तां[4]! ख़ुमे-मय[5] मुंह से लगाए ही बने
एक दिन गर न हुआ बज़्म[6] में साक़ी, न सही

नफ़से-क़ैस[7] कि है चश्मो-चरागे-सह्‌रा[8]
गर नहीं शम्ओ-सियहख़ाना-ए-लैला[9] न सही

एक हंगामे[10] पे मौक़ूफ़[11] है घर की रौनक़
नोहा-ए-ग़म[12] ही सही, नग्मा-ए-शादी[13] न सही

न सताइश[14] की तमन्ना[15], न सिले[16] की परवा
गर नहीं हैं मिरे अश्‘आर[17] में मा‘नी[18] न सही

इशरते-सोहबते-ख़ूबां ही ग़नीमत[19] समझो
न हुई, ‘ग़ालिब’, अगर उम्रे-तबई,[20] न सही

---

1. दर्शनाभिलाषा के दुख जिसमें कांटे हैं; 2. आकांक्षा; 3. संतोष-पुष्प चुनने वाला; 4. मद्य-पूजक शराबी; 5. शराब का मटका; 6. सभा; 7. मजनूं का सांस; 8. रेगिस्तान की आंख और दिया अर्थात् अत्यंत प्रिय; 9. लैला के अंधेरे घर की उजाला; 10. चहल-पहल; 11. निर्भर; 12. दुख का विलाप; 13. सुख का संगीत; 14. प्रशंसा; 15. इच्छा; 16. पुरस्कार; 17. शे’र का बहुवचन काव्य; 18. अर्थ—‘ग़ालिब’ के समकालीन उन्हें निरर्थक काव्य-सर्जक कहते थे; 19. सुंदर स्त्रियों की संगत; 20. प्राकृतिक रूप से पूर्ण आयु।

(177)

अजब निशात[1] से, जल्लाद के चले हैं हम, आगे
कि अपने साए से सर, पांव से है दो क़दम आगे

क़ज़ा[2] ने था मुझे चाहा, 'ख़राबे-बादा-ए-उल्फ़त'[3]
फ़क़त[4] 'ख़राब' लिखा, बस न चल सका क़लम आगे

ग़मे-ज़माना[5] ने झाड़ी, निशाते-इश्क़[6] की मस्ती
वगरनः हम भी उठाते थे लज्ज़ते-अलम[7] आगे

खुदा के वास्ते, दाद[8] इस जुनूने-शौक़[9] की देना
कि उसके दर प पहुंचते हैं नामाबर[10] से हम आगे

ये उम्र भर जो परेशानियां उठाई हैं हम ने
तुम्हारे आईवा-ए-तुर्रा-हाए-ख़म-ब-ख़म[11] आगे

दिलो-जिगर[12] में परअफ़शां[13], जो एक मौजा-ए-ख़ूं[14] है
हम अपने जो'म[15] में समझे हुए थे इसको दम आगे

क़सम जनाज़े[16] पे आने की मेरे खाते हैं 'ग़ालिब'!
हमेशा खाते थे जो, मेरी जान की क़सम आगे

---

1. हर्ष; 2. ईश्वर की इच्छा; 3. प्रेम-मदिरा से विनाश को प्राप्त होने वाला; 4. मात्र; 5. दुनिया का दुख; 6. प्रेम के हर्ष; 7. दुख का आनन्द; 8. प्रशंसा; 9. प्रेमोन्माद 10. पत्र-वाहक; 11. घुंघराले-बाल; 12. दिल और जिगर; 13. व्याकुल; 14. रक्त-तरंग; 15. आत्म गर्व; 16. शव/शव-यात्रा।

(178)

शिकवे[1] के नाम से बेमेहर[2] ख़फ़ा होता है
ये भी मत कह कि जो कहिए तो गिला[3] होता है

पुर[4] हूं मैं शिकवे से यूं राग से जैसे बाजा
इक ज़रा छेड़िए फिर देखिए क्या होता है

गो समझता नहीं पर हुस्ने-तलाफ़ी[5] देखो!
शिकवा-ए-जोर[6] से, सरगर्मे-जफ़ा[7] होता है

इश्क़ की राह में है चर्ख़े-मकौकब[8] की वो चाल
सुस्त-रौ[9] जैसे कोई आबला-पा[10] होता है

क्यूं न ठहरे हदफ़ें-नावके-बेदाद[11], कि हम
आप उठा लाते हैं गर तीर ख़ता[12] होता है

खूब था पहले से होते जो हम अपने बदख़्वाह[13]
कि भला चाहते हैं और बुरा होता है

नाला जाता था परे अर्श[14] से मेरा, और अब
लब[15] तक आता है जो ऐसा ही रसा[16] होता है

---

1. शिकायत; 2. कृपा रहित, निर्मोही; 3. शिकायत; 4. भरा हुआ; 5. क्षतिपूर्ति की विशेषता, सौंदर्य; 6. अत्याचार की शिकायत; 7. अत्याचार को तत्पर; 8. तारों से भरा आकाश; 9. मंदगामी; 10. जिसके पांव में छाला हो; 11. अन्याय के तीर का लक्ष्य; 12. चूकना; 13. बुरा चाहने वाला; 14. आकाश; 15. होंठ; 16. पहुंच वाला;

ख़ामा[17] मेरा कि वो है बारबुदे-बज़्मे-सुखन[18]
शाह की मदह[19] में, यूं नग़मासरा[20] होता है

ऐ शहन्शाहे-कवाकिब-सिपहे-मेहूर-अलम[21]
तेरे इकराम[22] का हक़[23] किस से अदा होता है

सात इक़्लीम[24] का हासिल[25] जो फ़राहम[26] कीजे
तो वो लश्कर[27] का तिरे नाल-बहा[28] होता है

हर महीने में जो ये बद्र[29] से होता है हिलाल[30]
आस्तां[31] पर तिरे मह नासिया[32]-सा होता है

मैं जो गुस्ताख़[33] हूं आईने-ग़ज़ल-ख़्वानी[34] में
ये भी तेरा ही करम ज़ौक़-फ़िज़ा[35] होता है

रखियो! 'ग़ालिब! मुझे इस तल्ख़-नवाई[36] में मुआफ़
आज कुछ दर्द मेरे दिल में सिवा होता है

---

17. लेखनी, कलम; 18. काव्य के दरबार का बारबुद (बारबुद-ईरान के सम्राट खुसरो परवेज़ के दरबार का गवैया); 19. प्रशंसा; 20. गीत गाने वाला; 21. सम्राट, जिसकी तारों की तरह असंख्य सेना है एवं सूर्य तक पहुंचने वाली पताका है; 22. सम्मान; 23. कर्त्तव्य; 24. महाद्वीप; 25. प्राप्य; 26. एकत्रित; 27. सेना; 28. नालबंदी का व्यय; 29. पूर्ण चंद्र; 30. दूज का चांद; 31. चौखट; 32. माथा घिसने वाला; 33. घृष्ट; 34. ग़ज़ल कहने का नियम; 35. अभिरुचि को उकसाने वाला; 36. कटुभाषण।

(179)

हर एक बात पे कहते हो तुम कि तू क्या है
तुम्हीं कहो कि ये अंदाज़े-गुफ़्तगू[1] क्या है

न शोले में ये करिश्मा न बर्क़[2] में ये अदा
कोई बताओ, कि वो शोख़े-तुन्द-ख़ू[3] क्या है

ये रश्क[4] है कि वो होता है हम-सुख़न[5] तुमसे
वगरना ख़ौफ़े-बदआमोज़ी-ए-उदू[6] क्या है

चिपक रहा है बदन पर लहू से पैराहन[7]
हमारी जैब[8] को अब हाजते-रफ़ू[9] क्या है

जला है जिसम जहां, दिल भी जल गया होगा
कुरेदते हो जो अब राख, जुस्तजू[10] क्या है

रंगों में दौड़ते फिरने के हम नहीं क़ाइल[11]
जब आंख ही से न टपका तो फिर लहू क्या है

पियूं शराब, अगर खुम[12] भी देख लूं दो-चार
ये शीशा-ओ-क़दहो-कूज़ा-ओ-सुबू[13] क्या है

रही न ताक़ते-गुफ़्तार[14] और अगर हो भी
तो किस उम्मीद पे कहिए कि आरज़ू[15] क्या है

हुआ है शह[16] का मुसाहिब[17] फिरे है इतराता[18]
वगरना शहर में 'ग़ालिब' की आबरू[19] क्या है

---

1. वार्ता-शैली; 2. बिजली; 3. उग्र स्वभाव वाली प्रेयसी; 4. ईर्ष्या; 5. साथ-साथ बातें करने वाला; 6. शत्रु के सिखाने-बुझाने का भय; 7. वस्त्र; 8. अचकन या कुर्ते का गला; 9. सिलाई की आवश्यकता; 10. तलाश; 11. निरुत्तर, समर्थक; 12. मदिरा का घड़ा; 13. बोतल, प्याला मदिरापात्र एवं मदिरा-कलश; 14. बोलने की शक्ति; 15. इच्छा, कामना; 16. बादशाह; 17. सभासद; 18. गर्व करता हुआ; 19. सम्मान, प्रतिष्ठा।

(180)

मैं उन्हें छेंड़ूं और कुछ न कहें
चल निकलते[1] जो मय पिये होते

क़हर[2] हो या बला[3] हो जो कुछ हो
काश कि तुम मिरे लिए होते

मेरी क़िस्मत में ग़म गर इतना था
दिल भी या रब! कई दिए होते

आ ही जाता वो रहा पर 'ग़ालिब'
कोई दिन और भी जिए होते

---

1. गर्व करना, धृष्ट एवं अशिष्ट होना; 2. प्रकोप; 3. आपत्ति।

(181)

ग़ैर लें महफ़िल में बोसे[1] जाम के
हम रहें यूं तश्ना-लब[2] पैग़ाम[3] के

ख़स्तगी[4] का तुम से क्या शिकवा कि ये
हथकण्डे हैं चर्ख़े-नीली-फ़ाम[5] के

ख़त लिखेंगे गर्चे मतलब कुछ न हो
हम तो आशिक़ हैं तुम्हारे नाम के

रात पी ज़मज़म[6] पे मय और सुब्ह-दम
धोए धब्बे जामा-ए-अह्‌राम[7] के

दिल को आंखों ने फंसाया, क्या मगर
ये भी हल्क़े[8] हैं तुम्हारे दाम[9] के

शाह के है गुस्ले-सेहत[10] की ख़बर
देखिए कब दिन फिरें हम्माम[11] के

इश्क़ ने 'ग़ालिब' निकम्मा कर दिया
वर्ना हम भी आदमी थे काम के

1. चुंबन; 2 प्यासा; 3. संदेश; 4. थकन, परेशानी; 5. नीले रंग के आकाश; 6. काबे के पास वह पवित्र कुआं जहां हज करने वाले पानी पीते हैं; 7. काबे की परिक्रमा के लिए शरीर पर लपेटे जाने वाला कपड़ा; 8. फंदे; 9. जाल; 10. आरोग्य-स्नान; 11. स्नानघर।

(182)

फिर इस अंदाज़[1] से बहार आई
कि हुए मेह्‌रो-मह[2] तमाशाई

देखो ऐ साकिनाने-ख़ित्ता-ए-ख़ाक[3]
इसको कहते हैं आलम-आराई[4]

कि ज़मीं हो गई है सर-ता-सर[5]
रूकशे - सतहे - चर्ख़े - मीनाई[6]

सब्ज़े[7] को जब कहीं जगह न मिली
बन गया रू-ए-आब[8] पर काई

सब्ज़ा-ओ-गुल के देखने के लिए
चश्मे-नर्गिस[9] को दी है बीनाई[10]

है हवा में शराब की तासीर[11]
बादा-नोशी[12] है बाद-पैमाई[13]

क्यूं इन दुनिया को ही खुशी 'ग़ालिब'
शाहे-दींदार[14] ने शिफ़ा[15] पाई

---

1. ढंग, शैली; 2. सूर्य एवं चन्द्रमा; 3. पृथ्वी वासियों; 4. दुनिया की सजावट, शृंगार; 5. एक सिरे से दूसरे सिरे तक; 6. आकाश से बराबरी करने वाली क्योंकि वह चांद तारों से भरा है और ज़मीन पुष्पों से; 7. हरीतिमा; 8. जलस्तर; 9. नर्गिस नामक फूल की आंख; 10. दृष्टि; 11. प्रभाव; 12. मदिरापान; 13. हवा खाना, हवा नापना; 14. धर्मनिष्ठ सम्राट; 15. स्वास्थ्य-लाभ।

(183)

तग़ाफ़ुल-दोस्त[1] हूं मेरा दिमाग़े-'इज्ज़े आली[2] है
अगर पहलू-तही[3] कीजे तो जा[4] मेरी भी ख़ाली है

रहा आबाद आलम[5] अहले-हिम्मत[6] के न होने से
भरे हैं जिस क़दर जामो-सुबू[7] मयख़ाना ख़ाली है

---

1. उपेक्षाप्रिय; 2. विनम्रता का अभियान या सहनशक्ति बहुत श्रेष्ठ है; 3. पहलू मिलाना, खींचकर मिलाना; 4. जगह; 5. संसार; 6. साहसी लोगों; 7. मदिरापात्र एवं मदिरा कलश।

(184)

कब वो सुनता है कहानी मेरी
और फिर वो भी ज़बानी मेरी

ख़लिशे-ग़म्ज़ा-ए-ख़ूंरेज़[1] न पूछ
देख ख़ूनाबा-फ़िशानी[2] मेरी

क्या बयां करके मिरा, रोएंगे यार
मगर आशुफ़्ता-बयानी[3] मेरी

हूं ज़ख़ुद रफ़्ता-ए-ख़याल[4]
भूल जाना है निशानी मेरी

मुतक़ाबिल[5] है, मुक़ाबिल[6] मेरा
रुक गया देख रवानी मेरी

क़द्रे-संगे-सरे-रह[7] रखता हूं
सख़्त अरज़ा[8] है, गिरानी[8] मेरी

गर्द बादे-रहे-बेताबी[10] हूं
सरसरे-शौक़[11] है बानी[12] मेरी

दहन[13] उसका, जो न मा'लूम हुआ
खुल गई हेचमदानी[14] मेरी

कर दिया ज़ो'फ़[15] ने आजिज़[16] 'ग़ालिब'
नंगे-पीरी[17] है, जवानी मेरी

---

1. रक्त बहाने वाली कटाक्ष की चुभन; 2. रक्त का प्रभाव; 3. मिथ्यावादिता; 4. कल्पना में जंगल में खोया हुआ; 5. जो सामना न कर सके; 6. सम्मुख; 7. पथ में पड़े हुए पत्थर का मूल्य; 8. बहुत सस्ता, तुच्छ; 9. बहुमूल्यता; 10. व्याकुलता, अधीरता की राह का बात चक्र; 11. इच्छाओं की आंधी; 12. संस्थापक; 13. मुंह; 14. अनभिज्ञता; 15. निर्बलता; 16. विवश; 17. वृद्धावस्था को लज्जित करने वाली।

(185)

नक़्शे-नाज़े-बुते-तन्नाज़[1], ब आग़ोशे-रक़ीब[2]
पा-ए-ताऊस[3] पये-ख़ामा-ए-मानी[4] मांगे

तू वो बदख़ू[5] कि तहय्यूर[6] को तमाशा जाने
ग़म वो अफ़साना कि आशुफ़्ता-बयानी[7] मांगे

वो तपे-इश्क़े-तमन्ना[8] है, कि फिर सूरते-शम्अ[9]
शोला ता नब्ज़े-जिगर[10] रेशादवानी[11] मांगे

---

1. रूपगर्विता के सौंदर्याभिमान का चित्र; 2. प्रतिद्वंद्वी का अंक; 3. मोर का पांव; 4. ईरान के महान चित्रकार 'मानी' की तूलिका के चरण; 5. बुरे स्वभाव वाला; 6. विस्मय; 7. मिथ्यावादिता; 8. इच्छाओं, आकांक्षाओं के प्रेम का ताप' 9. दीपक, मोमबत्ती की तरह; 10. जिगर की नसों तक; 11. उपद्रव, षड्यंत्र।

(186)

गुलशन को तिरी सोहबत[1] अज़ बस कि ख़ुश आई[2] है
हर गुचे[3] का गुल होना, आग़ोश-कुशाई[4] है

वां कुंगुरे-इस्तिग़ना[5] हर दम है बलंदी[6] पर
यां नाले को और उल्टा दावा-ए-रसाई[7] है

अज़ बस कि सिखाता है ग़म ज़ब्त[8] के अंदाज़े[9]
जो दाग़ नज़र आया इक चश्म-नुमाई[10] है

---

1. संगति; 2. बहुत पसंद आई; 3. कली; 4. बांहें फैलाना, अंक विस्तृत करना; 5. अनिच्छा, निस्पृहता का गुंबद; 6. ऊंचाई, उत्कर्ष; 7. पहुंचने का गर्व; 8. नियन्त्रण; 9. प्रकार; 10. आंख के इशारे से घुड़की देना।

(187)

जिस ज़ख़्म की हो सकती हो तदबीर[1] रफ़ू[2] की
लिख दीजियो या रब उसे क़िस्मत में उदू[3] की

अच्छा है सर अंगुश्ते-हिनाई[4] का तसव्वुर[5]
दिल में नज़र आती तो है इक बूंद लहू की

क्यूं डरते हो उश्शाक़[6] की बेहौसलगी[7] से
यां तो कोई सुनता नहीं फ़रियाद[8] किसू की

दशने[9] ने कभी मुंह न लगाया हो जिगर को
ख़ंजर ने कभी बात न पूछी हो गुलू[10] की

सद हैफ़[11] वो नाकाम कि इक उम्र से 'ग़ालिब'
हसरत में रहे एक बुते-अर्बुदाजू[12] की

---

1. उपाय; 2. सीना; 3. शत्रु; 4. मेहन्दी रची उंगुली का सिरा; 5. कल्पना; 6. आशिक़ का बहुवचन; 7. असाहसिकता; 8. परिवाद, पुकार; 9. कटार; 10. गला; 11. सौ बार अफ़सोस; 12. लड़ाका प्रेमिका।

(188)

सीमाब[1] पुश्त गर्मी-ए-आईना[2] दे है, हम
हैरां किए हुए हैं दिले-बेक़रार[3] के

आग़ोशे-गुल[4] कुशूदः[5] बराए-विदा'अ[6] है
ऐ अंदलीब[7] चल, कि चले दिन बहार के

---

1. पारा; 2. दर्पण को सहारा; 3. व्याकुल हृदय; 4. फूल का अंक; 5. उन्मुक्त; 6. विदाई के लिए; 7. बुलबुल।

(189)

है वस्ल[1] हिज्र[2] आलमे-तम्कीनो-ज़ब्त[3] में
मा'शूक़े-शोख़ो[4]—आशिक़े-दीवाना चाहिए

उस लब से मिल ही जाएगा बोसा कभी तो, हां
शौक़े-फ़ुज़ूलो-जुरअते-रिंदाना[5] चाहिए

1. मिलन; 2. विरह; 3. संतोष एवं सहन की अवस्था; 4. चंचल माशूक़; 5. उद्देश्यहीन इच्छा एवं मद्यपी जैसा स्वच्छंद साहस।

(190)

चाहिए अच्छों को, जितना चाहिए
ये अगर चाहें तो फिर क्या चाहिए

सोहबते-रिन्दां[1] से वाजिब[2] है हज़र[3]
जा-ए-मय[4] अपने को खेंचा चाहिए

चाहने को तेरे क्या समझा था दिल
बारे[5], अब इससे भी समझा चाहिए

चाक[6] मत कर जेब[7] बेअय्यामे-गुल[8]
कुछ उधर का भी इशारा चाहिए

दोस्ती का पर्दा है बेगानगी[9]
मुंह छुपाना हम से छोड़ा चाहिए

दुश्मनी ने मेरी खोया ग़ैर को
किस क़दर दुश्मन है देखा चाहिए

अपनी रुस्वाई[10] में क्या चलती है स'ई[11]
यार ही हंगामा-आरा[12] चाहिए

---

1. मद्यपों की संगत; 2. उचित, आवश्यक; 3. परहेज़ बचाव; 4. मदिरा की जगह; 5. अंतत; 6. विदीर्ण; 7. कुर्ते की कंठी; 8. पुष्प-ऋतु रहित; 9. अनजानापन; 10. अनादर, तिस्कार; 11. प्रयास प्रयत्न; 12. उपद्रवी;

मुन्हसिर[13] मरने पे हो जिसकी उमीद
नाउमीदी[14] उस की देखा चाहिए

ग़ाफ़िल[15] इन महतलअतों[16] के वास्ते
चाहने वाला भी अच्छा चाहिए

चाहते हैं ख़ूबरूओं[17] को 'असद'
आपकी सूरत तो देखा चाहिए

13. आधारित, निर्भर; 14. निराशा; 15. असावधान; 16. चंद्रमुखी; 17. अच्छी सूरत वाला, रूपवान, प्रियतमा।

(191)

हर क़दम दूरी-ए-मंज़िल[1] है नुमायां[2] मुझसे
मेरी रफ़्तार[3] से भागे है बयाबां[4] मुझसे

दर्से-उन्वाने-तमाशा[5] ब तग़ाफ़ुल[6] ख़ुश्तर[7]
है निगह[8] रिश्ता-ए-शीराज़ा-ए-मिज़गां[9] मुझसे

वहशते-आतिशे-दिल[10] से, शबे-तन्हाई[11] में
सूरते-दूद[12] रहा साया गुरेज़ां[13] मुझसे

ग़मे-उश्शाक़[14] न हो सादगी आमोज़े-बुतां[15]
किस क़दर ख़ाना-ए-आईना[16] है वीरां मुझसे

असरे-आबला[17] से जादा-ए-सहरा-ए-जुनूं[18]
सूरते-रिश्ता-ए-गौहर[19] है चराग़ां[20] मुझसे

बेख़ुदी[21] बिस्तरे-तम्हीदे-फ़राग़त[22] हूजो
पुर[23] है साए की तरह मेरा शबिस्तां[24] मुझसे

1.गंतव्य की दूरी; 2. प्रकट; 3. गति; 4. जंगल; 5. अद्‌भुतता या आनंद के शीर्षक की शिक्षा; 6. उपेक्षा के साथ; 7. श्रेष्ठ; 8. दृष्टि; 9. पलकों के बंधन या एक साथ रखने वाला संबंध; 10. दिल की गर्मी, जलन से पैदा होने वाला भय; 11. विरह-रात्रि; 12. धुएं की तरह; 13. बचकर निकल जाने वाला, भागने वाला; 14. आसक्तों का दुख; 15. सुंदरियों को सादगी सिखाने वाला; 16. दर्पण; 17. छालों का प्रभाव; 18. उन्माद के जंगल का पथ; 19. मोतियों की लड़ी की भांति; 20. दीपमाला; 21. आत्मविस्मृति; 22. विश्राम की भूमिका की शय्या; 23. भरा हुआ; 24. शयनागार;

शौक़े-दीदार[25] में, गर तू मुझे गर्दन मारे
हो निगह मिस्ले-गुले-शम्अ[26] परीशां[27] मुझसे

बेकसी-हाए-शबे-हिज्र[28] की वहशत हय हय
साया खुर्शीदे-क़यामत[29] में है पिन्हां[30] मुझसे

गर्दिशे-साग़रे-सद जल्वा-ए-रंगीं[31], तुझसे
आइनादारी-ए-यक दीदा-ए-हैरां[32] मुझसे

निगहे-गर्म[33] से इक आग टपकती है, 'असद'
है चराग़ां[34] ख़सो-ख़ाशाके-गुलिस्तां[35] मुझसे

---

25. दर्शन की कामना; 26. दीपक, मोमबत्ती के फूल की भांति; 27. बिखरी हुई; 28. विरह रात्रि की असहायता; 29. प्रलय का सूर्य; 30. छुपा हुआ; 31. सैकड़ों रंगीन छवियों से छलकते मदिरापात्र का चक्कर; 32. विस्मय भरी आंखों का दर्पण; 33. तीव्र, कुपित दृष्टि; 34. दीपमाला; 35. उद्यान की सूखी घास एवं कूड़ा-करकट।

(192)

नुक्ताचीं[1] है ग़मे-दिल[2] उसको सुनाए न बने
क्या बने बात[3] जहां बात बनाए न बने

मैं बुलाता तो हूं उसको मगर ऐ जज़्बा-ए-दिल[4]
उस पे बन जाए कुछ ऐसी कि बिन आए न बने

खेल समझा है कहीं छोड़ न दे भूल न जाए
काश यूं भी हो कि बिन मेरे सताए न बने

ग़ैर फिरता है लिए यूं तिरे ख़त को कि अगर
कोई पूछे कि ये क्या है तो छुपाए न बने

इस नज़ाकत[5] का बुरा हो वो भले हैं, तो क्या
हाथ आवें तो उन्हें हाथ लगाए न बने

कह सके कौन कि ये जल्वागरी[6] किसकी है
पर्दा छोड़ा है वो उसने कि उठाए न बने

मौत की राह न देखूं कि बिन आए न रहे
तुमको चाहूं कि न आओ तो बुलाए न बने

बोझ वो सर से गिरा है कि उठाए न उठे
काम वो आन पड़ा है कि बनाए न बने

इश्क़ पर ज़ोर नहीं है ये वो आतिश[7] 'ग़ालिब'
कि लगाए न लगे और बुझाए न बने,

---

1. हर बात में दोष ढूंढ़ने वाला; 2. हृदय की पीड़ा; 3. मनोकामना पूर्ण होना; 4. मनोभाव; 5. कोमलता; 6. छवि-प्रदर्शन की शैली; 7. आग।

(193)

चाक[1] की ख़्वाहिश[2] अगर वहशत[3] ब-उरयानी[4] करे
सुब्ह की मानिन्द[5] ज़ख़्मे-दिल[6] गिरेबानी[7] करे

जल्वे[8] तेरे वो आलम[9] है कि गर कीजे ख़याल
दीदा-ए-दिल[10] को ज़ियारतगाहे-हैरानी[11] करे

है शिकस्तन से[12] भी दिल नौमीद[13] या रब कब तलक
आबगीना[14] कोह[15] पर अर्ज़े-गिरांजानी[16] करे

मैकदा[17] पर चश्मे-मस्ते-नाज़[18] से पावे शिकस्त[19]
मू-ए-शीशा[20] दीदी-ए-सागर[21] की मिज़्गानी[22] करे

ख़त्ते-आरिज़[23] से लिखा है ज़ुल्फ़[24] को उल्फ़त[25] ने अह्द[26]
यक क़लम[27] मंजूर[28] है जो कुछ परीशानी करे

---

1. विदीर्ण; 2. अभिलाषा, मनोकामना; 3. आकुलता, घबराहट; 4. नग्नता के लिए; 5. तरह; 6. दिल का घाव; 7. गरीबान होना, बनना; 8. छवि, प्रदर्शन; 9. दशा; 10. मन की आंख; 11. विस्मयता का तीर्थस्थल; 12. टूटने, पराजित होने से; 13. निराशा; 14. शीशा, आईना; 15. पर्वत; 16. कठोरपन की प्रार्थना, शिकायत; 17 मदिरालय; 18. सौंदर्य के उन्मत्त नयन; 19. पराजय; 20. शीशे का बाल; 21. मदिरापात्र की आंख; 22. पलकें बनना; 23. गाल की रेखा; 24. केश; 25. प्रेम; 26. वचन; 27. पुर्णरूपेण; 28. स्वीकृत।

(194)

वो आ के ख़्वाब[1] में तस्कीने-इज़्तिराब[2] तो दे
वले मुझे तपिशे-दिल[3] मजाले-ख़्वाब[4] तो दे

करे है क़त्ल लगावट[5] में तेरा रो देना
तिरी तरह कोई तेग़े-निगह[6] को आब तो दे[7]

दिखा के जुंबिशे-लब[8] ही तमाम[9] कर हम को
न दे जो बोसा तो मुंह से कहीं जवाब तो दे

पिला दे ओक[10] से साक़ी[11] जो हम से नफ़रत है
पियाला गर नहीं देता न दे, शराब तो दे

'असद' खुशी से मिरे हाथ पांव फूल गए
कहा जो उसने ज़रा मेरे पांव दाब तो दे

---

1. स्वप्न; 2. व्याकुलता में सांत्वना; 3. हृदय की गर्मी; 4. स्वप्न देखने का साहस; 5. मेल मिलाप; 6. दृष्टि की तलवार; 7. धार देना, चमकाना; 8. होंठों का कंपन 9. समाप्त 10. चुल्लू; 11. मदिरा पिलाने वाला।

(195)

तपिश[1] से मेरी, वक्फ़े-कशमकश[2] हर तारे-बिस्तर[3] है
मिरा सर रंजे-बालीं[4] है, मिरा तन बारे-बिस्तर[5] है

सरश्के-सर बसहरा दाद:[6] नूरुल-ऐने-दामन[7] है
दिले-बेदस्तो-पा[8] उफ्तादा[9] बुर्ख़ुदारे-बिस्तर[10] है

खुशा[11] इक़बाले-रंजूरी[12] अयादत[13] को तुम आए हो
फ़रोग़े-शम'ए-बालीं[14] ताल'ए-बेदारे-बिस्तर[15] है

बतूफ़ां - गाहे - जोशे - इज़्तिराबे - शामे- तन्हाई[16]
शुआअे-आफ़ताबे-सुब्हे-महशर[17] तारे-बिस्तर है

अभी आती है बू[18] बालिश[19] से, उसकी ज़ुल्फ़े-मुश्कीं[20] की
हमारी दीद[21] को ख़्वाबे-ज़ुलेख़ा[22] आरे-बिस्तर[23] है

कहूं क्या दिल की क्या हालत है, हिज्रे-यार[24] में 'ग़ालिब'
कि बेताबी[25] से, हर इक तारे-बिस्तर ख़ारे-बिस्तर[26] है

---

1. तड़प, जलन; 2. असमंजस में फसा हुआ; 3. बिस्तर का धागा; 4. तकिये का दुख; 5. बिस्तर का बोझ; 6. बहता हुआ आंसू; 7. आंचल की आंख का तारा; 8. हाथ-पैर रहित दिल, मजबूर दिल; 9. लड़खड़ाकर गिरने वाला; 10. बिस्तर में पड़ा बच्चा; 11. क्या कहना; 12. रुग्णता, शोक का सौभाग्य; 13. कुशलक्षेम पूछना; 14. सिरहाने रखे दीपक की ज्योति; 15. बिस्तर का उन्नत भाग्य; 16. व्याकुलता के तूफ़ान से घिरी विरह की संध्या; 17. प्रलय के दिन के सूर्य की किरण; 18. गंध; 19. तकिया; 20. कस्तूरी से महकने वाले बालों की; 21. आंख; 22. ज़ुलेखा का स्वप्न जिसमें उसे उसका प्रिय यूसुफ़ दिखाई दिया; 23. बिस्तर के लिए लज्जा का कारण; 24. प्रिय का विरह; 25. अधीरता; 26. बिस्तर का कांटा।

(196)

ख़तर[1] है, रिश्ता-ए-उल्फ़त[2] रगे-गर्दन[3] न हो जावे
गुरूरे-दोस्ती[4] आफ़त है, तू दुश्मन न हो जावे

समझ इस फ़स्ल[5] में कोताही-ए-नश्वो-नुमा[6] 'ग़ालिब'
अगर गुल सर्व[7] के क़ामत[8] पे, पैराहन[9] न हो जावे

1. ख़तरा, डर; 2. प्रेम-संबंध; 3. गद्रन की नस; 4. मित्रता का अभिमान; 5. ऋतु; 6. फलने-फूलने में त्रुटि, कमी; 7. सदाबहार वृक्ष जिस पर पुष्प नहीं आते; 8. आकार; 9. वस्त्र।

(197)

फ़रियाद[1] की कोई लै नहीं है
नाला[2] पाबुंदे-नै[3] नहीं है

क्यूं बोते हैं बाग़बान तूंबे[4]
गर बाग़ गदा-ए-मैं[5] नहीं है

हरचंद[6] हर एक शै[7] में तू है
पर तुझ सी तो कोई शै नहीं है

हां खाइयों मत फ़रेबे-हस्ती![8]
हरचंद कहें, कि है, नहीं है

शादी[9] से गुज़र, कि ग़म[10] न होवे
उर्दी[11] जो न हो तो दै[12] नहीं है

क्यूं रद्दे-क़दह[13] करे है, ज़ाहिद[14]
मय है ये मगस की क़ै[15] नहीं है

हस्ती[16] है न कुछ अदम[17] है 'ग़ालिब'!
आख़िर तू क्या है ऐ 'नहीं है'?

1. पुकार; 2. आर्त्तनाद; 3. बांसुरी से बाध्य, विवश; 4. लौकी, कद्दू; 5. मदिरा का भिखारी; 6. यद्यपि; 7. वस्तु; 8. अस्तित्व का धोखा; 9. हर्ष; 10. दुख; 11. बिहिश्त पारसी महीने का नाम है जो वसंत ऋतु की शुरुआत में आता है; 12. एक पारसी महीना जो पतझड़ में आता है; 13. मदिरा पात्र का खण्डन; 14. वैरागी; 15. मक्खी की कै अर्थात् शहद; 16. अस्तित्व; 17. अनस्तित्व परलोक।

(198)

न पूछ नुस्ख़ा-ए-मरहम[1] जराहते-दिल[2] का
कि उस में रेज़ा-ए-अल्मास[3] जुज़्वे-आज़म[4] है

बहुत दिनों में तग़ाफुल[5] ने तेरे पैदा की
वो इक निगह[6] कि बज़ाहिर[7] निगाह से कम है

---

1. स्नेह लेप का ढंग, विधि; 2. दिल का घाव; 3. हीरे की कनी; 4. सबसे बड़ा अंश; 5. उपेक्षा; 6. दृष्टि; 7. प्रकटत; परोक्ष।

(199)

हम रश्क[1] को अपने भी गवारा[2] नहीं करते
मरते हैं वले[3] उन की तमन्ना[4] नहीं करते

दरपर्दा[5] उन्हें ग़ैर से है रब्ते-निहानी[6]
ज़ाहिर का ये पर्दा है कि पर्दा नहीं करते

ये बाइसे-नौमीदी-ए-अरबाबे-हवस[7] है
'ग़ालिब' को बुरा कहते हो अच्छा नहीं करते

1. ईर्ष्या; 2. सहन, स्वीकार; 3. लेकिन; 4. अभिलाषा, कामना; 5. पर्दे की ओट में; 6. छुपे हुए, गुप्त संबंध; 7. प्रेमाकांक्षी की निराशा का कारण।

(200)

करे है बादा[1] तिरे लब से कस्बे-रंगे-फ़रोग़[2]
ख़ते-पियाला[3] सरासर[4] निगाहे-गुलचीं[5] है

कभी तो इस दिले-शोरीदा[6] की भी दाद[7] मिले
कि एक उम्र से हसरतपरस्ते-बाली[8] है

बजा है, गर न सुने नाला-हाए-बुलबुले-ज़ार[9]
कि गोशे-गुल[10] नमे-शबनम[11] से पंबा-आगीं[12] है

'असद' है नज़अ[13] में, चल बेवफ़ा बराए-ख़ुदा[14]
मक़ामे-तर्के-हिजाबो-विदा'-ए-तम्कीं[15] है

---

1. मदिरा; 2. शोभा के रंग की प्राप्ति; 3. मदिरापात्र के माप चिह्न; 4. पूर्ण रुपेण; 5. फूल चुनने वाले की दृष्टि; 6. अभिलाषी मन; 7. प्रशंसा, न्याय; 8. तकिए (नींद) की इच्छा लिए हुए; 9. दुखी बुलबुल का आर्त्तनाद; 10. फूल का कान; 11. ओस की नमी; 12. रुई भरा; 13. मृत्यु-अवस्था में; 14. ईश्वर के लिए; 15. लज्जा को त्यागने एवं अभिमान को छोड़ने का स्थान, समय।

(201)

क्यूं न हो चश्मे-बुतां[1] मह्वे-तग़ाफुल[2], क्यूं न हो
या'नी इस बीमार को नज़्ज़ारे[3] से परहेज़[4] है

मरते-मरते देखने की आरज़ू[5] रह जाएगी
वाए नाकामी, कि उस काफ़िर का खंजर[6] तेज़ है

आरिज़े-गुल[7] देख, रू-ए-यार[8] याद आया 'असद'
जोशिशे-फ़स्ले-बहारी[9] इश्तियाक़-अंगेज़[10] है

1. प्रिय की आंखें; 2. उपेक्षा में लीन; 3. अवलोकन; 4. बचाव; 5. अभिलाषा; 6. कटार; 7. फूल के गाल; 8. प्रिय का चेहरा; 9. बसंत ऋतु का आवेग; 10. इच्छाओं को उकसाने वाला।

(202)

दिया है दिल अगर उसको बशर[1] है क्या कहिए
हुआ रक़ीब[2] तो हो नामाबर[3] है, क्या कहिए

ये ज़िद कि आज न आवे और आए बिन न रहे
क़ज़ा[4] से शिकवा[5] हमें किस क़दर है क्या कहिए

रहे हैं यूं गहो-बे-गह[6] कि कू-ए-दोस्त[7] को अब
अगर न कहिए कि दुश्मन का घर है, क्या कहिए

ज़हे करिश्मा[8] कि यूं दे रखा है हम को फ़रेब[9]
कि बिन कहे ही उन्हें सब ख़बर है क्या कहिए

समझ से करते हैं, बाज़ार में वो पुरसिशे-हाल[10]
कि ये कहे कि, सरे-रहगज़र[11] है, क्या कहिए

तुम्हें नहीं है सरे-रिश्ता-ए-वफ़ा[12] का ख़याल
हमारे हाथ में कुछ है, मगर है क्या कहिए

उन्हें सवाल पे ज़ोमे-जुनूं[13] है क्यूं लड़िए
हमें जवाब से क़त'ए-नज़र[14] है क्या कहिए

---

1. इंसान; 2. प्रतिद्वंद्वी; 3. पत्र वाहक; 4. मृत्यु; 5. उलाहना; 6. समय-असमय; 7. प्रिय की गली; 8. छल, चमत्कार तो देखो; 9. धोखा; 10. कुशल क्षेम पूछना; 11. बीच रास्ते में; 12. प्रेम-निर्वाह के संबंध का; 13. उन्माद का भ्रम; 14. अनदेखी;

हसद[15] सज़ा-ए-कमाले-सुखन[16] है क्या कीजे
सितम बहा-ए-मता'ए-हुनर[17] है क्या कहिए

कहा है किसने कि 'ग़ालिब' बुरा नहीं लेकिन
सिवाय इसके कि आशुफ़्ता-सर[18] है क्या कहिए

15. डाह, जलन; 16. काव्य-कला की पूर्णता का दण्ड; 17. अन्याय कला की संपत्ति का मूल्य; 18. सरफिरा, उन्मादी।

(203)

देख कर दर पर्दा[1] गर्मे-दामन-अफ़शानी[2] मुझे
कर गई वाबस्ता-ए-तन[3] मेरी उरयानी[4] मुझे

बन गया तेग़े-निगाहे-यार[5] का संगे-फ़सां[6]
मरहबा[7] मैं, क्या मुबारक[7] है गिरांजानी[8] मुझे

क्यूं न हो बेइल्तिफ़ाती[10], उसकी ख़ातिर जमअ[11] है
जानता है मह्वे-पुरसिश-हाए-पिन्हानी[12] मुझे

मेरे ग़मख़ाने[13] की क़िस्मत जब रक़म[14] होने लगी
लिख दिया मिन्जुम्ल-ए-अस्बाबे-वीरानी[15] मुझे

बदगुमां[16] होता है वो काफ़िर न होता काश के
इस क़दर ज़ौक़े-नवाए-मुर्गे-बुस्तानी[17] मुझे

वाए! वां भी शोरे-महशर[18] ने न दम लेने दिया
ले गया था गोर[19] में ज़ौक़े-तन-आसानी[20] मुझे

वा'दा आने का वफ़ा कीजे, ये क्या अंदाज़ है
तुम ने क्यूं सौंपी है मेरे घर की दरबानी[21] मुझे

1. पर्दे में, छुपा हुआ; 2. आंचल झाड़ने, फैलाने की तीव्रता; 3. शरीर से आबद्ध; 4. नग्नता; 5. प्रेयसी की दृष्टि की तलवार; 6. सान का पत्थर; 7. धन्य; 8. शुभ; 9. प्राणों की कठोरता; 10. अकृपा; 11. संतुष्ट; 12. अंतर्मन से प्रेयसी की कुशलक्षेम, कल्पना में लीन; 13. शोक गृह; 14. लिखी; 15. निर्जनता के कारणों में से एक; 16. संदेहशील; 17. उद्यान के पंछी के गाने की आकांक्षा; 18. प्रलय का कोलाहल; 19. क़ब्र, समाधिस्थल; 20. आलस्य प्रियता; 21. पहरेदारी;

हां निशाते-आमदे-फ़स्ले-बहारी[22], वाह-वाह
फिर हुआ है ताज़ा सौदा-ए-ग़ज़ल-ख़्वानी[23] मुझे

दी मिरे भाई को हक़ ने, अज़ सरे-नौ[24] ज़िंदगी
मीरज़ा यूसुफ़, है 'ग़ालिब' यूसुफ़े-सानी[25] मुझे

---

22. बसंत ऋतु के आगमन का हर्ष; 23. ग़ज़ल गाने का पागलपन; 24. नए सिरे से; 25. दूसरा युसुफ़।

(204)

याद है शादी[1] में भी हंगामा-ए-'या रब'[2] मुझे
सुबहा-ए-जाहिद[3] हुआ है ख़ंदा ज़ेरे-लब[4] मुझे

है कुशादे-ख़ातिरे-वाबस्ता-दर[5] रहने-सुखन[6]
था तिलिस्मे-कुफ़्ले-अबजद[7] ख़ाना-ए-मक्तब[8] मुझे

या रब इस आशुफ़्तगी[9] की दाद[10] किस से चाहिए
रश्क[11] आसाइश[12] पे है ज़िंदानियों[13] की अब मुझे

तबअ[14] है मुश्ताक़े-लज़्ज़त-हाए-हसरत[15] क्या करूं
आरज़ू से है शिकस्ते-आरज़ू[16] मतलब मुझे

दिल लगा कर आप भी, 'ग़ालिब', मुझी से हो गए
इश्क़ से आते थे माने'अ[17], मीरज़ा साहब मुझे

1. हर्ष; 2. 'हे ईश्वर' का शोर; 3. वैरागी की सुमिरन (माला); 4. होंठों में दबी हंसी; 5. मन के द्वार के खुलने से संबद्ध; 6. काव्य का बंधक; 7. वर्णमाला के मेल से खुलने वाले ताले का जादू; 8. पाठशाला से मिला; 9. उन्माद, विकलता; 10. प्रशंसा, न्याय; 12. ईर्ष्या; 13. सुख-सुविधाएं; 13. बंदियों की; 14. प्रकृति; 15. कामनाओं के आनंद हेतु उत्सुक; 16. अभिलाषा का नष्ट होना; 17. रोकने वाला।

(205)

हुज़ूरे-शाह[1] में अहले-सुख़न[2] की आज़माइश[3] है
चमन में ख़ुशनवायाने-चमन[4] की आज़माइश है

क़दो-गेसू[5] में, क़ैसो-कोहकन[6] की आज़माइश है
जहां हम हैं वहां दारो-रसन[7] की आज़माइश है

करेंगे कोहकन[8] के हौसले[9] का इम्तिहां[10] आख़िर
हनोज़[11] उस खस्ता[12] के नीरु-ए-तन[13] की आज़माइश है

नसीमे-मिस्र[14] को क्या पीरे-कनआं[15] की हवाख़्वाही
उसे यूसुफ़ की बू-ए-पैरहन[16] की आज़माइश है

वो आया बज़्म में देखो न कहियो फिर कि ग़ाफ़िल[17] थे
शकेबो-सब्रे अह्ले-अंजुमन[18] की आज़माइश है

रहे दिल ही में तीर अच्छा, जिगर के पार हो बेहतर
ग़रज़ शिस्ते-बुते-नावक-फ़िगन[19] की आज़माइश है

नहीं कुछ सुबहा-ओ-जुन्नार[20] के फंदे में गीराई[21]
वफ़ादारी में शेख़ो-बिरहमन की आज़माइश है

---

1. बादशाह की सभा में; 2. काव्य करने वालों (कवियों); 3. परख; 4. उद्यान के मीठे बोल गाने वालों 5. आकार एवं बाल; 6. मजनूं एवं फ़रहाद; 7. सूली एवं फांसी का फंदा; 8. फ़रहाद; 9. साहस; 10. जांच; 11. अभी तक; 12. थका हुआ, व्यथित; 13. शारीरिक शक्ति; 14. मिस्र की हवा; 15. कनआं का वृद्ध, याक़ूब जो यूसुफ़ के पिता थे; 16. वस्त्रों की गंध; 17. अचेत, असावधान; 18. महफ़िल वालों के धैर्य एवं संतोष; 19. तीर चलाने वाली प्रेयसी का निशाना; 20. माला एवं जनेऊ; 21. पकड़;

पड़ा रह ऐ दिले-वाबस्ता[22] बेताबी[23] से क्या हासिल
मगर फिर ताबे-ज़ुल्फ़े-पुर-शिकन[24] का आज़माइश है

रगो-पै[25] में जब उतरे ज़हरे-ग़म[26] तब देखिए क्या हो
अभी तो तल्ख़ी-ए-कामो-दहन[27] की आज़माइश है

वो आवेंगे मिरे घर, वादा कैसा, देखना 'ग़ालिब'
नए फ़ित्नों[28] में अब चर्ख़े-कुहन[29] की आज़माइश है

---

22. पीड़ित हृदय; 23. अधीरता; 24. घुंघराले बालों की चमक, शक्ति; 25. सारा शरीर, रग एवं पट्ठे; 26. दुख का विष; 27. होंठ एवं तालू की कड़वाहट; 28. उपद्रव; 29. प्राचीन गगन।

(206)

कभी नेकी भी उसके जी में गर आ जाए है मुझसे
जफ़ाएं[1] कर के अपनी याद शरमा जाए है मुझसे

खुदाया जज़्ब-ए-दिल[2] की मगर[3] तासीर[4] उल्टी है
कि जितना खेंचता हूं और खिंचता जाए है मुझसे

वो बदखू[5] और मेरी दास्ताने-इश्क़[6] तूलानी[7]
इबारत मुख़्तसर,[8] क़ासिद[9] भी घबरा जाए है मुझसे

उधर वो बदगुमानी[10] है, इधर ये नातवानी[11] है
न पूछा जाए है उससे, न बोला जाए है मुझसे

संभलने दे मुझे ऐ नाउमीदी[12], क्या क़यामत[13] है
कि दामाने-ख़याले-यार[14] छूटा जाए है मुझसे

तकल्लुफ़ बर तरफ़[15] नज़्ज़ारगी[16] में भी सही, लेकिन
वो देखा जाए[17], कब ये ज़ुल्म देखा जाए है मुझसे

हुए हैं पांव ही पहले नबर्दे-इश्क़[18] में ज़ख़्मी
न भागा जाए है मुझसे, न ठहरा जाए है मुझसे

क़यामत है कि होवे मुद्द'ई[19] का हमसफ़र[20] 'गालिब'
वो काफ़िर जो खुदा को भी न सौंपा जाए है मुझसे

---

1. अत्याचार; 2. मनोभाव; 3. शायद; 4. प्रभाव; 5. बुरे स्वभाव का; 6. प्रेम कथा; 7. लंबी, दीर्घ; 8. संक्षिप्त वर्णन के लिए प्रयोग में आता है; 9. संदेशवाहक; 10. मिथ्या संदेह; 11. निर्बलता; 12. निराशा; 13. आपत्ति, कठिनाई; 14. प्रेयसी की कल्पना का आंचल; 15. संकोच को हटाकर; 16. दर्शन करना; 17. लोग उसे देखे; 18. प्रेम के संघर्ष; 19. प्रतिद्वंदी; 20. सहयात्री।

(207)

ज़बस कि[1] मश्क़-तमाशा[2], जुनूं-अलामत[3] है
कुशादो-बस्ते-मिज़ा[4], सेली-ए-नदामत[5] है

न जानूं क्यूं कि[6] मिटे, दाग़े-ताने-बदअहूदी[7]
तुझे कि आईना भी वर्ता-ए-मलामत[8] है

ब पेचो-ताबे-हवस[9] सिल्के-आफ़ियत[10] मत तोड़
निगाहे-इज्ज़[11] सरे-रिश्ता-ए-सलामत[12] है

वफ़ा मुक़ाबिलो-दावा-ए-इश्क़ बेबुनियाद[13]
जुनूने-साख़्ता-ओ-फ़स्ले-गुल[14] क़यामत[15] है

---

1. बस; 2. देखने की आदत, अभ्यास; 3. उन्माद का लक्षण; 4. पलकों का खोलना एवं मूंदना; 5. पश्चाताप का थप्पड़; 6. कैसे; 7. वचन भंग करने के कटाक्ष का कलंक; 8. धिक्कार का भंवर; 9. कामनाओं के आवेग में; 10. सुख चैन का धागा; 11. विनय दृष्टि; 12. कुशलता की डोरी का किनारा; 13. प्रेम निर्वाह सम्मुख है और प्रेम का दम्भ या गर्व निराधार; 14. बनावटी उन्माद एवं फूलों ऋतु; 15. प्रलय।

(208)

लाग़र[1] इतना हूं कि गर तू बज़्म में जा[2] दे मुझे
मेरा ज़िम्मा[3], देखकर गर कोई बतला दे मुझे

क्या तअज्जुब[4] है कि उसको देखकर आ जाए रहम[5]
वां तलक कोई किसी हीले से[6] पहुंचा दे मुझे

मुंह न दिखलावे, न दिखला, पर ब-अंदाज़े-इताब[7]
खोल कर पर्दा ज़रा आंखें ही दिखला दे मुझे

यां तलक मेरी गिरफ़्तारी से वो ख़ुश है कि मैं
ज़ुल्फ़[8] गर बन जाऊं तो शाने[9] में उलझा दे मुझे

---

1. निर्बल; 2. जगह, स्थान; 3. उत्तरदायित्व; 4. आश्चर्य; 5. दया; 6. बहाने से; 7. रोष करने के ढंग से, रोष के भाव से; 8. केशराशि; 9. कंधा।

(209)

बाज़ीचा-ए-अत्फ़ाल[1] है दुनिया, मिरे आगे
होता है शबो-रोज़[2] तमाशा मिरे आगे

इक खेल है औरंगे-सुलेमां[3] मिरे नज़दीक
इक बात है एजाज़े-मसीहा[4] मिरे आगे

जुज़ नाम[5] नहीं सूरते-आलम[6] मुझे मंज़ूर
जुज़ वहम[7] नहीं हस्ती-ए-अशिया[8] मिरे आगे

होता है निहां[9] गर्द में सहरा[10], मिरे होते
घिसता है जबीं[11] ख़ाक पे दरिया मिरे आगे

मत पूछ कि क्या हाल है मेरा, तिरे पीछे
तू देख कि क्या रंग[12] है तेरा मिरे आगे

सच कहते हो, खुदबीनो-खुदआरा[13] हूं, न क्यूं हूं
बैठा है बुते-आईना-सीमा[14] मिरे आगे

फिर देखिए अंदाज़े-गुल-अफ़्शानी-ए-गुफ़्तार[15]
रख दे कोई पैमाना-ए-सहबा[16] मिरे आगे

---

1. बच्चों का खेल; 2. रात-दिन; 3. महान सम्राट सुलेमान का राजसिंहासन; 4. हज़रत ईसा का चमत्कार; 5. नाम के अतिरिक्त; 6. संसार का रूप; 7. भ्रम के अतिरिक्त; 8. वस्तुओं का अस्तित्व; 9. निहित; 10. रेगिस्तान; 11. ललाट, माथा; 12. शोभा, आनंद; 13. अभिमानी एवं स्वअलंकृत; 14. दर्पण की भांति चमकदार मुख वाली प्रेयसी; 15. फूल बरसाने वाली बातचीत का ढंग; 16. मदिरापात्र एवं मदिरा;

नफ़रत[17] का गुमां गुज़रे है, मैं रश्क[18] से गुज़रा
क्यूं कर कहूं, लो नाम न उनका मिरे आगे

ईमां[19] मुझे रोके है तो खींचे है मुझे कुफ़्र[20]
का'बा[21] मिरे पीछे है, कलीसा[22] मिरे आगे

आशिक़ हूं पे मा'शूक़-फ़रेबी[23] है मिरा काम
मजनूं को बुरा कहती है लैला मिरे आगे

खुश होते हैं, पर वस्ल[24] में यूं मर नहीं जाते!
आई शबे-हिज्रां[25] की तमन्ना[26] मिरे आगे

है मौजज़न[27] इक क़ुल्जुमे-ख़ूं[28] काश यही हो
आता है अभी देखिये, क्या-क्या मिरे आगे

गो हाथ की जुम्बिश[29] नहीं, आंखों में तो दम है
रहने दो अभी साग़रो-मीना[30] मिरे आगे

हम-पेशा[31]-ओ-हममशरबो-हमराज़[32] है मेरा
'ग़ालिब' को बुरा क्यूं कहो, अच्छा मिरे आगे

---

17. घृणा; 18. ईर्ष्या; 19. आस्था, सत्य; 20. अधर्म; 21. मक्के की एक इमारत जिसे मुसलमान ईश्वर का घर समझते हैं; 22. गिरजाघर; 23. प्रेयसी को रिझाना; 24. मिलन; 25. विरह रात्रि; 26. आकांक्षा; 27. लहरें मारता हुआ; 28. रक्त का समुद्र; 29. हरकत, कंपन; 30. मदिरापात्र एवं मदिरा कलश; 31. साथ व्यवसाय करने वाला; 32. सहधर्मी एवं सब भेद जानने वाला।

(210)

कहूं जो हाल तो कहते हो मुद्द'आ[1] कहिए
तुम्हीं कहो कि जो तुम यूं कहो तो क्या कहिए

न कहियो तान'[2] से फिर तुम कि हम सितमगर[3] हैं
मुझे तो ख़ू[4] है, कि जो कुछ कहो, बजा[5] कहिए

वो नेश्तर[6] सही, पर दिल में जब उतर जावे
निगाहे-नाज़[7] को फ़िर क्यूं न आश्ना[8] कहिए

नहीं ज़रीआ-ए-राहत[9] जराहते-पैकां[10]
वो ज़ख्मे-तेग़[11] है, जिसको कि दिलकुशा[12] कहिए

जो मुद्द'ई[13] बने उसके न मुद्द'ई बनिए
जो नासज़ा कहे, उसको न नासज़ा[14] कहिए

कहीं हक़ीक़ते-जांकाही-ए-मरज़[15] लिखिए
कहीं मुसीबते-नासाज़ी-ए-दवा[16] कहिए

कभी शिकायते-रंजे-गिरां-नशीं[17] कीजे
कभी हिकायते-सब्रे-गुरेज़-पा[18] कहिए

---

1. उद्देश्य, आशय; 2. व्यंग्य; 3. अत्याचारी; 4. स्वभाव, आदत, 5. ठीक, उचित; 6. घाव को खोलने का औजार; 7. गर्व भरी दृष्टि; 8. परिचित; 9. सुख-चैन का साधन; 10. तीर का घाव; 11. तलवार का घाव; 12. दिल को खोलने वाला, हर्षवर्धक; 13. वादी, दावा करने वाला, दुश्मन; 14. निकृष्ट; 15. रोग के कष्ट की वास्तविकता; 16. दवा के असर न करने की दुविधा, दुख; 17. जमकर बैठने वाले दुख की उलाहना; 18. दौड़ते हुए संतोष की कथा;

रहे न जा, तो क़ातिल को खूं-बहा दीजे
कटे ज़बान, तो ख़ंजर को मरहबा[19] कहिए

नहीं निगार[20] को उल्फ़त[21], न हो, निगार तो है
रवानी-ए-रविशो-मस्ती-ए-अदा[22] कहिए

नहीं बहार को फ़ुर्सत, न हो, बहार तो है
तरावते-चमनो-ख़ूबी-ए-हवा[23] कहिए

सफ़ीना[24] जबकि किनारे पे आ लगा 'ग़ालिब'
खुदा से क्या सितमो-जोरे-नाखुदा[25] कहिए

---

19. साधुवाद; 20. रूपसी; 21. प्रेम; 22. मंदगति का सौंदर्य एवं हाव-भाव की उन्मुक्तता; 23. उद्यान की ठण्डक एवं हवा की श्रेष्ठता (विशेषता); 24. नाव; 25. नाविक के अत्याचार एवं अन्याय।

(211)

रोने से और इश्क़ में बेबाक[1] हो गए
धोए गए हम ऐसे कि बस पाक[2] हो गए

सर्फ़े-बहा-ए-मय[3] हुए आलाते-मयकशी[4]
थे ये ही दो हिसाब, सो यूं पाक[5] हो गए

रुस्वा-ए-दह्‌र[6] गो हुए आवारगी से तुम
बारे[7] तबीअतों के तो चालाक हो गए

कहता है कौन नाला-ए-बुलबुल[8] को बेअसर[9]
पर्दे में गुल के लाख जिगर चाक[10] हो गए

पूछे है क्या वुजूदो-अदम[11] अहले-शोक़[12] का
आप अपनी आग के ख़सो-ख़ाशाक[13] हो गए

करने गए थे उससे तग़ाफ़ुल[14] का हम गिला[15]
की एक ही निगाह, कि बस ख़ाक हो गए

इस रंग[16] से उठाई कल उसने 'असद' की ना'श[17]
दुश्मन भी जिसको देख से ग़मनाक[18] हो गए

---

1. निडर, उन्मुक्त; 2. पवित्र, शुद्ध; 3. मदिरा पीने का व्यय; 4. मदिरा पीने के उपकरण; 5. साफ़, ठीक; 6. संसार भर में आपमानित; 7. अंतत; 8. बुलबुल का आर्त्तनाद; 9. प्रभावहीन; 10. विदीर्ण; 11. इहलौकिक अस्तित्व व पारलौकिक परिणाम; 12. प्रेमियों, आशिकों; 13. सूखी घास एवं कूड़ा-करकट (ईंधन); 14. उपेक्षा; 15. उलाहना; 16. ढंग, पद्धति; 17. अर्थी; 18. शोकग्रस्त।

(212)

नश्शा हा[1] शादाबे-रंगो-साज़ हा मस्ते-तरब[2]
शीशा-ए-मय[3] सर्वे-सब्ज़े-जू-ए-बारे-नग़्मा[4] है

हमनशीं[5] मत कह कि बरहम[6] कर न बज़्मे-ऐशे-दोस्त[7]
वां तो मेरे नाले[8] को भी एतिबारे-नग़्मा[9] है

---

1. 'हा' फ़ारसी में बहुवचन बनाने के लिए प्रयुक्त होता है–नश्श हा–अर्थात् बहुत से नशे; 2. रंग तथा साज़ से, हरा-भरा, हर्षोन्मुत्त; 3. मदिरा-पात्र; 4. संगीत का झरना जो हरि प्रतीत हो; 5. मित्र; 6. बिगाड़ना, नाराज़ करना; 7. मित्र की आनंद (विलास) सभा; 8. आर्त्तनाद; 9. संगीत का स्थान प्राप्त है।

(213)

अर्ज़े-नाज़े-शोख़ी-ए-दंदाँ[1] बराए-ख़ंदा[2] है
दा'वा-ए-जमईयते-अहबाब[3] जा-ए-खंदा[4] है

है अदम[5] में गुंचा[6] मह्वे-इबरते-अंजामे-गुल[7]
यहक जहां[8] ज़ानू तअम्मुल[9] दर क़फ़ा-ए-ख़ंदा[10] है

कुल्फ़ते-अफ़्सुर्दगी[11] को ऐ'शे-बेताबी[12] हराम[13]
वरना दंदां दरदिल अफ़्शुर्दन[14] बिना-ए-खंदा[15] है

सोज़िशे-बातिन[16] के हैं अह्बाब[17] मुन्किर[18] वरना यां
दिल मुहीते-गिरिया[19]-ओ-लब आश्ना-ए-ख़ंदा[20] है

---

1. दांतों की चमक-दमक प्रस्तुत (प्रकट) करना; 2. हंसने के लिए; 3. दोस्तों के एक स्थान पर एकत्र होने की बात; 4. हंसी की तरह, हंसी की जगह; 5. परलोक; 6. कली; 7. फूल के परिणाम (अंत) से शिक्षा लेने में रत; 8. एक दुनिया; 9. पछतावा; 10. हंसी के पीछे; 11. उदासीनता की पीड़ा या दुख; 12. व्याकुलता, अधीरता का आनंद; 13. वर्जित; 14. दिल में दांत गाड़ना, जान जोखिम में डालना; 15. हंसने का आधार; 16. आंतरिक तपन; 17. मित्र; 18. मना करने वाले; 19. अश्रु-सागर; 20. हंसी से परिचित।

(214)

हुस्ने-बेपरवा[1] ख़रीदारे-मताए-जल्वा[2] है
आईना, ज़ानू-ए-फ़िक्रे-इख़्तिरा-ए-जल्वा[3] है

ताकुजा[4] ऐ आगही[5]! रंगे-तमाशा बाख़्तन[6]
चश्मे-वा गर्दीदा[7], आग़ोशे-विदा-ए-जल्वा[8] है

---

1. निस्पृह सौंदर्य; 2. छवि की पूंजी का शौक़ीन, ख़रीदार; 3. इख़्तिराज = आविष्कार, चिंता (चिंतन); सौंदर्य की नई छवि का आविष्कार करने वाली। जानू-ए-फ़िक्र = चिंतन की जांघ; 4. कब या कहां तक; 5. विवेक, चेतना; 6. रंगों से खेल करना—रंग यहां मनःस्थितियों के अर्थों में; 7. खुली हुई आंख; 8. छवियों की विदा करने वाली गोद।

(215)

जब तक दहाने-ज़ख़्म[1] न पैदा करे कोई
मुश्किल कि तुझसे राहे-सुख़न[2] वा करे कोई

आलम[3] गुबारे-वहशते-मजनूं[4] है सरबसर[5]
कब तक ख़याले-तुर्रा-ए-लैला[6] करे कोई

अफ़्सुर्दगी[7] नहीं तरब इंशा-ए-इल्तिफ़ात[8]
हां, दर्द बन के दिल में मगर जा करे कोई

रोने से ऐ नदीम[9], मलामत[10] न कर मुझे
आख़िर कभी तो, उक्दा-ए-दिल[11] वा[12] करे कोई

चाके-जिगर[13] से, जब रहे-पुरसिश[14] न वा हुई
क्या फ़ायदा कि जेब को रुस्वा[15] करे कोई

लख़्ते-जिगर[16] से है रगे-हर ख़ार[17] शाख़े-गुल[18]
ता चंद[19] बाग़बानी-ए-सहरा[20] करे कोई

नाकामी-ए-निगाह[21] है बर्क़े-नज़ारा सोज़[22]
तू वो नहीं कि तुझको तमाशा करे कोई

---

1. ज़ख़्म का मुंह; 2. वार्त्तालाप की राह; 23. संसार; 24. मजनूं के उन्माद की धूल; 5. एक सिरे से दूसरे सिरे तक; 6. लैला की केश-राशि का विचार; 7. उदासीनता; 8. कृपा का आनंद प्राप्त करने वाला; 9. दोस्त; 10. निन्दित; 11. मन की गांठ; 12. खोलना; 13. विदीर्ण जिगर; 14. कुशलक्षेम की राह; 15. तिरस्कृत; 16. जिगर का टुकड़ा; 17. हर कांटे की नस; 18. फूल की डाली; 19. कब तक; 20. जंगल में माली का कार्य; 21. दृष्टि की असफलता; 22. दृश्य को जला देने वाली बिजली;

हर संगो-ख़िश्त[23] है सदफ़े-गौहरे-शिकस्त[24]
नुक़सां[25] नहीं जुनूं[26] से जो सौदा करे कोई

सरबर[27] हुई न वा'दा-ए-सब्र-आज़मा[28] से उम्र
फ़ुर्सत कहां कि तेरी तमन्ना[29] करे कोई

है वहशते-तबीअते-ईजाद[30] यास-ख़ेज़[31]
ये दर्द वो नहीं कि न पैदा करे कोई

बेकारी-ए-जुनूं[32] को है सर पीटने का शग़्ल[33]
जब हाथ टूट जाएं तो फिर क्या करे कोई

हुस्ने-फ़रोग़े-शम्अे-सुख़न[34] दूर है, 'असद'
पहले दिले-गुदाख़्ता[35] पैदा करे कोई

•

23. पत्थर एवं ईंट; 24. पराजय रूपी मोती की सीपी; 25. हानि; 26. उन्माद; 27. कर्त्तव्यमुक्त; 28. संतोष-परीक्षण की प्रतिज्ञा; 29. अभिलाषा; 30. आविष्कार करने वाले स्वभाव का उन्माद; 31. निराशाजनक; 32. उन्माद की निष्कर्मण्यता; 33. कार्य, मनोविनोद; 34. काव्य-के दीपक की ज्योति, चमक; 35. पिघला हुआ हृदय।

(216)

इब्ने-मरियम[1] हुआ करे कोई
मेरे दुख की दवा करे कोई

शर'ओ-आईन[2] पर मदार[3] सही
ऐसे क़ातिल का क्या करे कोई

चाल जैसे कड़ी कमान का तीर
दिल में ऐसे के जा[4] करे कोई

बात पर वां ज़बान कटती है
वो कहें और सुना करे कोई

बक[5] रहा हूं जुनूं में क्या क्या कुछ
कुछ न समझे खुदा करे कोई

न सुनो गर बुरा कहे कोई
न कहो गर बुरा करे कोई

रोक लो गर ग़लत चले कोई
बख़्श[6] दो गर ख़ता[7] करे कोई

---

1. मरियम का बेटा, ईसा; 2. धार्मिक नियम एवं संविधान; 3. आधारित; 4. जगह, स्थान; 5. बकवास; 6. क्षमा करना; 7. अपराध, भूल;

कौन है जो नहीं है हाजतमन्द[8]
किस की हाजत रवा[9] करे कोई

क्या किया ख़िज़्र[10] ने सिकंदर से
अब किसे रहनुमा[11] करे कोई

जब तवक़्क़ो[12] ही उठ गई 'ग़ालिब'
क्यूं किसी का गिला करे कोई

---

8. जिसको आवश्यकता हो; 9. आवश्यकता पूर्ण करना; 10. एक पैग़म्बर जो भटके हुओं को मार्ग दिखाता है; 11. पथ-प्रदर्शक; 12. आशा।

(217)

बहुत सही ग़मे-गेती[1] शराब कम क्या है
गुलामे-साक़ी-ए-कौसर[2] हूं मुझको ग़म क्या है

तुम्हारी तर्ज़ो-रविश[3], जानते हैं हम क्या है
रक़ीब पर है अगर लुत्फ़[4] तो सितम[5] क्या है

कटे तो शब[6] कहें काटे तो सांप कहलावे
कोई बताओ कि वो जुल्फ़े-ख़म ब ख़म[7] क्या है

लिखा करे कोई अहकामे-ताल-ए-मौलूद[8]
किसे ख़बर है कि वां जुंबिशे-क़लम[9] क्या है

न हश्रो-नश्र[10] का क़ाइल[11], न केशो-मिल्लत[12] का
खुदा के वास्ते! ऐसे की फिर क़सम क्या है

वो दादो-दीदे-गिरांमाया शर्त है, हमदम
वगरना मोहरे-सुलेमानो-जामे-जंम क्या है

सुख़न में ख़ामः-ए-'ग़ालिब' की आतिश-अफ़्शानी
यक़ीं है हम को भी, लेकिन अब उसमें दम क्या है

---

1. सांसारिक दुख; 2. क़ौसर (एक कृत्रिम स्वर्ग) की शराब पिलाने वाला अर्थात् हज़रत मुहम्मद का दास; 3. आचरण, रीति-व्यवहार; 4. प्रेम-अनुकंपा; 5. अत्याचार; 6. रात; 7. घुंघराले बाल, बालों की वक्रता; 8. नवजात शिशु के प्रारब्ध के आदेश; 9. लेखनी की हरकत; 10. प्रलय में लोगों का मरना एवं मरे हुओं का पुनः जीवित हो जाना; 11. आस्तिक कहने वाला; 12. धर्म एवं आचरण।

(218)

बाग़ पाकर ख़फ़क़ानी[1] ये डराता है मुझे
साया-ए-शाख़े-गुल[2] अफ़ई[3] नज़र आता है मुझे

जौहरे-तेग़[4] बसर चश्मा-ए-दीगर[5] मा'लूम
हूं मैं वो सब्ज़ा[6] कि ज़हराब[7] उगाता है मुझे

मुद्द'आ[8] महवे-तमाशा-ए-शिकस्ते-दिल[9] है
आइना-ख़ाने[10] में कोई लिए जाता है मुझे

नाला सरमाया-ए-यक आलमो[11]-आलम कफ़े-ख़ाक[12]
आस्मां बैज़ा-ए-क़ुमरी[13] नज़र आता है मुझे

ज़िंदगी में तो वो महफ़िल से उठा देते थे
देखूं अब मर गए पर कौन उठाता है मुझे

---

1. पागलपन का रोगी; 2. फूलों की डाली का साया; 3. सांप; 4. तलवार की लकीरें, चमक; 5. किसी दूसरे स्रोते, उद्गम से; 6. हरियाली; 7. विष जल; 8. आशय; 9. दिल-टूटने के तमाशे में लीन; 10. शीशमहल; 11. संसार की पूंजी; 12. संसार की मुट्ठी भर मिट्टी; 13. चिड़िया की शक्ल के पक्षी 'कुम्री' का अण्डा।

(219)

रौंदी हुई है कोकबा-ए-शहरयार[1] की
इतराए[2] क्यूं न ख़ाक सरे-रहगुज़ार[3] की

जब उसके देखने के लिए आएं बादशाह
लोगों में क्यूं नमूद[4] न हो लालाज़ार[5] की

भूके नहीं है सैरे-गुलिस्तां[6] के हम वले[7]
क्यूंकर न खाइए कि हवा है बहार की

---

1. सम्राट की सवारी का जुलूस; 2. गर्व करना; 3. राह; 4. वैभव, शोभा; 5. लाले के फलों का उद्यान; 6. उद्यान-भ्रमण; 7. लेकिन।

(220)

हज़ारों ख़्वाहिशें[1] ऐसी कि हर ख़्वाहिश पे दम निकले
बहुत निकले मिरे अरमान[2] लेकिन फिर भी कम निकले

डरे क्यूं मेरा क़ातिल, क्या रहेगा उसकी गर्दन पर
वो ख़ूं[3] जो चश्मे-तर[4] से उम्र भर यूं दम-बदम[5] निकले

निकलना ख़ुल्द[6] से आदम[7] का सुनते आए हैं, लेकिन
बहुत बे आबरू होकर तिरे कूचे से हम निकले

भरम खुल जाए, ज़ालिम तेरे क़ामत[8] की दराज़ी[9] का
अगर इस तुर्रा-ए-पुर पेचो-ख़म[10] का पेचो-ख़म[11] निकले

मगर लिखवाए कोई उसको ख़त, तो हम से लिखवाए
हुई सुब्ह और घर से कान पर रख कर क़लम निकले

हुई इस दौर में मंसूब[12] मुझ से बादा-आशामी[13]
फिर आया वो ज़माना जो जहां में जामे-जम[14] निकले

हुई जिनसे तवक़्क़ो'[15] ख़स्तगी[16] की दाद[17] पाने की
वो हम से ज़ियादा ख़स्ता-ए-तेग़े-सितम[18] निकले

मुहब्बत में नहीं है फ़र्क़ जीने और मरने का
उसी को देख कर जीते हैं जिस काफ़िर पे दम निकले

कहां मयख़ाने[19] का दरवाज़ा 'ग़ालिब' और कहां वा'इज़[20]
पर इतना जानते हैं कल वो जाता था कि हम निकले

---

1. अभिलाषाएं; 2. मनोकामना; 3. रक्त; 4. भीगे नयन; 5. प्रतिक्षण, क्षण-क्षण; 6. स्वर्ग; 7. सबसे पहला पुरुष; 8. आकार; 9. लंबाई, बढ़ाई; 10. घुंघराले बाल; 11. बल 12. संबंधित; 13. मदिरापान करने वाला; 14. ईरान के प्रसिद्ध सम्राट जमशेद का मदिरा पात्र; 15. आशा; 16. घायलपन; 17. न्याय, संवेदना; 18. अत्याचार की तलवार से घायल; 19. मदिरालय; 20. धर्मोपदेशक।

(221)

कोह[1] के हों बारे-ख़ातिर[2], गर सदा हो जाइए
बेतकल्लुफ़[3], ऐ शरारे-जस्ता[4]! क्या हो जाइए

बैज़ा आसा[5], तंग[6] बालो-पर[7] पे है कुंजे-क़फ़स[8]
अज़ सरे-नौ ज़िंदगी[9] हो, गर रिहा[10] हो जाइए

1.पर्वत; 2. मन का बोझा; 3. निस्संकोच; 4. उड़ती हुई चिंगारी; 5. अण्डे की तरह; 6. संकीर्ण; 7. पंश; 8. पिंजरे का कोना; 9. नए सिरे से जीवन; 10. मुक्त।

(222)

मस्ती ब ज़ौक़े-ग़फ़लते-साक़ी[1] हलाक[2] है
मौजे-शराब[3], यक मिज़ा-ए-ख़्वाबनाक[4] है

जुज़ ज़ख़्मे-तेग़े-नाज़[5], नहीं दिल में आरजू
जैबे-ख़याल[6] भी तिरे हाथों से चाक[7] है

जोशे-जुनूं[8] से कुछ नज़र आता नहीं 'असद'!
सहरा[9] हमारी आंख में यक मुश्ते-ख़ाक[10] है

---

1. शराब पिलाने वाले की उपेक्षा के कारण; 2. वधित; 3. मदिरा की लहर; 4. स्वप्नों से भरी पलकें; 5. रूप-गर्व की तलवार के घाव के अतिरिक्त; 6. कल्पना के कुर्ते का गला; 7. विदीर्ण; 8. उन्माद का आवेग; 9. रेगिस्तान, जंगल; 10. मुट्ठी भर मिट्टी।

(223)

लबे-ईसा[1] की जुंबिश[2] करती है गहवारा-जुंबानी[3]
क़यामत कुश्ता-ए-लाले-बुतां[4] का ख़्वाबे-संगी[5] है

1. ईसा के होंठ; 2. कम्पन, हरकत; 3. पालना हिलाना; 4. प्रेयसी के अधरों के मारे हुए; 5. पत्थर की तरह भारी स्वप्न।

(224)

आमदे-सैलाब[1] तूफ़ाने-सदा-ए-आब[2] है
नक़्शे-पा[3] जो कान में रखता है उंगली जादा[4] से

बज़्मे-मय[5], वहशतकदा[6] है, किसकी चश्मे-मस्त[7] का!
शीशे[8] में नब्ज़े-परी[9], पिन्हां[10] है मौजे-बादा[11] से

1. जल प्लावन का आगमन; 2. पानी की पुकार, आवाज़ का तूफ़ान; 3. पदचिह्न; 4. पथ, राह; 5. मदिरा की गोष्ठी; 6. पागलगृह; 7. उन्मत्त नयन; 8. मदिरा पात्र; 9. परी की नाड़ी; 10. निहित, छुपी हुई; 11. मदिरा की तरंग;

(225)

हूं मैं भी तमाशाई-ए-नैरंगे-तमन्ना[1]
मतलब नहीं कुछ इससे, कि मतलब ही बर आवे[2]

---

1. इच्छाओं के भ्रमजाल का तमाशा देखने वाला; 2. निकलना, पूर्ण होना।

(226)

सियाही[1] जैसे गिर जावे दमे-तहरीर[2] काग़ज़ पर
मिरी क़िस्मत में यूं तस्वीर है शब-हाए-हिज्रां[3] की

1. स्याही; 2. लिखते समय; 3. विरह की रातों।

(227)

हुजूमे-नालः[1] हैरत[2] आजिज़े-अर्ज़े-यक अफ़्गां[3] है
ख़मोशी, रेशा-ए-सद नैसितां[4] से ख़स-ब-ददां[5] है

तकल्लुफ़-बर-तरफ़[6], है जांसितां-तर[7], लुत्फ़े-बद'ख़ूयां[8]
निगाहे-बेहिजाबे-नाज़[9], तेग़े-तेज़े-'उरयां'[10] है

हुई से कसरते-ग़म[11] से तलफ़[12], कैफ़ीयते-शादी[13]
कि सुब्हे-ईद मुझ को बदतर अज़ चाके-गिरीबां[14] है

दिलो-दीं[15] नक़्द ला, साक़ी से गर सौदा किया चाहे
कि इस बाज़ार में साग़[16], मता'-ए-दसत-गरदां[17] है

ग़म आग़ोशे-बला[18] में परवरिश[19] देता है आशिक़ को
चराग़े-रोशन[20] अपना, क़लजुमे-सरसर[21] का मरजां[22] है

---

1. आर्त्तनादी का समूह; 2. चकित; 3. एक आह करने से भी विवश; 4. सैकड़ों सरकण्डों की लकड़ी के तंतु; 5. दांतों में तिनके लिए हुए; 6. संकोच से हटकर; 7. अधिक प्राणघातक; 8. दुर्भाव प्रेयसी की कृपा; 9. सौंदर्य की बोझिझक दृष्टि; 10. तेज़ एवं नग्न तलवार; 11. दुख की अधिकता; 12. क्षय; 13. प्रसन्नता की दिशा; 14. फटे हुए गरीबान से भी बुरी; 15. मन एवं धर्म; 16. मदिरा पात्र 17. हाथों-हाथ घूमने, निकलने वाली संपत्ति; 18. विपदा के अंक में; 19. पालन-पोषण; 20. प्रज्वलित दीप; 21. आंधियों का समुद्र; 22. मूंगा।

(228)

ख़मोशियों में तमाशा[1] अदा[2] निकलती है
निगाह, दिल से तिरे सुरमा-सा[3] निकलती है

फ़िशारे-तागी-ए-ख़ल्वत[4] से बनती है शबनम[5]
सबा[6] जो ग़ुंचे[7] के पर्दे में जा निकलती है

न पूछ सीना-ए-आशिक से आबे-तेग़े-निगाह[8]
कि जख़्मे-रौज़ने-दर[9] से हवा निकलती है

1. अद्‌भुतता, आनंद 2. हाव भाव, प्रणाली; 3. रसांजन लगाए हुए; 4. एकांत की संकीर्णता का दबाव; 5. ओस; 6. हवा; 7. कली; 8. दृष्टि की तलवार की धार; 9. घाव के दरवाजे का छेद।

(229)

जिस जा[1] नसीम[2] शानाकशे-जुल्फ़े-यार[3] है
नाफ़ा[4] दिमाग़े-आहू-ए-दश्ते-ततार[5] है

किस का सुराग़े-जल्वा है[6] हैरत को? ऐ खुदा!
आईना फ़र्शे-शश-जिहते-इन्तिज़ार[7] है

है ज़र्रा-ज़र्रा तंगी-ए-जा[8] से गुबारे-शौक़[9]
गर दाम[10] ये है, वुसअते-सहरा[11] शिकार है

दिल मुद्द'ई[12]-ओ-दीदा[13] बना मुद्द'आ 'अलैह'[14]
नज़्ज़ारा[15] का मुक़दमा फिर रू-ब-कार[16] है

छिड़के है शबनम[17] आईना-ए-बर्गे-गुल[18] पर आब[19]
ऐ अंदलीब![20] वक़्ते-विदा'-ए-बहार[21] है

पच[22] आ पड़ी है वा'दए-दिलदार[23] की मुझे
वो आए या न आए, पे यां इंतिज़ार है

---

1. जगह; 2. हवा; 3. प्रेमिका के बालों में कंघी करना; 4. नाभि; 5. ततार नामक प्रदेश के प्रसिद्ध हिरन की संज्ञा; 6. दर्शनों की तलाश; 7. प्रतीक्षा के जगत की धरती; 8. स्थान की कमी, संकीर्णता; 9. इच्छाओं की धूल; 10. जाल; 11. रेगिस्तान का विस्तार; 12. वादी; 13. आंख; 14. प्रतिवादी; 15. अवलोकन; 16. सुनवाई हेतु; 17. ओस; 18. फूल की पंखुड़ी; 19. पानी; 20. बुलबुल; 21. बसंत के जाने का समय; 22. पक्ष, मदद, तरफ़दारी; 23. प्रेयसी का वचन;

बेपर्दा[24] सू-ए-वादी-ए-मजनूं[25] गुज़र न कर
हर ज़र्रे[26] के नक़ाब में दिल बेक़रार[27] है

ऐ 'अंदलीब यक कफ़े-ख़स[28] बहरे-आशियां[29]
तूफ़ाने-आमद आमदे-फ़स्ले-बहार[30] है

दिल मत गंवा, ख़बर न सही, सैर ही सही
ऐ बेदिमाग़[31] आईना[32] तिम्साल-दार[33] है

ग़फ़लत[34], कफ़ीले-'उम्रो[35]-'असद', ज़ामिने-निशात[36]
ऐ मर्गे-नागहां[37], तुझे क्या इन्तिज़ार है

---

24. आवरणहीन; 25. मजनूं की धाटी की ओर; 26. कण; 27. व्याकुल; 28. एक मुट्ठी तिनके; 29. घोंसले के लिए; 30. बहार की ऋतु के आने का तूफ़ान; 31. बुद्धिहीन; 32. दर्पण; 33. चित्रों से भरा हुआ; 34. उपेक्षा; 35. आयु की पोषक; 36. हर्ष, प्रसन्नता का ज़मानतदार; 37. आकस्मिक मृत्यु।

(230)

आईना क्यूं न दूं, कि तमाशा कहें जिसे
ऐसा कहां से लाऊं कि तुझ-सा कहें जिसे

हसरत[1] ने ला रखा, तिरी बज़्मे-ख़याल[2] में
गुलदस्ता-ए-निगाह[3], सुवैदा[4] कहें जिसे

फूंका है किसने गोशे-मुहब्बत[5] में, ऐ ख़ुदा!
अफ़्सूने-इंतज़ार[6], तमन्ना कहें जिसे

सर पर हुजूमे-दर्दे-ग़रीबी[7] से, डालिए
वो एक मुश्ते-ख़ाक[8] कि सहरा[9] कहें जिसे

हे चश्मे-तर[10] में हसरते-दीवार[11] से निहां
शौक़े-अनां गुसेख़्ता[12] दरिया कहें जिसे

दरकार[13] है शिगुफ़्तने-गुल-हाए-ऐश[14] को
सुब्हे-बहार[15], पंबा-ए-मीना[16] कहें जिसे

'ग़ालिब' बुरा न मान, जो वाइज़[17] बुरा कहे
ऐसा भी कोई है, कि सब अच्छा कहें जिसे

---

1. असफल, अपूर्ण इच्छा; 2. कल्पना की महफिल; 3. दृष्टि का गुलदस्ता; 4. दुख से पड़ने वाला दिल का काला धब्बा; 5. प्रेम का कान; 6. प्रतीक्षा का जादू; 7. मारा-मारा फिरने की पीड़ा का आधिक्य; 8. मुट्ठी भर धूल; 9. रेगिस्तान; 10. भीगे नयन; 11. दर्शन की इच्छा; 12. अतितीव्र अभिलाषा; 13. आवश्यकता; 14. ऐश्वर्य के पुष्पों के पुष्पित होने के लिए; 15. बसंत की भोर; 16. मदिरा की बोतल के मुंह पर लगी हुई रुई; 17. धर्मोपदेशक।

(231)

शबनम ब गुले-लाला[1] न ख़ाली ज़ अदा[2] है
दाग़े-दिले-बेदर्द[3] नज़र गाहे-हया[4] है

दिल खूं-शुदा-ए-कशमकशे-हसरते-दीदार[5]
आईना बदस्ते-बुते-बदमस्ते-हिना है[6]

शो'ले से न होती, हवसे-शो'ला[7] ने जो की
जी किस क़दर अफ़सुर्दगी-ए-दिल[8] पे जला है

तिम्साल[9] में तेरी है, वो शोख़ी[10] के बसद ज़ौक़[11]
आईना ब अंदाज़े-गुल[12], आग़ोश-कुशा[13] है

क़ुमरी[14] कफ़े-ख़ाकिस्तरो[15]—बुलबुल क़फ़से-रंग[16]
ऐ नाला निशाने-जिगरे-सोख़्ता[17] क्या है

ख़ू[18] ने तिरी अफ़्सुर्दा[19] किया, वहशते-दिल[20] को
मा'शूक़ी-ओ-बेहौसलगी[21], तुफी-बला[22] है

---

1. लाले के फूल पर ओस की बूंद; 2. इशारे (हाव-भाव) से रिक्त नहीं; 3. पीड़ा रहित दिल का कलंक; 4. लज्जाजनक; 5. दर्शन की अभिलाषा के असमंजस से लहूलुहान दिल; 6. ऐसी मदोन्मत्त प्रेयसी के हाथ का दर्पण जिसने मेहंदी रचा रखी है; 7. अग्निज्वाला की कामना; 8. मन की उदासी; 9. तस्वीर; 10. चपलता; 11. बड़े भाव के साथ; 12. फूल की भांति; 13. गोद खोले हुए; 14. एक चिड़िया; 15. मुट्ठी भर राख; 16. रंगों का पिंजरा; 17. जले हुए जिगर का चिन्ह; 18. स्वभाव; 19. उदास; 20. मन का उन्माद; 21. प्रेयसी और कम साहसी; 22. नई विपदा;

मजबूरी-ओ-दा'वा-ए-गिरफ़्तारी-ए-उल्फ़त[23]
दस्ते-तहे-संग-आमदा[24] पैमाने-वफ़ा[25] है

मा'लूम हुआ हाले-शहीदाने-गुज़िश्ता[26]
तेग़े-सितम[27], आईना-ए-तस्वीरनुमा[28] है

ऐ परतवे-ख़ुर्शीदे-जहां-ताब[29]! इधर भी
साये की तरह हम पे अजब वक़्त पड़ा है

नाकर्दा गुनाहों[30] की भी हसरत[31] की मिले दाद
या रब! अगर इन कर्दा[32] गुनाहों की सज़ा है

बेगानगी-ए-ख़ल्क़[33] से बेदिल[34] न हो 'ग़ालिब'!
कोई नहीं तेरा, तो मिरी जान ख़ुदा है

---

23. विवशता में प्रेम के बंधन का दावा करना; 24. पत्थर के नीचे आया हुआ हाथ; 25. प्रेम निर्वाह का मापदण्ड; 26. गए ज़माने के शहीदों की दशा; 27. अत्याचार की तलवार; 28. चित्रों से भरा दर्पण; 29. जगत को चमकाने वाले सूर्य का प्रकाश; 30. वे अपराध जिनकी लालसा रह गई; 31. अपूर्ण कामना; 32. किए हुए; 33. दुनिया वालों का परायापन; 34. निराश।

(232)

मंज़ूर थी ये शक्ल[1], तजल्ली[2] को नूर की
क़िस्मत खुली तिरे क़दो-रुख़[3] से ज़हूर[4] की

इक ख़ूं-चकां[5] कफ़न में करोड़ों बनाव हैं
पड़ती है आंख तेरे शहीदों पे हूर[6] की

वा'इज़[7] न तुम पियो, न किसी को पिला सको
क्या बात है तुम्हारी शराबे-तहूर[8] की!

लड़ता है मुझ से हश्र[9] में, क़ातिल, कि क्यूं उठा
गोया, अभी सुनी नहीं आवाज़ सूर[10] की

आमद[11] बहार की है, जो बुलबुल है नग़्मा-संज[12]
उड़ती सी इक ख़बर है, ज़बानी तुयूर[13] की

गो[14] वां नहीं प वां के निकाले हुए तो हैं
काबे से इन बुतों[15] को भी निस्बत[16] है दूर की

क्या फ़र्ज़[17] है कि सब को मिले एक सा जवाब
आओ न, हम भी सैर करें कोहे-तूर[18] की

---

1. रूप; 2. ब्रह्मज्योति; 3. आकार एवं मुख; 4. आविर्भाव; 5. रक्तरंजित; 6. अप्सरा; 7. धर्मोपदेशक; 8. पवित्र मदिरा जो स्वर्ग में मिलेगी; 9. प्रलय; 10. दुन्दभि; 11. आगमन; 12. गाने में लीन; 13. चिड़िया; 14. यद्यपि; 15. प्रतिमाओं, 16. संबंध; 17. आवश्यक; 18. वह पर्वत (तूर) जिस पर मूसा पैग़म्बर ईश्वर की ज्योति देखने गए थे और आवाज़ आई कि तुम यह ज्योति नहीं देख सकते;

गर्मी सही कलाम में, लेकिन न इस क़दर
की जिससे बात, उसने शिकायत ज़रूर की

'ग़ालिब'! गर इस सफ़र में मुझे साथ ले चलें
हज का सवाब[19] नज़्र[20] करूंगा हुज़ूर की

---

19. पुण्य; 20. भेंट।

(233)

ग़म खाने में बोदा दिले-नकाम[1] बहुत है
ये रंज कि कम है मये-गुलफ़ाम[2] बहुत है

कहते हुए साक़ी से हया आती है, वर्ना
है यूं कि मुझे दुर्दे-तहे-जाम[3] बहुत है

ने तीर कमां में है, न सय्याद[4] कमीं[5] में
गोशे[6] में क़फ़स[7] के मुझे आराम बहुत है

क्या ज़ोहद[8] को मानूं कि न हो गर्चे रियाई[9]
पादाशे-अमल[10] की तम्अे-ख़ाम[11] बहुत है

हैं अहले-ख़िरद[12] किस रविशे-ख़ास[13] प नाज़ां
पा बस्तगी-ए-रस्मो-रहे-आम[14] बहुत है

ज़मज़म[15] ही पे छोड़ो, मुझे क्या तौफ़े-हरम[16] से?
आलूदा ब मय[17] जामा-ए-अहराम[18] बहुत है

है क़हर[19] गर अब भी न बने बात, कि उनको
इंकार नहीं और मुझे इब्राम[20] बहुत है

खूं[21] हो के जिगर आंख से टपका नहीं, ऐ मर्ग![22]
रहने दे मुझे यां कि अभी काम बहुत है

होगा कोई ऐसा भी कि 'ग़ालिब' को न जाने?
शायर तो वो अच्छा है पे बदनाम बहुत है।

---

1. असफल दिल; 2. गुलाबी मदिरा; 3. मदिरा पात्र की तल में बची तलछट; 4. शिकारी; 5. घात में; 6. कोने; 7. पिंजरा; 8. संयम; 9. पाखंडी; 10. कर्मफलज; 11. लालच, इच्छा; 12. बुद्धिमान; 13. विशेष आचरण; 14. सामान्य रीति-रिवाज का बंधन; 15. काबे के पास स्थित पवित्र कुआं; 16. काबे की परिक्रमा; 17. मदिरा से भीगा; 18. काबे की परिक्रमा के समय लपेटा जाने वाला कपड़ा; 19. विपत्ति; 20. आग्रह; 21. लहू; 22. हे मृत्यु!

(234)

मुद्दत[1] हुई है यार को महमां किए हुए
जोशे-क़दह[2] से, बज़्म[3] चरागां[4] किए हुए

करता हूं जमअ[5] फिर जिगरे-लख़्त-लख़्त[6] को
अरसा[7] हुआ है दा'वते-मिज़गां[8] किए हुए

फिर वज़'-ए-अहतियात[9] से रुकने लगा है दम
बरसों हुए हैं चाक गरेबां किए हुए

फिर गर्मे-नाला-हाए-शररबार[10] है नफ़स[11]
मुद्दत हुई है सैरे-चरागां[12] किए हुए

फिर पुरसिशे-जराहते-दिल[13] को चला है इश्क़
सामाने-सद हज़ार नमकदां[14] किए हुए

फिर भर रहा हूं ख़ाम-ए-मिज़गां[15], बखूने-दिल[16]
साज़े-चमन तराज़ी-ए-दामां[17] किए हुए

बाहम दिगर[18] हुए हैं दिलो-दीदः[19] फिर रक़ीब[20]
नज़्ज़ारा-ओ-ख़याल[21] का सामां किए हुए

---

1. दीर्घकाल; 2. मदिरा के उफान; 3. महफ़िल; 4. दीपावली, दीपोत्सव; 5. एकत्रित; 6. टुकड़े-टुकड़े हुआ जिगर; 7. दीर्घकाल; 8. पलकों की आवाहन; 9. सावधानी की पद्धति; 10. अग्नि बरसाने वाले आर्त्तनाद में तीव्र, रत; 11. सांस; 12. दीपोत्सव का भ्रमण; 13. दिल के हाल की कुशलक्षेम पूछना; 14. लाखों नमकदान लिए हुए; 15. पलकों की लेखनी; 16. दिल के रक्त से; 17. आंचल पर फूलों के उद्यान खिलाने का सामान; 18. आपस में पुनः; 19. दिल और आंखें; 20. प्रतिद्वंद्वी 21. अवलोकन एवं कल्पना;

दिल फिर तवाफ़े-कू-एमलामत[22] को जाए
पिंदार[23] का सनमकदा[24] वीरां किए हुए

फिर शौक़[25] कर रहा है ख़रीदार की तलब[26]
अर्ज़े-मता'-ए-अक़्लो-दिलो-जां[27] किए हुए

दौड़े है फिर हर एक गुलो-लाला[28] पर ख़याल
सद गुलसितां-निगाह[29] का सामां किए हुए

फिर चाहता हूं नामा-ए-दिलदार[30] खोलना
जां[31] नज़्रे-दिल-फ़रेबी-ए-उन्वां[32] किए हुए

मांगे है फिर, किसी को लबे-बाम[33] पर, हवस[34]
ज़ुल्फ़े-सियाह[35] रुख़[36] प परीशां किए हुए

चाहे है फिर किसी को मुक़ाबिल[37] में आरज़ू[38]
सुरमे[39] से तेज़ दश्ना-ए-मिज़्गां[40] किए हुए

इक नौबहारे-नाज़[41] को ताके है फिर निगाह
चेहरा फ़रोगे-मय[42] से गुलिस्तां[43] किए हुए

फिर जी में है कि दर पर किसी के पड़े रहें
सर ज़ेरे-बारे-मिन्नते-दरबां[44] किए हुए

जी ढूंढ़ता है फिर वही फ़ुर्सत[45], कि रात दिन
बैठे रहें तसव्वुरे-जानां[46] किए हुए

'ग़ालिब' हमें न छेड़ कि फिर जोशे-अश्क[47] से
बैठे हैं हम तहय्यः-ए-तूफ़ां[48] किए हुए

---

22. प्रेयसी, धिक्कार की गली की परिक्रमा; 23. अहं; 24. प्रतिमागृह; 25. चाव; 26. मांग; 27. बुद्धि, मन एवं प्राण की निधि का समर्पण; 28. गुलाब और लाले के पुष्प; 29. ऐसी दृष्टि जिसमें सौ फुलवारियों का रंग बसा हो; 30. प्रेयसी का पत्र; 31. प्राण; 32. मनमोहने वाले (प्रेयसी) के नाम को भेंट; 33. छत का किनारा; 34. कामना; 35. काले बाल; 36. मुंह; 37. सम्मुख; 38. कामना; 39. रसांजन; 40. पलकों की कटार; 41. नव यौवन से गर्वित रूप; 42. मदिरा की दमक, आभा; 43. पुष्प-पुष्प; 44. पहरेदार के आभार के बोझ से दबा हुआ; 43. पुष्प-पुष्प; 44. पहरेदार के आभार के बोझ से दबा हुआ; 45. अवकाश; 46. प्रेयसी की कल्पना, विचार; 47. आंसुओं के उफान, तूफ़ान; 48. तूफ़ान का दृढ़ निश्चय।

(235)

नवेदे-अम्न[1] है बेदादे-दोस्त[2] जां के लिए
रही न तर्ज़े-सितम[3] कोई आस्मां के लिए

बला से गर मिज़ा-ए-यार[4] तश्ना-ए-ख़ूं[5] है
रखूं कुछ अपनी भी मिज़गाने-खूंफ़िशां[6] के लिए

वो ज़िंदा हम हैं कि हैं रूशनासे-खल्क़[7], ऐ ख़िज्र[8]!
न तुम, कि चोर बने उम्र-जाविदां[9] के लिए

रहा बला में भी मैं मुब्तिला-ए-आफ़ते-रश्क़[10]
बला-ए-जां[11] है अदा तेरी इक जहां के लिए

फ़लक[12] न दूर रख उससे मुझे, कि मैं ही नहीं
दराज़दस्ती-ए-क़ातिल[13] के इम्तिहां[14] के लिए

मिसाल[15] ये मिरी कोशिश की है कि मुर्ग़े-असीर[16]
करे क़फ़स[17] में फ़राहम[18] ख़स[19] आशियां[20] के लिए

गदा[21] समझ के वो चुप था, मिरी जो शामत[22] आय
उठा, और उठ के क़दम, मैं ने पास्बां[23] के लिए

बक़दे-शौक़[24] नहीं, ज़र्फ़े-तंगना-ए-ग़ज़ल[25]
कुछ और चाहिए वुसअत[26] मिरे बयां[27] के लिए,

---

1. शांति का शुभसंदेश; 2. प्रिय का अन्याय; 3. अत्याचार की रीति; 4. प्रेमिका की पलक; 5. रक्त की प्यासी; 6. रक्त टपकाने वाली पलकें; 7. दुनिया वालों से परिचित; 8. एक पैगम्बर जो दिखाई नहीं देते; 9. शाश्वत जीवन; 10. ईर्ष्या की कठिनाई, मुसीबत में फंसा हुआ; 11. प्राणघातक, जानलेवा; 12. आकाश; 13. वधिक के लंबे हाथ; 14. जांच, परख; 15. उदाहरण; 16. बंदी पक्षी; 17. पिंजरा; 18. एकत्रित; 19. सूखी घास, तिनके; 20. घोंसला; 21. भिखारी; 22. दुर्दिन; 23. पहरेदार; 24. अभिलाषाओं के अनुरूप; 25. ग़ज़ल की संकरी गली; 26. विस्तार; 27. वर्णन।

दिया है ख़ल्क़[28] को भी, ता उसे नज़र न लगे
बना है ऐ'श 'तजम्मुल हुसैन' ख़ां[29] के लिए

ज़बां प बारे[30]-ख़ुदाया[31] ये किस का नाम आया
कि मेरे नुत्क़[32] ने बोसे[33] मिरी ज़बां के लिए

नसीरे-दौलतों-दीं[34] और मु'ईने-मिल्लतो-मुल्क[35]
बना है चर्ख़े-बरी[36] जिसके आस्तां[37] के लिए

ज़माना अहद[38] में उसके है मह्वे-आराइश[39]
बनेंगे और सितारे अब आस्मां के लिए

वरक़[40] तमाम[41] हुआ और महद[42] बाक़ी है
सफ़ीना[43] चाहिए इस बह्रे-बेकरां[44] के लिए

अदा-ए-ख़ास[45] से 'ग़ालिब' हुआ है नुक्तासरा[46]
सला-ए-आम[47] है याराने-नुक्ता-दां[48] के लिए

•••

28. संसार; 29. एक अमीर जो ग़ालिब का मित्र था; 30. अन्नत; 31. है ईश्वर!; 32. वाकशक्ति; 33. चुम्बन; 34. धर्म एवं धन के सहायक; 35. देश एवं धर्म के सहायक; 36. उत्कर्ष आकाश; 37. चौखट; 38. युग; 39. शृंगार में रत; 40. पृष्ठ; 41. समाप्त; 42. प्रशंसा; 43. नाव; 44. तटहीन समुद्र; 45. विशेष शैली, हाव-भाव; 46. बारीक या मार्मिक बात करने वाला; 47. सबको निमन्त्रण, बुलावा; 48. कला-मर्मज्ञों।